Paul Schlenther

Gerhart Hauptmann

Sein Lebensgang und seine Dichtung

Verlag
der
Wissenschaften

Paul Schlenther

Gerhart Hauptmann

Sein Lebensgang und seine Dichtung

ISBN/EAN: 9783957005724

Auflage: 1

Erscheinungsjahr: 2015

Erscheinungsort: Norderstedt, Deutschland

Hergestellt in Europa, USA, Kanada, Australien, Japan
Verlag der Wissenschaften in Hansebooks GmbH, Norderstedt

Gerhart Hauptmann.

Von Gerhart Hauptmann erschienen bisher:

1889. Vor Sonnenaufgang. Soziales Drama. 6. Auflage.

1890. Das Friedensfest. Eine Familienkatastrophe. 3. Aufl.

1891. Einsame Menschen. Drama. 8. Auflage.

1892. De Waber. Schauspiel aus den 40er Jahren. Originalausgabe. 2. Auflage.

1892. Die Weber. Schauspiel aus den 40er Jahren. Uebertragung. 19.—20. Auflage.

1892. College Crampton. Komödie. 4. Auflage.

1892. Der Apostel. Bahnwärter Thiel. Novellistische Studien. 3.—4. Auflage.

1893. Der Biberpelz. Eine Diebskomödie. 4. Auflage.

1893. Hannele. Eine Traumdichtung. Illustriert (vergriffen.)

1896. Hanneles Himmelfahrt. Eine Traumdichtung. 5.—6. Auflage.

1896. Florian Geyer. 4. Auflage.

1896. Die versunkene Glocke. Ein deutsches Märchendrama. 33.—34. Aufl.

Phot. Fechner

Repr. A. Frisch, Berlin.

Gerhart Hauptmann

Gerhart Hauptmann

Sein Lebensgang und seine Dichtung

von

Paul Schlenther

Gott grüß die Kunst!
Florian Geyer.

Berlin,
S. Fischer, Verlag.
1898.

Paula Conrad, der ersten, dem Dichter congenialsten Darstellerin des Hannele widme ich dies kleine Werk, das nicht urteilen, sondern auch nur darstellen will. Und wenn meine Frau mich fragt, warum gerade ihr, so antworte ich: „Denn Du büst die Negste dortau, as Fru Pastern seggt".

8. IX. 97.

P. S.

Inhalt.

1.

Heimat und Schulzeit.

Am 15. November 1862 wurde im schlesischen Kurort Obersalzbrunn dem Gasthofbesitzer Robert Hauptmann von seiner Ehefrau Marie, geborenen Straehler, ein Sohn geschenkt, der am Neujahrstage 1863 in der Taufe die Namen Gerhart Johann Robert erhielt. Herr Robert Hauptmann besaß in Obersalzbrunn als Erbstück der eignen Eltern den stattlichen und ansehnlichen Gasthof „Zur Preußischen Krone". Er hatte eine der Töchter des fürstlich plessischen Brunneninspectors Ferdinand Straehler geheiratet.

So hielten ihn doppelte Familienbande in dem lieblichen Badeort fest. Bei seiner strengen Ordnungsliebe leitete er das Hotel, das er beträchtlich ausbaute und verschönerte, so sehr zur Zufriedenheit verwöhntester vornehmster Gäste, daß ihm die fürstliche Verwaltung eines Tages auch die Pacht des Brunnenhofs und des Kurhauses antrug. Er sagte nicht nein, und so war ihm fast alles, was in Salzbrunn gutes Quartier und gute Verpflegung bot, eine Zeitlang untertan. Nach einigen Jahren aber löste er aus eignem Willen dieses wenig rentable Pachtverhältnis auf und begnügte sich wieder mit seiner Preußischen Krone. Der Kurort, dem er 1865 mit schweren Mühen, Kosten und persönlichen Verlusten auch die Gasanstalt gründete, dessen Gemeinwohl er in jeder Hinsicht hob und förderte, wurde mit Vorliebe nicht blos vom deutschen, sondern noch mehr vom polnischen höchsten Adel besucht.

Ems und andre Concurrenzbäder lagen in jener Zeit des schwachen Eisenbahnverkehrs den östlichen Magnaten zu fern; an Riviera und Algier war für Hals- und Brustleidende vollends noch nicht zu denken. So sammelte sich in den Salzbrunner Hotels ein ebenso anspruchsvoller wie zahlungsfähiger Kundenkreis. Herr Robert Hauptmann und seine tüchtige Frau wusten diesen hohen Ansprüchen zu genügen, ohne die Zahlungsfähigkeit ihrer Gäste über Gebühr auszunutzen. Die Gäste, mochten sie hoher oder niedriger Geburt sein, fanden in ihren Wirten ehrenfeste, an Bildung des Geistes und des Herzens ihnen gleichstehende Leute, die sich über Welt und Leben eine eigne Meinung gestaltet hatten und, ohne Zudringlichkeit, aber auch ohne Unterwürfigkeit, mehr bewirtend als bedienend, im wohlgebauten Hauswesen walteten.

Der Herr, der auf mehrjährigen Reisen durchs Ausland manches Gute für sein Gasthaus erfahren hatte, war ein ruhiger, kundiger, ernst zurückhaltender Fürsorger und Berater seiner Fremden. Nicht blos in den kleinen Beschwerden des alltäglichen Badelebens, sondern auch in größern Dingen der Welt; nicht am wenigsten in der oft so schwierigen Wahl einer labsamen Flasche. Hopfen und Malz hatten noch nicht ihren nahezu auf Vernichtung abgesehenen Eroberungszug gegen die Rebe unternommen. Das Bier galt noch als Plebejergetränk. Wer sich etwas Höhres dünkte oder eine Stunde erhöhter Stimmung genießen wollte, den zog es damals noch mehr als heut in die dunkle, heimlich-unheimliche Ecke einer Weinstube. Wen solche Neigung anwandelte, der kam in der Preußischen Krone zu Salzbrunn auf den rechten Platz und zu Herrn Robert Hauptmann an den rechten Mann; denn alte Weinkultur lag in beiden.

Schon sein Vater Karl Ehrenfried Hauptmann, der schlesische Webersohn aus Herischdorf bei Warmbrunn, hatte zwar in jungen Jahren selbst am Webstuhl gesessen und die Not der armen Brüder, wenn nicht geteilt, so doch erlebt. Aber nachdem er 1815 als Feldwebel aus den Befreiungskriegen heimgekehrt war, hatte er das kärgliche Handwerk verlassen und war in eine Gastwirtschaft eingetreten, wo er viele Jahre lang als Oberkellner treulich diente. Schon 1824, als ihm sein Sohn Robert geboren wurde, hielt er zu Flinsberg den Fremden das eigne Hotel offen. Er hatte von der Herschaft Schaffgotsch das dortige Kurhaus, das erst vor wenigen Jahren abgebrannt ist, in Pacht. Als sein Sohn Robert heranwuchs, saß Vater Ehrenfried mit seiner tugendsamen Hausfrau, einer Warmbrunnerin, schon unter größern Geschäftsverhältnissen zu Salzbrunn in der Preußischen Krone, die er seit 1832 als Pächter, seit 1839 als Eigentümer besaß. Als aber sein Sohn Robert die Tertia des Schweidnitzer Gymnasiums erreicht hatte und so weit war, selber etwas zu werden, gab ihn der Alte nach Breslau in eine allgemein als musterhaft anerkannte Weinkellerei. Da der wohlbegüterte Alte seinen Sohn gut stellte, durfte der junge Salzbrunner Hotelbesitzerssohn zwar mit der Familie des gestrengen Principals die Mahlzeiten teilen, aber bei der Arbeit im Keller muste er heran wie der erste beste Küferjunge. Angestrengter Fleiß und harte Arbeit wurde von ihm gefordert und geleistet. Denn mit dem Wein ist es wie mit der Kunst und allen andern Genüssen des Lebens. Sie erfreun des Menschen Herz, wenn sie rein und fein und in edelster Vollendung dargeboten werden; wenn wir sie fest und fertig vor uns haben, ohne zu wissen und zu bedenken, wie sie entstanden, woraus sie gebildet sind, ohne die schwere Mühsal zu merken, die von emsigen Arbeitern dran gewendet wurde, sie werden zu lassen. Ob ein Ding den Menschen nötig und nützlich oder nur angenehm ist — es zu schaffen kostet gleichen Schweiß. Vom gleichen Schweiße zeugt, wie der Faden im Linnentuch, im Becher der Tropfen. Und wie einst bei den armen Webern sein Vater, so hat sich später Herr Robert Hauptmann beim reichen Weinhändler wacker zu plagen gehabt. Er lernte Fleiß und Zucht. Beides kam ihm zu statten, als er Herr im eignen Hause ward, und eine geliebte Gattin ihm half.

An die Seite des besonnenen, aufrechten Mannes, der vor dem höchsten seiner hochadligen Gäste den Nacken nicht beugte, aber auch dem geringsten der Kranken gütig und helfend die Hand bot, war ein schlankes bewegliches

Frauenwesen getreten. Auch hier mag sich an des Lebens ernstes Führen die Lust zu fabuliren geschlossen haben. Neben das klare Haupt trat ein feuriges Herz, weltkindlich froh, frisch bei der Arbeit des Tages, frei im rechten Wort am rechten Ort und fromm im zuversichtlichen Glauben an eine ewige Güte und Gerechtigkeit.

Nicht weit von Salzbrunn, wo neben dem Gasthof zur Preußischen Krone die Töchter des Brunnenwarts Straehler aufblühten, liegt Gnadenfrei und Herrnhut. Seit alter Zeit hatte sich hier das Luthertum gegen die eng benachbarte, unablässig werbende katholische Kirche stark und streng zu behaupten. In diesem Kampf faßte der Glaube ans Evangelium hier tiefer Wurzel als anderwärts. Der Verkehr mit Gott, der Gedanke an ein Leben nach dem Tode ward zum täglichen, nicht blos sonntäglichen Bedürfnis der Seelen. Gerade das nahe Beispiel katholischer Lebensführung lehrte, daß der Glaube an ein Jenseits den diesseitigen Freuden nicht widerstrebe. Auf dieser ausgleichenden Erkenntnis hatte einst die Pietät des philosophischen Schusters Jakob Böhme zu Görlitz beruht. Sie war als Fruchtsaat durch die Gärten der pietistischen Gemeinden Schlesiens gegangen und hatte auch in Salzbrunner Familien eine Weltanschauung gedeihn lassen, die sich ungefähr mit dem bezeichnen läßt, was ein frommer, aber lebensfroher Dichter älterer Zeit, Barthold Heinrich Brockes „irdisches Vergnügen in Gott“ genannt hat.

In der Familie Straehler mußte diese Lebensanschauung besonders fest fußen; denn einerseits entstammte sie den

Niederungen des Landvolkes, das von Kanzel und Altar in mehr oder minder dumpfer Abhängigkeit bleibt; andrerseits standen ihre ältern Generationen im Untertanenverhältnis zum erbeingesessenen Grafengeschlecht. Wenn ein gallonirter Leibkutscher die durchlauchtige Herschaft Sonntags nach der Kirche fuhr, wenn der gnädigen Gräfin eine Kammerzofe zur Abendandacht das Gebetbuch reichte, so stieg aus diesen Verrichtungen ein religiöser Weihrauch in die Hirne der Schloßleute und ging auch auf die Nachkommenschaft über, deren Ursprung nicht immer ganz sicher herzuleiten war. In Gerhart Hauptmanns „Webern“ hält der Kutscher zur Herschaft. Er bringt auf eigne Faust vor der Rotte heranziehender Empörer die Kinder des Hauses in Sicherheit. In ihrer blinden Angst flüchtet sich die Frau des Hauses an den Busen dieses treuen Johann. Wenn sich in den Nöten des Lebens zwischen Gesinde und Herschaft ein solches Band schlingt, so gleichen sich die Gegensätze aus. Selbst von einem so wenig sentimentalen Manne, wie dem schlesischen Parchendfabricanten, wird dem treuen Kutscher das, was er im Augenblicke der Gefahr tat, an den eignen Kindern vergolten werden. Johanns Sohn wird nicht mehr auf dem Kutscherbocke sitzen, sondern vielleicht an Stelle des Expedienten Pfeiffer in Herrn Dreißigers Comptoir. Auch die Familie Straehler, aus der Herr Robert Hauptmann seine Lebensgefährtin holte, hat sich von einer Generation zur andern im Grafenschloß aus geringem Stande langsam emporgehoben. Aus Dienern des hohen Adels wurden dessen Vertraute und Beamte. Langsam entwickelte sich die Untertänigkeit zum freiern Bürgertum. Gesunden Naturen wird ein solcher Entwicklungsgang heilsam sein. Derbe volkstümliche Kraft verbindet sich dann mit höherer Gesittung. Zum festen Handeln gesellt sich ein zartes Empfinden. Neben andern Tugenden gedeiht das werktätige Mitleid. Als solch eine gesunde Natur, urwüchsig und derb im Geschäft, mild und edel im Gefühl, haben wir uns die Kronenwirtin von Salzbrunn zu denken, die um ihren ernsten Eheherrn in Hof und Haus, in Keller und Küche herumhantirte und umherfabulirte.

In der Hut dieser Eltern wuchs Gerhart Hauptmann als der jüngste unter vier Geschwistern heran. Von der Schwester Johanna und den ältern Brüdern mag ihn schon damals vor Fremden ein still in sich gekehrtes Wesen unterschieden haben. Wenig bedacht auf seinen Anzug, aber mit natürlicher Anmut trat er wie ein kleiner schlanker blonder Prinz unter die Dorfjugend. Wenn es aber ans Spielen ging, so war er mit Leidenschaft dabei; unter den wilden Jungen ein Wildester. Unter den Kameraden, besonders in der engern Familie, konnte er von ausgelassenster Laune sein. Als er sieben Jahr alt war, begeisterte ihn die Freude, seine Geschwister nach längerer Trennung wiederzusehn, sogar zu einem Ballettanz, den er nach eigenster Erfindung wie ein Wirbelwind vollführte, und den er dann noch öfter den Geschwistern zum besten geben muste.

Wenig oder gar nicht beteiligte er sich am Wirtshausleben im väterlichen Gasthofe, der nur während der Badesaison geöffnet war, und von dessen Restaurationsräumen die Kinder des Hauses fern gehalten wurden. Wenn er später zum grundsätzlichen Verächter alkoholischer Getränke geworden ist, wenn gerade die anstößigsten Motive seines Dramas „Vor Sonnenaufgang“ vom heiligen Zorn über die Volk und Menschheit vergiftende Trunksucht erfüllt sind, so haben Kindeseindrücke, die der Dichter von Stammgästen der Preußischen Krone empfing, hier kaum mitgewirkt. Wol aber sahen die Kinder auf der Dorfstraße so manches, was diesen früh und tief eingeprägten Abscheu gegen die Auswüchse der alten lieben deutschen Zecherlust begründete.

Wie die ältern Geschwister, so kam auch Gerhart in die Obersalzbrunner Dorfschule. Der Lehrer hieß, wie der Lehrer des Ibsenschen Johannes Rosmer, Brendel. Aber ein Ulrik Brendel war dieser Salzbrunner Brendel durchaus nicht. Er war ein vorschriftsmäßiger Schulmeister, der den Kindern auch dann noch was beizubringen wuste, als sie lesen, schreiben, rechnen schon bei ihm gelernt hatten. Er lustwandelte mit ihnen in der reizenden Umgebung durch Flur und Wald und Feld, über Berg und Tal, aber bei diesen wohltuenden Spaziergängen wies er sie nicht nur auf den Sang der Vögel hin, auf Käfer und Schmetterlinge, sondern zum Entsetzen des armen Gerhart paukte er ihnen auch in Gottes freier Natur die Genusregeln der lateinischen Grammatik ein. Für diese Art von Poesie hatte Gerhart Hauptmann kein Verständnis. Von jeher war er das, was man einen schlechten Schüler zu nennen pflegt. Mehr als Lexikon und Grammatik reizte ihn freilich der schöne

Glasschrank, der in Vaters Stube stand, und der mit seinen Reihen goldbedruckter Bände den Kindern allzeit ein Heiligtum des Hauses blieb. Die Kinder waren froh und fühlten sich geehrt, wenn der Vater ihn öffnete und ihnen bald aus der kleinen Cottaschen Classikerbibliothek, bald aus guten naturwissenschaftlichen Werken mit weiser Auswahl eins oder das andre zu lesen gab. So lernte Gerhart manchen naturwissenschaftlichen Abschnitt aus Buffon oder Alexander v. Humboldt früher kennen und würdigen als sein pflichtschuldiges Schulpensum.

Wie schwer ihm das Lernen in der Schule ward, wie wenig es ihn lockte, erwies sich erst recht, als er Ostern 1874 zu seinen Brüdern nach Breslau in die Pension geschickt wurde, um mit ihnen dort die Städtische Realschule erster Ordnung am Zwinger zu besuchen. Er kam nach Sexta, wo es noch leidlich ging; schon ein Jahr später ward er versetzt. Auf Quinta jedoch verweilte er drittehalb Jahre. Der kleine, freie Prinz aus dem Salzland fühlte sich hier wirklich wie im Zwinger. Er verstand die Stadt und das städtische Leben nicht. Er verstand die Lehrer nicht, die Lehrer verstanden ihn nicht. Die Mitschüler hätten seine Träumereien verspottet, wenn sie bei deutschen Aufsätzen nicht seine Hilfe gebraucht hätten; denn in diesem Fach war er Oberster. Alles andre warf ihn auf die Lotterbank. Auch in den Pensionaten, wo Vater Hauptmann seine Jungen untergebracht hatte, ward Gerhart nicht heimisch. Sein Bruder Carl, dessen wissenschaftlicher Geist zeitig erwacht war, der früher als andre hinter dem schulischenen Wesen des

Kleinen tiefe Anlagen erkannt hatte, sah, wie wenig Gerharts Geist und Gemüt im Zwinger gediehn. Selbst noch jung und unerfahren wußte er nicht, wie dieses Knabenschicksal zu wenden sei. Aber während er sann und sorgte, wandte sich das Schicksal von selbst.

Daheim in Obersalzbrunn war mit den Jahren vieles anders geworden. Die Zuspitzung nationaler Gegensätze einerseits, die zunehmende Bequemlichkeit und Billigkeit des Reisens andrerseits wies der besten, vorteilhaftesten Badekundschaft neue Wege, neue Ziele. Salzbrunn verlor seine leistungsfähigsten Sommergäste. Das Kurpublikum verminderte sich an Zahl, noch mehr an Zahlungskraft. Statt der üppig lebenden, oft verschwenderischen polnischen Magnaten kamen neben armen deutschen Edelleuten sparsame, um den Pfennig feilschende polnische Handelsleute. Die Pekesche verdrängte der Kaftan. Man wollte nicht mehr gut, sondern billig leben. Der Kronenwirt aber und seine Kronenwirtin hielten nach wie vor auf die wirtschaftliche Ehre ihres Hauses. Sie ließen ihre Gäste, auch wenn sie billig lebten, nicht anders als gut leben. Zurückblickend auf seine Salzbrunner Tätigkeit durfte sich Herr Robert Hauptmann einmal das stolze Zeugnis geben: „Ich hab nie gefragt, ob es meinen Gästen gefiel, ich hab nie eher geruht, als bis es mir selbst gefiel". Daß sein Geschmack gut war, haben ihm ansehnliche Gäste seines Hauses gern bezeugt. So schrieb ihm ein sehr bekannter Breslauer Universitätsprofessor beim Abschied auf sein Conterfei: „Kehr ich einstens aus der Erde moderigem Schlunde wieder — nur zu Hauptmann, nur zu Hauptmann kehre ich zur Stunde wieder". Aber die Meisten, die so dachten, kehrten dennoch nicht wieder. Mochten im Keller drunten die alten teuren Weine als unverzinsbares Capital lagern, mochte ihnen höchstens mal ein oder der andre reich gewordne Kohlenbauer aus Weißstein und Hermsdorf den staubgedeckten oder drahtbepanzerten Hals brechen, mochte oben auf den Tischen höchstens noch ein delicates Pilsener Flaschenbier, dieser späte Eindringling des Hauses, servirt werden: Kost und Unterhalt wurden darum nicht schlechter. Denn der Hausherr meinte, das Tüchtige müsse doch zuletzt zur Geltung kommen. Die weiten, lustigen Säle, die Herr Robert Hauptmann seinen vornehmen Gästen gebaut hatte, aus deren hohen Fenstern es sich so vergnüglich auf den Kurgarten hinübersah, an deren hohen Spiegeln schöne Polinnen vorüberstolzirt waren, diese Säle blieben im besten Stand, auch jetzt, wo bescheidnere Leute sie kaum zur Hälfte füllten. Der grüne, bewaldete Hügel, an dem das Wirtshaus würdig und wuchtig wie ein Herrensitz emporstieg, wurde nach wie vor von blumenfreundlichen Gärtnerhänden wohl gepflegt. An den Spazierwägelchen zogen Rosse von gutem Geblüt. Ein kostbarer Schatz des Hauses aber blieb unentdeckt. Der heilkräftige Kronenquell, der den spätern Besitzer des weitläufigen Grundstücks zum Millionär gemacht hat, der schon für die Hauptmanns zum Quell des Wohlstandes hätte werden können, war damals eine Pferdetränke.

Während die Gäste von einem Umschwung der Verhältnisse in der Preußischen Krone nichts ahnen konnten, und kaum die Ortsinsassen was merkten, sah sich Vater Hauptmann eines Tages genötigt, sein schönes, treu gehegtes Erbgut, das vom Gericht damals auf 250000 Mark bewertet wurde, in die Hände der Hypothekengläubiger abzugeben. Nur mit einem kargen Notgroschen, aber mit wohlbehüteter Bürger- und Kaufmannsehre zog er 1877 vom Hofe weg. Durch Vermittlung des Realschuldirectors Kletke in Breslau erhielt er in dem damals neu eingerichteten Bahnhof, der jetzt Niedersalzbrunn heißt, die Gastwirtschaft zur Pacht. Aber der Erwerb an dieser kleinen Stelle war gering, und es galt, sich einzuschränken. Am wenigsten freilich sollte nach des Vaters Willen die standesgemäße Erziehung der beiden jüngern Söhne drunter leiden. Der älteste, Georg, hatte die Realschule mit dem Zeugnis der Reife schon längst verlassen, hatte längere Zeit daheim dem Vater in kaufmännischen Geschäften zur Seite gestanden und war nun zur Zeit der Krisis in einem großen Hamburger Handelshause tätig. Der mittlere der Brüder, Carl, sollte seine wissenschaftlichen Fähigkeiten noch weiter auf der Schule ausbilden, um sich durch akademisches Studium forthelfen zu können. Das Sorgenkind blieb Gerhart, der Jüngste. Da er auf der Schule nicht mitkam, so ward er, noch lange bevor er das Recht zum einjährigen Militärdienst hätte erwerben können, aus der Schule genommen. Das Abgangszeugnis, das Director Meffert und der Ordinarius der Quarta B., Dittrich, am 29. April 1878 unterzeichneten, nennt sein Betragen gut, seinen Fleiß genügend, macht aber durch die Aufmerksamkeit einen dicken verschwiegnen

Strich. Unter den Leistungen fehlt bei Religion die Censur. Gut ist nur das Zeichnen. Am wenigsten befriedigt das Rechnen. Alle übrigen Fächer halten sich auf der Durchschnittshöhe des Befriedigenden und Genügenden. Auch Naturgeschichte und Deutsch, die man als Lieblingsfächer Gerharts voraussetzen darf, erreichen keinen höhern Grad. Was sollte nun aus dem Jungen werden? Unter seinen freien Ausarbeitungen hatten gute Urteile gestanden. In seinen Heften standen lyrische Gedichte und Märchen, die den Einfluß des lieben Andersen verrieten. Bruder Carl las diese stillen Sünden, die von der goldnen Mittelstraße der richtigen Schularbeit so weit abwichen, mit tiefer Bewegung. Der Beruf des Kleinen zum Dichter dämmerte ihm auf. Aber wie sollte ein fünfzehnjähriger Bursch, bei dem die Schulweisheiten so locker saßen, von Unterquarta aus zum deutschen Schriftsteller werden? Auf diese Zweifelfrage wußte auch der ratende und fördernde Bruder keine Antwort. So litt er's oder mußt' es eben leiden, daß Gerhart zu nahen Verwandten aufs Land kam.

Auch die Eltern auf ihrer kleinen Bahnstation, die damals noch den ominösen Namen Sorgau führte, mögen nicht ohne Kummer in die Zukunft des Knaben geblickt haben, der so vorzeitig aus dem regelrechten Bildungs- und Erziehungsgange deutscher Jugend abseits geschlagen wurde. Aber der Vater pflegte gerade in schwierigen Lebenslagen umso zuversichtlicher und tatkräftiger zu werden; es war ihm auch eine pecuniäre Last genommen worden, und — das wußten die Eltern — ihr Kind kam in liebevolle gute Hände. Der Einzige jedoch, der dieses Wechsels ganz froh wurde, war Gerhart selbst. Nun lagen Schulbank und Schulbücher hinter ihm, und vor ihm lag das offne Land. Hinter ihm lag Staub und Stubendunst, vor ihm lagen Luft, Licht, Leben. Hinter ihm lag die Zucht, vor ihm die Freiheit. So wenigstens dachte und hoffte er.

Dem treuen Vater, der ihn hat geleitet,
Gibt er die herben Grüße in die Hand.

Er kam in den Striegauer Kreis, wo sein Oheim Gustav Schubert zwei Landgüter bewirtschaftete, das Herrn v. Tschammer abgepachtete Rittergut Lohnig und eine eigne großbäuerliche Besitzung in Lederose. Herr Gustav Schubert war, ebenso wie Herr Robert Hauptmann, mit einer von den Töchtern des Obersalzbrunner Kurinspectors Straehler verheiratet. Gustav und Julie Schubert hatten einen einzigen Sohn, ihren Georg, in strenger Gottesfurcht herangezogen, und der Segen des Herrn schien an diesem hochbegabten Kinde das fromme Tun der Eltern, ihr Gebet und ihre Arbeit zu lohnen. Georg war der Stolz der engern und weitern Familie. Man erwartete Großes von ihm. Da plötzlich bewies Gott seinen Getreusten, daß alles eitel sei auf Erden. Eines Tages standen die Eltern am Sarg ihrer Hoffnungen. Zugleich standen sie ratlos vor der Unerforschlichkeit des göttlichen Willens. Ihr gläubiges Herz hielt fest zum Himmel, darin sie ihr Kind wußten. Aber ihr irdisches Haus war verödet, und so suchten sie für den seligen Knaben eine Art Statthalters auf Erden. Das sollte kein

Andrer sein als Georgs junger Vetter Gerhart Hauptmann, der nun in eine streng religiöse Geistesrichtung kam.

In den Jahren der Entwicklung drückte diese Geistesrichtung dem lebhaften Knabengemüt, welches ohnehin zur transscendentalen Speculation neigte, einen so starken Stempel auf, daß Gerhart Hauptmann seither kaum was Größres gedichtet hat, ohne die Macht dieses Gepräges irgendwie und irgendwo spüren zu lassen. Ueberall ist zu fühlen, wie tief und auch wie ungestüm Glaubensdinge den Geist und das Herz des Jünglings aufgeregt haben. Schon im Elternhause war Gott etwas mehr gewesen als ein guter Mann. Im täglichen Tischgebet, das eins der Kinder sprechen muste, wurde seiner gedacht. Und wie die Mama Vockerat der „Einsamen Menschen“, so wird auch ihr Urbild, die Mutter Hauptmann in der Preußischen Krone, wenn es nichts zu braten und zu backen gab, am liebsten Geroks Palmblätter und Lavaters Worte des Herzens gelesen haben. Aber herrnhutische Tractätchen an Berliner Gepäckträger, wie der alte Vockerat, hätte Herr Robert Hauptmann in seiner vernünftigen Klarheit nun und nimmermehr verteilt. Vom Vater hatten die Kinder nie religiöse Aeußerungen gehört, sondern nur in ganz entscheidenden Augenblicken des Lebens sein stilles Gottvertraun bemerkt. Seinem Schwager Gustav Schubert, dem Pflegevater Gerharts, dem Urbilde des alten Vockerat, wäre jener etwas übertriebne Charakterzug schon eher zuzutraun gewesen, obwol seinem kindlich ringenden Gemüt, das alle Welt beglücken wollte, jeder Zug des Eiferers fehlte; und seine Frau, die herzensgute und herzensfrische Tante Julie, der Liebling der ganzen Verwandtschaft, sorgte sicherlich dafür, daß dem christlichen Geist ihres Hauses alles Zelotische und Zionswächterische fern blieb. Wie in Herrnhut selbst, an das die unglückselige Bauerntochter Helene aus „Vor Sonnenaufgang“ so liebliche Erinnerungen bewahrt, lag auch in Lohnig und Lederose das Hauptgewicht des gottgefälligen Lebens auf der Gemütsseite.

Das Schubertsche Haus war eine weltliche Domäne herrnhutischen Geistes. Hier erholten sich an schönen Sonntagnachmittagen in traulicher Geselligkeit, wol auch beim Schachbrett, das Onkel Schuberts irdische Leidenschaft war, die Dorfpastoren der Umgegend von ihrer Morgenpredigt, der die Hausherschaft zuvor andächtig gelauscht hatte. Auch für Tante Julie und Onkel Gustav war das irdische Vergnügen in Gott des Lebens bestes Teil. Und wie sich fromme, reine Christenherzen immer am höchsten, am heiligsten, am freudigsten auf den Schwingen der Musik über die Zeitlichkeit erheben, so war auch für Tante Julie und deren älteste Schwester, die Respectsperson der Familie, für das kluge Fräulein Auguste Strachler, die ihren verwachsnen Körper am liebsten in Herrnhuter Tracht kleidete, die Musik der herlichste Lebensgenuß. Beide waren tief musikalisch begabt und gebildet. So schön wie Tante Julie sang, so wunderschön spielte Tante Auguste auf dem Fortepiano. Neben den kirchlichen Chorälen durchschwirrten dann alte liebe Lieder des Volkes das Haus. Neben Bach und

HAUPTMANN'S HÔTEL ZUR KRONE IN SALZBRUNN

Händel fehlten auch weltlichere Meister nicht. Allgemeiner Liebling war Beethoven. Der junge Gerhart schwelgte in diesen erhabnen Klängen, die ein Zauber der Unschuld umgab, und in denen sich eine freudige Klarheit der musicirenden Frauen aussprach:

Da aber rang aus tief verborgner Stätte
Es sich empor wie neue Lebenskraft,
Und Töne kamen, die Befreiung brachten,
Wie sie aus Schmerz und herber Qual erwachten.

Das Bild der Frau Julie Schubert wird deutlicher, wenn man in einem psychologisch äußerst feinen und zarten Drama Carl Hauptmanns, in „Marianne“, Mariannens Adoptivmutter kennen lernt, die den Verlust ihres einzigen Kindes inwendig nie verschmerzt. Sie glaubt die verwaiste Marianne an Kindes Statt in ihr Herz geschlossen zu haben. Marianne selbst fühlt sich als rechtmäßige Tochter dieser edlen Frau, und doch kommt der Augenblick, da es beiden erschreckend bewußt wird, daß sie sich innerlich fremd geblieben sind. So erging es auch Gerhart in Lederose:

Befreiung — ja! doch wie sie hoch ihn trugen
Weit über sich in ätherreine Luft,
Da sah er nieder auf die stolzen, klugen
Vereinten Wärter einer großen Gruft,
Drin sie sein Wesen ganz in Trümmer schlugen,
Die dumpf umwehte feuchter Moderduft.
Sein ganzes Elend kam daher geschritten
Und rief ihm zu, was drunten er gelitten.

Gerhart Hauptmann hat seine Tante und seinen

Onkel kindlich verehrt, und er bewahrt sie im dankbaren Gemüt. Aber heimisch ist er auf ihrer Scholle nicht geworden, und ein vollkommner Landwirt ward er in Lederose so wenig wie ein vollkommner Christ. Er nahm von diesen guten Menschen mit sich den läuternden Kampf um Gott, in welchem seine Seele ehrlich und glühend rang. Er nahm mit sich Tante Juliens Lieder. Und das Werk des Landmanns, der nächste Verkehr des cultivirenden Menschen mit der Natur, war ihm in heißer Arbeit nah getreten. Aber alles das führte doch nicht zu den Zwecken seines eignen Daseins. Das empfand er. Darum ward er auch des Landwirtberufes nicht froh. Und darum ging er. Als er nach Jahren wieder bei seiner Tante Julie Schubert zum Besuch war, schrieb er ihr tröstend ins Stammbuch:

Ich kam vom Pflug der Erde
Zum Flug ins weite All —
Und vom Gebrüll der Herde
Zum Sang der Nachtigall.

Die Welt hat manche Straße,
Und jede gilt mir gleich;
Ob ich ins Erdreich fasse,
Ob ins Gedankenreich.

Es wiegt in gleicher Schwere
Auf Erden jedes Glied. —
Ihr gebt mir eure Aehre,
Ich gebe euch mein Lied.

II.

Zwischen zwei Künsten.

Einstweilen stand das Lied noch nicht im Sterne seines Lebens. Zunächst winkte ihn eine andre Kunst heran. Gelegentlich hatten sich bei ihm Anlagen zum Bildhaun gezeigt. Wie sein ältester Bruder, der temperamentvolle, leichtlebige, in Wort und Witz überaus bewegliche Georg beim Caricaturenzeichnen ein gewisses Genie dilettantisch entfaltete, so hatte auch Gerhart in Lehm oder Wachs an allerhand possierlichen Figürchen nicht unglücklich geknetet und mit umgekehrten Stahlfedern in grobe Kreidestücke hineingemeißelt. Das brachte seinen Bruder Carl, der ihn durchaus in künstlerischer Sphäre halten wollte, auf den Gedanken, wenigstens diese spielerische Fertigkeit systematisch auszubilden. Er erreichte das um so eher, als auch der künstlerisch wohlerfahrne Vater an Gerharts kleinen Arbeiten sein stilles Vergnügen fand und sie guten Freunden sogar mit einigem Stolz zeigte. So geschah es, daß Gerhart Hauptmann nach Breslau zurückkam. Diesmal nicht auf die Realschule am Zwinger, sondern auf die dortige königliche

Kunstschule. Er trat am 6. October 1880 in die Vorbereitungsklasse ein, ließ sich eine lange Künstlermähne wachsen und belegte beim Director der Anstalt, Baurat Lübecke, ornamentales Zeichnen, bei Professor Alwin Schultz Kunstgeschichte, beim Bildhauer Michaelis Modelliren. Gegen die Schulregeln dieses Vorbereitungsunterrichts lehnte sich der herangewachsene Jüngling innerlich bald auf.

Der Knabe geht und sucht mit Hoffnungsbeben;
Schon krallt im Wahne sich die heiße Hand,
Als wollte sie Hymettos Marmor heben
Aus tiefem Schacht, als hielte sie umspannt
Den Meißel, der den Marmor soll beleben
Mit hohem Geiste hehr und gottverwandt, —
Da tritt er in des Tempels weite Hallen
Und läßt bestürzt den Zaubermeißel fallen.

Ein Volk von Krämern schleift des Marmors Decken,
Ein Volk von Bäckern bäckt den braunen Ton,
Statt heil'ger Priester Lumpen nur und Gecken,
Statt stiller Wahrheit Lug und Neid und Hohn.
Da gibts ein mühsam, ekelhaftes Hecken,
Geboren wird, was längst verstorben schon;
Rings liegen sie, die ausgegrabnen Leichen,
An ihren Stirnen der Verwesung Zeichen.

Schon am 26. October zog er sich „wegen seines Benehmens" eine directoriale Verwarnung zu. Mit dem Modellirlehrer, bei dem er am meisten zu tun hatte, kam es zum offnen Bruch. Desto mehr Verständnis und Ermutigung fand er im Bildhaueratelier des Professors Robert Haertel. Dieser Meister erteilte ihm auch Privatunterricht, als Gerhart Anfang 1881 zusammen mit dem Commilito

Urban elf Wochen lang von der Kunstschule ausgeschlossen war, weil sie laut Conferenzbeschluß vom 5. Januar „hinsichtlich ihres Betragens und ganzen Wesens, bei mangelhaftem Stundenbesuch, geringen Fortschritten und bösem Beispiel für die andern Schüler sich nicht mehr für die Anstalt eigneten“. Auf Haertels Betreiben aber wurde der störrische Discipulus bereits am 23. März wieder zu Gnaden angenommen, ohne daß der Vater von dem ganzen Zwischenfall etwas erfuhr. Bei Professor Robert Härtel blieb Gerhart noch ein volles Jahr, bis er am 15. April 1882 die Anstalt „wegen Krankheit“ für immer verließ. Die Lehrer hielten ihn damals für schwindsüchtig. Da auf der Kunstanstalt auch wissenschaftlicher Unterricht erteilt worden war, und der sogenannte Künstlerparagraph der Wehrordnung akademischen Künstlern ein Recht zum einjährigen Militärdienst gibt, so setzte es wiederum Haertel durch, daß sein Lieblingsschüler nun doch das Zeugnis für den Dienst als Einjährig-Freiwilliger erhielt. Haertel hatte aber nicht blos sein bildnerisches Schaffen gefördert und u. a. eine in rotem Wachs modellirte durch die Wolken dahinjagende Gottheit höchlich anerkannt, sondern er ließ sich auch mit Freuden Gerharts Dichtungen vorlesen, die ebenfalls der germanischen Sage entstammten. Vom Dänen Andersen war der junge Dichter zum Schweden Tegnér gelangt, aus dessen Frithiofssaga er ein Drama „Ingeborg“ schuf. Wie Wilhelm Jordan, den er unter starkem Eindruck las und wol auch recitiren hörte, wollt' er es „wagen, zu wandeln verlassene Wege zur grauen Vorzeit unseres Volkes“. Immer heißer regte sich in ihm der Trieb, in diese Tiefen zu steigen und poetisches Metall herauszuholen. Er plante ein Hermannsepos in zwölf Gesängen, von denen anderthalb im Stile Jordans damals fertig wurden. Derselbe Stoff sollte auch zum Gegenstand eines Dramas werden. Die Tragödie sollte heißen: „Germanen und Römer“. Der Held war wiederum Hermann der Cherusker. Neben ihm sollte ein alter Sänger Sigwin hervortreten, dessen Tochter von einem Römer verführt und dann verlassen wird. Der Dichter ließ seinen Sigwin in dem Augenblicke sterben, da man ihm die Botschaft vom Siege der Germanen über die Römer bringt, und diesen fruchtbaren Augenblick stellte der Dichter später auch bildnerisch in einer kleinen Statuette Sigwins dar.

Sein kluger Kunstlehrer merkte, daß diese träumerische Jünglingsseele ein andres Land suchte. Bruder Carl hatte inzwischen seine Reifeprüfung bestanden und studirte in Jena bei Ernst Haeckel Naturwissenschaften. Mit manigfaltiger Gewalt zog es die Brüder zu einander. Was Gerhart auf der Schule versäumt hatte, sollte und wollte er im freiern Getriebe der Universität nachholen. Haertel und der liebe Zechbruder Professor Marshall hatten Beziehungen zum Weimarer Hof. Sie erreichten es, daß auf Veranlassung des Großherzogs Karl Alexander von Sachsen der Breslauer Kunstschüler Ostern 1882 an der Jenaischen Universität als studiosus historiae immatriculirt wurde. Er belegte nach junger Füchse Art für den Winter eine Ueberfülle der unterschiedlichsten Collegia, nur keine historischen. Er belegte nicht blos bei den

Philosophieprofessoren Rudolf Eucken und Otto Liebmann, sondern auch bei Haeckel Zoologie und bei Chr. Ernst Stahl Botanik. Am meisten aber interessirte ihn Gädechens' Vorlesung über Pompeji. Im nächsten Sommer war sein Wissensdurst wesentlich vermindert. Er belegte nur noch die Vorlesungen seines Tischgenossen Arthur Boehtlingk über das Revolutionszeitalter und über Goethe. Lieber jedoch ging er zu einem Steinmetzen, griff eine Hand voll Ton auf und formte zum Vergnügen der Freunde allerhand Sächelchen draus: einige Köpfe und auch jenen sterbenden Sieger. Diese Art der körperlichen Gestaltung schärfte seinen dichterischen Blick für das Charakteristische und Individuelle der Menschen. Die eine Kunstübung kam der andern zu Gute.

In Jena, wo sich Gerhart Hauptmann zum ersten Mal als freier Bursch wohl und heimisch fühlte, lernte er auch die Segnungen junger brüderlicher Kameradschaft näher kennen. Schon auf der Breslauer Kunstschule war er mit dem spätern Landschaftmaler und Kritiker Hugo Ernst Schmidt und mit Alfred Ploetz, der damals in Breslau Nationalökonomie studirte, innig befreundet gewesen. Die beiden großen Lebensinteressen seiner Seele, Kunst und Philanthropie, hatten hier jede in einem Freunde zugleich den Fördrer gefunden. Aber ein rechtes Studentenleben konnte sich dort nicht entfalten. Das fand er erst in Jena im Akademisch-naturwissenschaftlichen Verein bei seinem Bruder Carl und dessen Kameraden. Es war ein Kreis junger Leute, die, vorwiegend mit realistischer Bildung ausgerüstet, zur Universität gingen und in den beiden Mächten der modernen Entwicklung, den Naturwissenschaften und der Socialpolitik, das Heil der Welt suchten. Darwin war der große Heros dieses Bundes. Naturwissenschaftliche und philosophische Ideen wurden bei den täglichen Studien und den abendlichen meist sehr leidenschaftlichen Debatten am Biertisch ausgetauscht. Gerhart Hauptmann, der Jüngste, der Ungelehrteste, der Poet in diesem Kreise, hielt wacker mit im Kneipen wie im Streiten.

Auch ihm ists oft in Haupt und Busen heiß geworden, und wenn dies geschieht, so vermag auch er mit feurigen Zungen zu reden. Seine Freunde wissen nichts von jener stillen Schweigerart, die in fremder förmlicher Gesellschaft bei ihm noch jetzt und jetzt vielleicht mehr als früher auffällt. Am engsten schloß er sich in Jena einem jungen begeisterten, musikalisch überaus fein empfindenden, wundervoll Klavier spielenden Wagnerianer, Max Müller, an. Von ihm und Gerhart ging das Künstlerische jenes Kreises aus. So oft Kunstfragen oder auch Fragen der Menschlichkeit aufgeworfen wurden, vermochte Gerhart seinen Standpunkt ebenso lustig wie hartnäckig, ebenso selbstbewußt wie beredt zu verteidigen. Er mahnt die Freunde:

Was wir gefühlt, was wir gewollt,
Zu sagen ist uns Pflicht.
In unsrer Zeiten Adern rollt
Statt roten Blutes rotes Gold,
In unsern Adern nicht.
Schlingt Hand in Hand zum festen Kreis
Und fühlt, daß ihr euch kennt,
Daß euer Fuß auf einem Gleis,

Und eine Flamme glühend heiß
In euren Seelen brennt.

Allmählich trieb es ihn aber von den Freunden hinweg in die weite Welt. Im Frühling 1883 besuchte er seinen Bruder Georg, der kürzlich eine von den fünf Töchtern des Großkaufherrn Thienemann geheiratet und in Bergedorf bei Hamburg, neben dem jungen Hausstand, ein Geschäft begründet hatte. Von Hamburg aus fuhr Gerhart auf einem Kauffahrteidampfer die europäische Küste des Oceans entlang ins mittelländische Meer. Er fuhr denselben Wasserweg, den einst Byrons Harold gepilgert war, und wie das Buch von Harolds Pilgerfahrt während dieser Reise oft in seiner Hand lag, so lebten in seiner Seele Harolds Schmerzen. Den ersten längern Aufenthalt nahm er in Malaga, wo teils lockender teils widriger Gestalt die süße Sünde auf ihn zutrat, und ihn im Anblick entweihter Frauenreize der Menschheit ganzer Jammer anfaßte. Seine keuschen Sinne überkamen Empfindungen des Grauns und des Grames, Empfindungen aber auch, wie sie Jesus Christus jener Sünderin darbrachte, gegen die Andre den Stein hoben. Auch in Barcelona hielt er sich bei ähnlichen Eindrücken auf. In Marseille verließ er das Schiff, um auf dem Schienenweg, einem der wundervollsten der Welt, die Riviera entlang nach Genua zu fahren. Hier traf er seinen Bruder Carl, der inzwischen über die Alpen gewandert war. Beide reisten nun selbander nach Neapel. Sechs Wochen verlebten sie glückselig auf der Insel Capri, von der unvergleichlichen Schönheit dieser Landschaft nicht mehr bezaubert als von der realistischen Poesie dieses Volkslebens. Abends pflegte sich um die beiden lichtblonden deutschen Jünglinge ein kleines Lumpengesindel schwarzgeäugter Lausebübchen zu sammeln. Die junge italienische Volksseele klang und sang dann in hundert süßen Melodien. Als endlich die Brüder Abschied nahmen, vergoß Jung-Capri bitterliche Tränen.

Aber Gerhart Hauptmann war schon damals nicht der Mann, sich wie Gottfried Kellers Schöngeist an den romantischen Fetzen der Armut in ästhetischer Kaltherzigkeit zu vergnügen. Wie in Malaga der Anblick gemeiner Unzucht, so ergriff ihn in Neapel das sociale Elend mit herbem Weh:

Hier, wo im himmlisch lichtumstrahlten Pfühle
Ein wunder, beulenvoller Kranker liegt,
Hier, wo des Paradieses heil'ge Kühle
Um kahle wurmzernagte Bäume fliegt,
Hier, wo des Weltentempels schönste Bilder
Ergossen liegen in erhabner Pracht —
Hier tappet eine Schar verkommner Wilder,
Entmenschter Krüppel fluchend durch die Nacht.

Klagend ruft er aus: „Schafft mir Neapel aus Neapels Welt"!

Im Juni kehrte Carl zu einer militärischen Uebung nach Deutschland zurück. Gerhart blieb zunächst in Rom, von wo ihn bald die Malaria ebenfalls nach Hause hetzte. Unterwegs hatte ihn das Heimweh oft übermannt. Zumal wenn er in Gesellschaft kalter, fader, vernünftlerischer Dutzendmenschen sein volles Herz nicht gewahrt hatte und statt auf Verständnis nur auf Spott und Schimpf gestoßen war. Dann wünschte er sich, wie Goethes Faust, den Fittich der Vögel:

Ich wollte ruhen und nicht rastlos ziehen,
Bis wo der Alpen Silberzinnen glühen,
Und drüber hin, ich wär nicht müd geworden,
Gen Norden, immer weiter nur gen Norden.
Ihr aber baut am glutumwogten Hügel
Und habt doch Flügel.

Ihr Menschen alle, laßt mich ganz alleine,
Damit ich weine.
Ihr Freundesherzen in der weiten Ferne,
Wie drückt ich an die trübe Brust euch gerne.
Du stilles, reines und geduld'ges Lieb,
Wie kams, daß Tatendrang von dir mich trieb?
Du stiller Anker in den Menschenlanden
Hast mich verstanden.

Ihr aber, deren Stimmen mich umschwärmen,
Euch kann ich nicht begreifen, nicht erfassen,
Denn wo ihr lacht, da muß ich trüb mich härmen,
Und wo ihr liebt, da muß ich ewig hassen.
Was solls? Ich wandre heim euch zu vergessen,
Zu sitzen dort, wo selig ich gesessen,
Wo stiller Wiesen duft'ge Blumen sprießen,
In meiner Liebe zu der Liebsten Füßen.

Trotzdem befand er sich ein Jahr später wieder in Italien. Diesmal aber war es weniger die Natur, die ihn anzog, als die große alte Kunst. Unter dem gewaltigen Eindruck Michelangelos hatte sich wieder einmal die Bildhauerei das Vorrecht bei ihm verschafft. Er richtete sich sogar in Rom ein Atelier ein und bosselte an einem

Relief. Aber wieder war ihm das römische Klima nicht zuträglich. Schwer leidend am Typhus ward er ins deutsche Krankenhaus geschafft. Hier schwebte er lang in Lebensgefahr. An seinem Lager saß ein guter Engel: seine Braut.

In demselben alten festen „hohen Haus", unter demselben hohen roten Giebeldach, in demselben weiten, dicht belaubten Haine, wo ihr ältester Bruder Georg sein Glück gefunden hatte, suchten es auch Carl und Gerhart. Vater Thienemann war mittlerweile gestorben. Den aufrechten Mann hatte ein Herzleiden ergriffen; da er dessen nicht achtend ein kaltes Seebad nahm, so warf es ihn aus vollster Lebensfrische jäh aufs Totenbett. Seine fünf Töchter, alle sehr jung, alle sehr schlank, alle sehr hübsch, saßen zur Winterszeit als verwaiste, trauernde Burgfräulein im weiten Sale des alten Bischofssitzes beisammen und spannen vom schnurrenden Rädchen die langen Abende weg und auch ihren Herzensgram um den Papa und um die früh verlorne Mutter, deren liebliches, sommerlich freundliches Bild in bleibender Jugend an der Wand des Prunkzimmers hing. So fand eines Abends Carl Hauptmann diese Mädchen vor, als er auf der Weihnachtsreise von Jena nach Schlesien auf Hohenhaus Halt machte, um der Braut und den vier Schwägerinnen seines Bruders Georg, die dort unter der Obhut eines alten Onkels hausten, den Beileidbesuch abzustatten. Dieser Beileidbesuch scheint etwas ausgiebig geworden zu sein, denn der Gast brachte wieder Fröhlichkeit ins Trauerhaus. Die schwermütigen Spinnrädchen der schwarzen Schwestern standen still, und als der Gastfreund schied, war er ein verliebter, als er zur Frühlingszeit wiederum kam, ward er ein verlobter Mann. Hatte es Carlen die braune Martha angetan, so liebte Knabe Gerhart die vollere, südlich prangende, dunklere Schönheit Mariens. Als ich mit ihm im December 1891 von Berlin nach Wien reiste, „Einsame Menschen" am Burgtheater aufführen zu sehn, und wir kurz vor Dresden in den Bahnhof von Kötzschenbroda einfahren sollten, sprang mein Reisegefährte, der mir bis dahin bei einem vom Schaffner geliehnen Stearinstümpfchen die ersten Akte des eben vollendeten „Collegen Crampton" vorgelesen hatte, mit ungewohnter Lebhaftigkeit vom Polster auf, wischte eifrig den Frostschweiß vom linken Fensterglas weg, starrte eine Weile funkelnden Auges ins Dunkel der Nacht und rief dann, hüpfend vor Erinnerungsfreudigkeit, in flotter Unternehmungslust: „Wenn ich mal einen Sommernachtstraum schreiben sollte, so kann er nur dort oben spielen"! Dabei wies er mit bebendem Finger zum Fenster hinaus. Auf dieses unverhoffte Geständnis hin gaffte auch ich sofort ins Dunkel der Nacht, sah nur ein par Lichter durch die Kälte blitzen und empfing die beruhigende Aufklärung: „Denn dort oben liegt Hohenhaus"! An jenem Tage lasen wir den „Collegen Crampton" nicht weiter. Am Hohenhaus blieben Gedanken und Gespräche hangen.

Auf Hohenhaus bei Zitzschewig in der Lößnitz gab es hoch oben in des Parkes Mitte eine kleine Kapelle. Darin hing ein Glöcklein. Dies Glöcklein wuste von einem jungen Glück zu sagen:

Die Glocke klingt, still rauscht die Eiche;
Wer hat das kleine Haus erstiegen,
Vor dem lebend'ge Zauberreiche
In sanfter Pracht entfaltet liegen?

Wem quillt die volle Seele über,
Daß er das helle Glöcklein läutet?
Denn klingt ihr Ton zu mir herüber,
So weiß man, daß es Glück bedeutet.

Hohenhaus selbst hat Gerhart 1894 in einem Romanfragment, das zuerst vom Neuen Wiener Tagblatt mitgeteilt worden ist, beschrieben. Halbtausendjähriges graues Gemäuer, hohe ehrwürdige Räume, enge Steintreppen, seltsame Kämmerchen, unheimliche Dachstuben, ungeheure Kamine mit ganz ungeheuerlichen Bildwerken verziert, Kreuzgewölbe:

> Ein ernster strenger Geist hatte hier Stein auf Stein getürmt, hatte gezimmert und gewölbt für die Ewigkeit, aber ein heiterer, lichter Geist der Gegenwart hatte das Ausgestorbene in Besitz genommen und es ausgeschmückt, farbig und launisch, reich, liecht und modern.

Dieser heitere Geist war Papa Thienemanns Geist gewesen, der, seinem Wahlspruche treu, glücklich gelebt hatte und selig verstorben war. Er war ein begüterter Herr, der Winter über in Berlin sein Bank- und Wollcommissionsgeschäft leitete, im Sommer aber draußen auf der waldigen Anhöhe in seinem schönen Asyl, dem nur die Hausfrau fehlte, flott und behaglich um sich her spielen und tanzen, zechen und schwärmen ließ, der seine jungen blühenden Töchter am liebsten sah, wenn sie tizianische Fruchtkörbe auf die reich besetzte Tafel stellten und den goldenen Wein, freilich nicht den eingebornen „Hohenhäuser", credenzten, und der in all dieser Weltlust doch für gut fand, seine Töchter herrnhutisch erziehen zu lassen, teils in Herrnhut selbst, wo Marie und Martha anfangs waren, teils in der thüringischen Herrnhutergemeinde Neudietendorf. Hier lebten alle fünf Schwestern in strenger klösterlicher Zurückgezogenheit, während der Zeit, wo sich in ihnen das Kind zur Jungfrau entwickelte. Ihr weltfrohes Herz aber zog sie fernhin zum heimisch heitern Hohenhaus.

Hierher nach Hohenhaus kam etliche Jahre später von Rom im Frühling 1884 zu den noch ledigen Thienemanntöchtern, unter denen eine die Braut war, ein schwach genesender Kranker.

Von hier aus beschäftigte sich Gerhart im Juni und Juli in der Dresdner Akademie der bildenden Künste sechs Wochen lang methodisch mit Aktzeichnen. Noch immer rangen die beiden Musen um seine arme Künstlerseele. Bald darauf gab ihm ein Gott zu sagen, wie er unter diesem ewigen Zwiespalt gelitten hatte:

Da tritt zu ihm die Frau mit Stein und Meißel
Und lockt ihn an und spricht mit süßer Stimme:
„Es werde dieses Werkzeug dir zur Geißel
Und diene deiner Wut und deinem Grimme.
Und eh sich zweimal dreht der Zeiten Kreisel
Im kurzen Tage, edler Knabe, krümme
Dich unter dieses Joch. Such meinen Tempel!
Auf deine Stirne drück ich meinen Stempel".

So zog es ihn nach drüben! Und dann wieder lockt es ihn von hüben:

Da nahet sich die Frau mit Kranz und Leier
Und ließ ihn spielen mit der Saiten Gold
Und hüllte ihn in liederschweren Schleier
Und zeigte ihm ein Bild gar lieb und hold.
Und sang von einer heil'gen ernsten Feier,
Dabei zur Liebe Lautenstimme rollt.
Sie sprach zu ihm mit lockender Geberde:
„Hinaus, hinaus! mein Tempel ist die Erde"!

Immer leuchtender stieg vor seinen Wünschen und Hoffnungen der Dichterberuf empor:

Ein Dichter sein mit Strahlenkranz und Krone,
Bei dessen Tönen lauscht die ganze Welt,
Sein Sessel schwergeballte Wolkentrone,
Am Firmamente leuchtend aufgestellt,
In seiner Brust die Sprache jeder Zone,
Von dessen Leier Blitz und Donner fällt —
Das war das winzigste von seinen Bildern,
Die andern kann kein Menschenwort euch schildern.

Er stellt dann den Kampf dar, den diese Musen mit ihm führen:

Sie nahen ihm, sie nehmen ihn gefangen.
Die spricht: „Durch mich"! Die spricht: „Durch mich sei groß"!
Er greift nach beiden voller Glutverlangen,
Doch beide winden schnell sich von ihm los.
Die Eine seh ich Stein und Meißel tragen,
Die Andre hör ich eine Laute schlagen,
Ihn aber seh ich bald den Meißel greifen,
Und bald der Laute goldne Saiten streifen.

So irrt er lange, lange zwischen beiden,
Er kann nicht ruhen bei der einen Frau.
Will er sich siegend von der Leier scheiden,
So netzt sie ihn mit frischem Liedertau.

GERHART HAUPTMANN
und sein Vater.

Er eilt zu ihr und will sie nimmer meiden,
Sie klingt verstimmt, sogar oft kalt und rauh,
Und schreckt ihn wieder traurig zu der andern —
So gibts ein langes hoffnungsloses Wandern.

Oft sinkt er müde zwischen beiden nieder
In argen Kampfes übergroßer Qual,
Da quellen ihm wol leise, leise Lieder
Vom matten Munde hie und da einmal.
Doch raubt Erholung ihm die Stimme wieder
Und treibt ihn fort zu immer neuer Wahl.
Er bittet jede seiner Schreckgestalten,
Ihn endlich, endlich einmal festzuhalten.

Unter dem Kampf der beiden Musen reifte in seinem Geist ein seltsamer Plan. Naiv suchte er nach einer höhern künstlerischen Einheit, in der sich Poesie und Plastik zu einem neuen Ganzen verschmelzen. Der Tod Richard Wagners hatte die Bayreuther Gedanken einer Kunst der Künste vollends zum Siege geführt. In der Luft, die das neu erwachsende und erwachende Künstlergeschlecht einsog, lag nicht die Abgrenzung, sondern die Verschmelzung der Künste. Unbewußt schien Gerhart Hauptmann einen Vereinigungspunkt für Plastik und Poesie erreicht zu haben. Wie, mag er damals mehr empfunden als überlegt haben, wie, wenn das steinerne oder tönerne Bild unter dem Kusse der Künstlerliebe lebendig würde! Wie, wenn es eratmete, die Augen aufschlüge, das Ohr den Lauten der Welt liehe, der Fuß den Boden fühlte, die Hand nach einem erwidernden Druck suchte! Wie, wenn sich der tote Stoff in Fleisch und Bein verwandelte, wenn rotes Blut in die Wangen schösse, und von dem Schmerz, der auf den kalten Zügen stand, plötzlich die Zunge heiß zu reden wüßte! Und wie, wenn diese Zunge in einer natürlich edlen Harmonie poetischer Formen spräche, die der natürlich edlen Harmonie jener plastischen Formen gemäß wäre! Der Pygmalionwunsch war diesem Dichterbildhauer nicht fremd gewesen. Damals vielleicht dichtete er „Das Märchen vom Steinbild“, das in etwas wirrer und trüber Symbolik, aber mit starker Kraft poetischer Anschauung ein Mannesstreben darstellt, dessen Ziel es ist, die Marmorjungfrau seines Ideals liebend lebendig zu machen. Mochten in dieses Steinbild Lebensideale oder Kunstideale hineingemeißelt worden sein, jedenfalls trat im Kampf der beiden Musen an Gerhart Hauptmann die Frage heran: Gibt es eine solche Kunst, in der aus dem Grunde der Plastik Poesie emporsteigt? Er brauchte darnach nicht lang zu fragen und zu suchen. Von ungefähr, von selbst lockte ihn sein Ideal. In eigner lebendiger Person wollte er seine plastischen Motive verkörpern, und in diesem dargestellten Körper sollte die Seele seiner Poesie erklingen. Naiv begriff er so den höchsten Sinn der Schauspielkunst und gedachte zum Theater zu gehn; zu einem Theater zwar, wie es, außer vielleicht in Bayreuth, nirgend existirte.

Dem Theater, wie es wirklich war und ist, stand er noch ziemlich fern. In Breslau hatte der Schüler mitunter seine Sparpfennige zur Theaterkasse tragen dürfen; der Vater daheim sah es sogar gern. In Jena gab es keine stehende Bühne, und nach Weimar wurde nur einmal zu Fuß eine Wallfahrt in die Walküre unternommen. In Dresden erfüllten ihn Interessen und Neigungen, die vom Theaterbesuch ablagen. Nun aber ging er im Mai 1885 nach Berlin. Hier fand er einen dramaturgischen Unterricht beim frühern Director des Straßburger Stadttheaters, Alexander Heßler. Ein Hang, Dichtungen laut vor befreundeten Hörern vorzutragen, war in ihm immer lebendig gewesen. Eignes liest er noch jetzt meisterhaft. Im intimen Kreise, wo er sich frei und unbefangen fühlt, besitzt er eine Fähigkeit der Charakterisirung und des Stimmungschaffens, die beispiellos ist. Seit „Einsamen Menschen“ habe ich jedes seiner Dramen zuerst von ihm selber gehört. Wer dann soviel verworrene Meinungen über ihn zu kosten kriegt, der könnte fast auf den tollen Einfall kommen, daß seine Dichtungen wol gar nur Derjenige ganz nachempfindet, der sie aus seinem eignen Munde vernommen hat. Damals aber galt es, künftiger Darstellungskunst die körperlichen Werkzeuge gefügiger zu machen. Seiner Stimme, in die er so viel Natur, so viel Seele, so viel Stimmung zu legen weiß, haftet ein Lispelton an, der seinem Lehrmeister für die bezweckte Ausbildung eines sogenannten schönen Organs hinderlich war. Auch litt der hoffnungsvolle Jünger ein bischen an Stockschnupfen. Er nahm es mit der Wahl des neuen Berufes so genau, daß er sich das Innre seiner Nase ausbrennen ließ, um deutlicher und reinlicher sprechen zu können. Aber er war vor die rechte Schmiede der landläufigen Theaterspielerei geraten und gab seinen abenteuerlichen, nur einer Unkenntnis der tatsächlichen

Verhältnisse und nur der Vorstellung eines selbstgeschaffnen Ideals entsprungnen Plan, Schauspieler zu werden, bald wieder auf.

Nun endlich war er dort, wo sich alle strebende Jugend im Deutschen Reich zu ihren entscheidenden Taten sammelt. Nun endlich befand er sich in der jungen Hauptstadt dieses Reiches. Er war noch ein Jüngling, aber kein Junggeselle mehr. Ein halbes Jahr früher hatte Bruder Carl die Schwester Martha heimgeführt. Jetzt, im Mai 1885, führte Gerhart, erst 22½ Jahr alt, die Schwester Marie in das junge Heim, das ihm ihre Liebe bestellt hatte. Die Trauung fand in Dresden statt. Von der Johanniskirche fuhr das Par hinauf nach der Brühlschen Terrasse, wo im Restaurant Belvedere nur wenigen Gästen das Hochzeitmahl gerichtet war.

In jenem „Romanfragment" des Neuen Wiener Tagblatts hat Gerhart Hauptmann mit tragikomischer Selbstironie auch die Geschichte dieser sonderbaren Hymenäen erzählt. Aus den handelnden Personen erkennt man deutlich den blonden Kopf und das blasse Gesicht des Dichters, der sich damals noch als einen Bildhauer hinstellte mit kolossalischen Schöpferplänen („König Lear auf der Haide, wie er hüpft und davonrennt"). Man sieht, wie am Hochzeitstage der knabenhafte, schwächliche Bräutigam in Onkels hohem Hut, ohne Frack, zur Vermählung schleicht und einen kleinen Stoßseufzer über das Strapaziöse dieser Festlichkeit nicht unterdrücken kann. Neben ihm sieht man die junge Frau im glänzend schwarzen Har mit dem lautlosen Gang, den einfachen Bewegungen, warm und doch zurückhaltend und leis melancholisch gestimmt. Als sie auf der Terrasse stehn, und die unentwickelte Dürftigkeit des jungen langmähnigen Ehegatten dem Hohn eines vorüberflanirenden und -flirtenden Leutnants preisgegeben ist, als es beinah darüber zum Handgemenge gekommen wäre, mag ein banger Blick über den Elbstrom nach jener Waldeshöhe hingewandert sein, wo dieser jungen Frau im alten Hohenhaus die Mädchenzeit vergangen war.

Nicht hier ward dem jungen Par das Heim bestellt. Das Ziel ist Berlin, wo sie zunächst eine behagliche Stadtwohnung aufnimmt. Der junge Gatte jedoch kränkelt und kann die Luft in den „Steingräbern der Großstadt" nicht lang vertragen. Als es Sommer wird, gehn sie mit dem Geschwisterpare Carl und Martha und mit Freund Hugo Ernst Schmidt nach Rügen, wo Gerhart die Ostsee und die pommerische Küste fürs Leben lieb gewinnt. Er lauscht dem Volke dort seine Sagen und Märchen ab und dichtet einige in balladesken Formen nach. Noch ist Bürger dafür Vorbild. Nach seiner Manier besingt er etwas holprig „Die Jungfrau am Waschstein", „Die schwarze Frau in der Stubbenkammer" und „Den Teufelsdamm im Naugarder See". Die Darstellung, die ihren Stoff aus J. R. Temmes Volkssagen von Pommern und Rügen schöpfte, verrät hier noch den Anfänger. Weit formvollendeter, anschaulicher, poetischer erzählt er, mehr in der Art des getreuen Eckart und des Hochzeitliedes von Goethe, ein reizendes Pudminer Märlein von „Den sieben Mäusen", die einst ebenso viele kleine Mädchen waren und durch einen übereilten Zornesfluch ihrer eignen Mutter so arg verwandelt wurden. Nun kommen sie um Mitternacht aus des Teiches Grund hervor und tanzen und singen gar kläglich: „Wir wollen fein erlöset sein, wir Mäuslein und wir Maide".

Nach diesem sagen- und sangesreichen flitterfrohen Sommer auf Rügen lenkte der Herbst 1885 das junge Ehepar doch wieder gen Berlin. Man will die Weltstadt meiden, aber nicht missen. Man folgt dem Zug in die Vororte, der gerade damals unter den Berlinern lebhaft ward. Man mietet sich eine hübsche, helle kleine Gartenwohnung beim Rentier Lassen in Erkner. Dieser östliche Vorort, von Berlin in einer Bahnstunde erreichbar, an See und Kiefernwald belegen, ist das echte märkisch-melancholische Idyll. Vier Jahre lang haben Gerhart und Marie Hauptmann diesen Ort als ihren Stammsitz betrachtet. In Erkner wurden ihre drei Knaben geboren: 1886 im Februar Ivo, nach Berthold Auerbachs Dorfgeschichte „Ivo das Hairle" also benamset; 1887 Eckart und 1889, da auch sonst Freud' und Fülle über den jungen Vater kam, Klaus, der Jüngste. Der sand- und mückenreiche Ort bot allerdings nur einen schwächlichen Ersatz für das immerdar aufgegebne Hohenhaus in den Lößnitzer Weinbergen. Thienemanns Erben hatten den alten Bischofssitz mit seinem großen terrassenförmigen Park verkauft. Der zu späten Reue drüber gibt Gerhart in jenem Romanfragment einen leidenschaftlichen Ausdruck:

> Ja freilich, das Paradies war hin. Aus dem Paradies waren sie vertrieben. Das Paradies war verschleudert worden.

Das Paradies ihrer schönen, schönen Brautjahre. Man hatte es verkauft und unter viele Geschwister die Beute verteilt, jedoch es war Blutgeld.

Der Anteil der Beute, der auf Frau Marie fiel, ging bald darnach durch den Bankrott des Depothüters auf Heller und Pfennig verloren. Als hätten höhre Mächte für den Frevel Sühne gefordert. So war den drei Hauptmannparen ihr Liebeshain spukhaft entschwunden. Aber als sei durch diese Sühne die Vorsehung schon wieder begütigt worden, fügte es ein wundersamer Zufall, daß ihnen alsogleich genau dieselbe Summe, die sie verloren hatten, aus der Hinterlassenschaft einer alten Verwandten wieder zufloß. Gerhart blieb nach wie vor in der günstigen Lage, mit Frau und Kindern bescheiden, aber standesgemäß leben zu können, ohne litterarische Frohndienste annehmen zu müssen. Dem Litteratenproletariate seiner Bekanntschaft galt er als Leihanstalt. Soviel er vor Frau und Kindern verantworten konnte, gab er, ohne immer Dank davon zu ernten. Ein böser Zahler streute, empört über wohlberechtigte Mahnungen, sogar die alberne Lüge umher, Gerhart Hauptmann leihe Geld auf Wucherzinsen aus. Erfahrungen solcher Art fanden, ebenso wie andre tragikomische Erknererlebnisse und Erknergestalten, später im „Biberpelz" ihren humoristischen Niederschlag.

Die vier Erknerjahre setzten den jungen Dichter in langsame und allmähliche Beziehungen zur litterarischen Jugend. Da er solche Anknüpfungen nie gesucht hat, da es ihm auch nie in den Sinn kam, sich unter den anerkannten Schriftstellern eine Art väterlichen Freundes zu erwerben, sich, wie andre es taten, etwa durch Spielhagen oder Hopfen fördern zu lassen, so blieb er in den ersten Jahren allein auf den Verkehr mit seinem Breslauer Schulfreund Hugo Ernst Schmidt und mit seinem Jenaer Universitätsgenossen Ferdinand Simon, dem spätern Schwiegersohn August Bebels, angewiesen.

Wieder stand er im vertrauten Umgang zwischen einer Künstlernatur und einem Weltverbesserer. Simon interessierte sich damals besonders für die Frauenbewegung, wie sie durch Ibsens Nora angebahnt war. Mit diesen Freunden besuchte Gerhart auch wol die öffentlichen Abendvorlesungen du Bois-Reymonds, Treitschkes und andrer akademischer Redner und ließ mit psychologischer Begierde den Eindruck einer starken, selbständigen Persönlichkeit auch hier auf sich wirken. Aber mit den Freunden stand er innerlich in einer gereizten Kampfstimmung gegen alles Zünftige, Akademische, Methodische und Systematische. Er ist wol mehr mit den Andern mitgebummelt, als daß er sich in der großen Weltstadt aus eigner Beflissenheit akademische Bildungsquellen erschlossen hätte.

Ich singe frei, und schein ich auch nicht zünftig,
Was kümmerts mich und meine freie Brust?
Mag man verkennen mich so jetzt als künftig,
Ich singe ja, des Zieles mir bewußt.
Will man mir aber meinen Gott erschlagen,
Dann führe man auch Götter in den Streit!
Wer alles singt, der kann auch alles wagen,
Der ist zum Tode für sein Lied bereit.

Daß er freilich die Schäden eines ungeordneten Erziehungsganges schmerzlich tief zu empfinden begann, hat er damals auch seiner Muse gebeichtet:

Mit Weinen und mit Fluchen eilt der Knabe
Zu retten, zu ersetzen, zu erringen;
Ein Blinder so mit vorgehaltnem Stabe
Denkt er den Weg zum Wissen zu erzwingen.
Von jedem Baume krächzt des Spottes Rabe
Und kreist um ihn mit nimmer müden Schwingen.
Und keuchend sinkt der matte Knabe nieder,
Und alte Ohnmacht überfällt ihn wieder.

Er vertiefte sich in religionsgeschichtliche Studien, las wissenschaftliche Werke von F. Max Müller und andern Gelehrten und trug sich mit dem Gedanken, ein Leben Jesu zu schreiben.

Mit der Zeit ward es lebhafter in der gemütlichen Villa von Erkner. Der Hausherr, welcher armen jungen Autoren damals wie ein gesättigter Bourgeois vorgekommen sein mag, führte nicht nur gute Küche, sondern man fand bei ihm auch geistige Kost. Eine Weile verkehrte er mit Max Kretzer, dem ersten modernen Berliner Naturalisten, und mit Adalbert v. Hanstein, dem Kainsdichter. Mit Hanstein mag der damalige „Promethide", mit Kretzer der spätere „consequente Realist" umgegangen sein, obwol Herr v. Hanstein es war, der ihm gerade für sein Sonnenaufgangsdrama den Verleger besorgte. Eine größere Zahl junger neuerungslustiger zukunftstolzer Litteraten und Studenten hatte sich im Frühjahr 1886 unter dem Vorsitz Leo Bergs zu einem Vereine zusammengetan, den sie bezeichnend für ihre Tendenzen und für ihre theoretische Entschlossenheit „Durch" nannten. Im ersten Winter, den dieser „Durch" erlebte (er erlebte nicht viele Winter) war Gerhart Hauptmann öfters mit dabei, und im Frühjahr 1887 wurde das erste Stiftungsfest bei ihm in Erkner gefeiert. Trotzdem blieb seine Verbindung mit den meisten dieser Vereinsbrüder ziemlich lose. Dauerhafter und vertrauter gestaltete sich die Freundschaft mit zwei uneigennützigen, hohen menschlichen Idealen zugewandten Socialisten, die zunächst den philosophischen, naturwissenschaftlichen und politischen Interessen des jüngern Kameraden entgegenkamen und dann zu den Ersten gehörten, welche in ihm freudig und neidlos das überragende dichterische Talent erkannten. Es waren Bruno Wille und Wilhelm Bösche, die den Sommer 1887 in Fangschleuse bei Erkner zubrachten. Mit ihnen, mit Schmidt und Simon kamen auch die großen, neuen litterarischen Anreger des Auslands, Tolstoi, Zola, Ibsen aufs Tapet der häufigen scharfen Wortgefechte, an denen Bruder Carl, so oft er sich in Berlin oder Erkner aufhielt, durch Widerspruch fördernd, durch Kampf klärend am entscheidendsten beteiligt war.

Wanderlustig und etwas unstät, wie er von jeher gewesen ist, hielt auch Gerhart es in diesen vier Jahren nie lang bei den märkischen Kiefern aus. So ging er für den Sommer 1888 auf Monate nach Zürich, wo sich Carl an den Psychiater Forel und besonders an den Philosophen Richard Avenarius angeschlossen hatte. An diesen Studien, aus denen später Carl Hauptmanns großes Werk über die Metaphysik in der modernen Physiologie als erster Beitrag zu einer dynamischen Theorie der Lebewesen hervorging, nahm auch Gerhart lebendigen Anteil, soweit seine wissenschaftliche Vorbildung es zuließ. Er holte sich aus diesen biologischen Untersuchungen für die künstlerische Erfassung der menschlichen Natur das Seinige heraus. Die alten Freunde Ploetz und Simon hielten mit, und es mochte scheinen, als würde nun der zwischen zwei Künsten Hin- und hergeworfne im wissenschaftlichen Fahrwasser verschwinden. Aber gerade in Zürich fing er wieder zu dichten an und las bei Avenarius Capitel aus einem autobiographischen Romane vor. Bald trennte er sich wieder von den Zürchern und fuhr zur Herbstzeit bis nach Frankfurt am Main auf dem Rade, wo ihm in wechselnden Bildern Länder und Leute wieder nahe kamen. Als er in Erkner eintraf, hatte „die Frau mit Kranz und Leier“ obgesiegt.

III.

Totgesagte Poesie.

In Rom hatte den werdenden Dichter die große Vergangenheit der Stadt beschäftigt. Er vertiefte sich in Rankes Geschichte der Päpste und befaßte sich auch mit der klassischen Zeit. Es entstand in G. A. Bürgers Balladenton ein Gedicht auf „den Tod des Gracchus“, das schon vom socialen Mitleid für die Mühseligen und Beladenen erfüllt ist, aber auch das tragische Ende des revolutionären Volksbeglückers bringt, den sein feiges Volk im Stiche läßt.

Auch Adolf Stahrs Rettung des Tiberius, die damals noch der Rede wert schien, fiel ihm in die Hand. Ein verkannter, zu Unrecht dem Haß und Abscheu der Menge ausgesetzter Held war der rechte Gegenstand für das rege und reiche Mitgefühl des jungen Weltbeglückers. Er schrieb daher ein dramatisches Gedicht, „Das Erbe des Tiberius“. Es wurde von Hohenhaus am 25. October 1884 an Adolf L'Arronge nach Berlin geschickt, damit er es im Deutschen Theater aufführe. L'Arronge und sein dramaturgischer Beistand Moriz Ehrlich, der gedacht haben wird: „Schon wieder ein Tiberius“, dankten recht höflich.

Trotzdem machte der junge Poet Anfang 1885 noch einen zweiten Versuch, die Bühne schon jetzt, und zwar mit dem üblichen Römerdrama, zu erobern. Er sandte die Handschrift Herrn Otto Devrient. An diesen gebildeten und denkenden Künstler hatte Gerhart aus seiner Jenaer Studienzeit die angenehmsten Erinnerungen. Devrient hatte in der Aula des Jenaer Gymnasiums einige Vorlesungen über die Geschichte des Dramas gehalten, wobei er wol im Wesentlichen seine Recitationskunst leuchten ließ. Unter den eifrigsten Zuhörern befanden sich die Brüder Hauptmann. Sie bewunderten die Art des Vortrags und die Geschicklichkeit, mit der in bewegten Scenen die manigfaltigsten Stimmen charakteristisch auseinandergehalten wurden. Den stärksten Eindruck machte auf sie die Vorlesung „der Frösche" des Aristophanes, die noch in Nickelmanns populär gewordnen Naturlauten nachwirkt. Auf diese etwas einseitige Beziehung hin wandte sich Gerhart Hauptmann mit seinem armen Tiberius an den Luthermann, der damals gerade die Direction des Großherzoglichen Hoftheaters in Oldenburg angenommen hatte. Dieser verlegte das Heft. Trotz Stahr und Hauptmann schien Tiberius rettungslos verloren zu sein. Nach Jahr und Tag aber kam er im Gewahrsam des Oldenburger Directors doch wieder zum Vorschein. Unter mancherlei Belobigung lehnte Devrient die Aufführung ab, da in Ausdruck und Inhalt zuviel vorginge, was für ein Hoftheater nicht tauge. Seitdem ist Tiberius wirklich verschwunden. Devrient mag sich des Stückes kaum mehr entsonnen haben, als drei

Jahre später, während seiner kurzen trübseligen Episode in der Direction des Berliner Hofschauspiels, nun wirklich ein Drama seines einstigen Zuhörers aufs Theater kam. Unter denen, die damals in Berlin am sittlichsten entrüstet waren, gehörte Director Devrient zu den allersittlichst Entrüsteten. Wenn einer seiner Hofschauspieler (einige wollten's und Karl Werder wirkte dafür) nach jener Aufführung des Hauptmannschen Erstlings die „Freie Bühne" betreten hätte, so würde dies der Verfasser des Haus- und Familienshakespeare als eine Schmach für das königliche Institut angesehn haben. Devrient ist gewis in sein viel zu frühes Grab gegangen, ohne zu ahnen, eine wie dankbare Erinnerung der verschmähte Sonnenaufgangsdichter an ihn und seine Vortragskunst bewahrt hat. Am Quorax und Breckecex des wackern Nickelmann hätte der Arme, im Gedanken an seine aristophanischen Frösche, doch wol auch Freude gehabt.

Und wenn er das Epos gelesen hätte, mit dem Gerhart Hauptmann zum ersten Mal vor die Oeffentlichkeit treten wollte, so hätte er in Stoff und Form auch noch keine Abweichung vom poetischen Brauch bemerkt, obgleich von diesem „Promethidenlos" der damalige „Revolutionär der Litteratur", der groteske Karl Bleibtreu, verkündigte, daß es „an Größe der Conception, Adel und Schwung der Sprache das verkrüppelte Knieholz der üblichen Poetasterei titanenhaft überrage". Der Dichter selbst dachte von dieser Byron-Imitation nicht so günstig. Er zog das Epos, kaum daß es (durch W. Ißleib, Berlin) im Sommer 1885 in den Buchhandel gekommen war, wieder zurück und ließ den gewis noch sehr reichlichen Vorrat von Exemplaren einstampfen.

Nach dieser vernichtenden Kritik des Dichters selbst steht uns kein Recht mehr zu, metrische, prosodische und sonstige sprachliche Mängel der Erstgeburt ihm tadelnd vorzuhalten. Wenn er damals noch „heiß beschwingte Pfeile vom Wehmutsbogen zitternd abschnellt“, wenn er „Luft und Wasser sich die Hände reichen“ läßt, wenn er Kühe „wandeln gehn“ sieht, wenn er in eine gehobenste Stimmung des Reims wegen die banale Floskel einschiebt: „Das Blatt hat sich gewendet“, wenn er „einem Gott ins Auge Begeisterungsfunken legen“ läßt, wenn ihm die widerspruchsvolle Mahnung unterläuft: „Laß ihn ruhig kämpfen“, wenn er „kühnsten“ auf „Künsten“ reimt, wenn ein „beten“, die Form „durchgekneteten“, wenn ein „schlürft“ und „wirft“ die Form „er bedürft“ Reims halber erzwingt, wenn er auf „Gemüte“ und „glühte“ plötzlich „wiegte“ reimt, wenn er den Namen „Oinomaos“ fünfsilbig scandirt, wenn eine andre Scansion die Form „Uhre“ statt „Uhr“ zur Pflicht macht, wenn einer Ottaverime gelegentlich die achte Zeile fehlt, wenn endlich schon der Titel der Dichtung gegen die griechische Formlehre verstößt, so hat er diese und andre kleine schadhafte Einzelheiten mit dem Ganzen beseitigt und durch Verse späterer Jahre reich gesühnt.

Wie aber im „Promethidenlos“ diese Mängel beim Einzelnen lagen, so lagen auch die verheißungsvollen Schönheiten des Gedichts beim Einzelnen. Das Ganze war locker, verschwimmend, formlos. Der Faden ließ sich leicht greifen, aber schwer festhalten. Es fehlte ein klarer Grundgedanke.

Den magern Stoff für seine Ausgestaltung bot dem Dichter jene Seereise nach Italien. Im Meere spiegelt sich seine eigne Stimmung:

> Die Wellen sprechen: Einsam sind wir Alle.
> So viel wir sind, wir alle sind allein.
> Du aber lerne aus dem regen Schwalle
> Die Kunst, mit Well und Winden einsam sein.

Er legt sich selbst die durchsichtige Maske eines knabenhaften Jünglings vor, den er Selin nennt. Vertauscht man die beiden Silben dieses Märchennamens, so ergibt sich das Wort Insel. Bewust oder unbewust geheimnißte der Dichter in diesen Namen das Isolirte seines innern Wesens und Lebens hinein, jene seelische Einsamkeit, die ihn den „Flug ins weite All" nehmen und auch hier allein sein ließ. Was diesen Selin vom Lande fort über die Meere treibt, waren des Dichters eigne Schmerzen. Was Selin an Bord und in den südlichen Küstenstädten erlebte, sind des Dichters eigne Reiseerinnerungen. Aber die äußern Erlebnisse sind dürftig. Noch nirgend geht der Dichter ins realistische Detail. Viel breiter und beredter entladen sich einzelne seelische Vorgänge des Reisenden. Hier lagert versteckt und doch verräterisch so viel Bekenntnis und Selbsterkenntnis, daß für den zukünftigen Biographen Gerhart Hauptmanns sein verstoßnes „Promethidenlos" von hoher Bedeutung sein wird. Auch ich werde, wie schon vorher so auch weiter, einzelne dieser getragnen

GERHART HAUPTMANN
siebenzehnjährig.

feierlichen Achtzeiler als psychologisch-biographisches Beweismaterial heranzuziehn haben.

Der Einfluß des Childe Harold von Byron ist nicht nur in den Versmaßen, sondern auch im ganzen Stil und sogar in Stimmung und Inhalt fühlbar. Ganz conventionell nach guter alter Epikerweise ruft auch er die Muse an und den Zaubergeist des Traumes. Auch in der Wahl seiner Gleichnisse (Baumwuchs und Quellwasser müssen oft herhalten) ist er nur selten erfinderisch. Die Allegorie muß dazu dienen, unklare Vorstellungen nicht klarer zu machen. Dichterisch stark aber ist die Begegnung des Jünglings mit einem jener Wesen, die am gütigsten dann sind, wenn sie selber vor dem Umgang mit sich warnen:

Verschleudre nicht dein Mitleid in dem Pfuhle,
Nicht zu den Menschen rechnet man die Buhle.

Hier zerstreut sich die Achtzahl der Reimbündel zum tragischen Blankvers und nähert sich dem dramatischen Dialog:

„Ich bin nicht tot." „Nicht tot?" beginnt Selin,
„Beim Himmel, deine Hände krampfen sich
Im dumpfen Schmerze, Weib. — O sag, o sag,
Wie rett ich dich, wie trag ich dich empor,
Zurück, wo Menschen sind?" „Ich weiß es nicht,"
Gibt sie zurück, „ich weiß nur, daß ich lebe"
„In diesem Grabe leben? Jammervoll:
O jammervoll! – Ich leite dich empor,
Du suchst dein Brod mit deiner Hände Fleiß,
Du lebst, du freust am Licht der Sonne dich,
Vergißt den Pfuhl, in den du dich verlorst,

O komm, o komm!“ — „Das Grab ist tief, o Herr“,
Gibt sie zurück, „mich schmerzt die Stirne. Geht, —
Ich bitt euch, geht zu jener, sie ist tot“.
„Beim Leben, Weib! ich will dich nicht verlassen.
Ich fasse dich, ich kann dein Leid verstehn.
Wenns Lindrung dir verschafft, daß meine Brust
All deine Tränen fassen will und alle
Bewahren wie Juwelen, — wenn es ist,
Dann weine, weine!“ — „Herr, ich kann nicht weinen.“
„Du kannst nicht weinen? Auch nicht weinen,
Wenn ich dich umfasse, an den Busen drücke,
In wahrer, ganzer Liebe, heil'ger Liebe,
Auch dann nicht Mädchen?“ — „Nein, auch dann nicht, Herr:
Sie haben mich zu oft wie du umarmt —
Mich ekelts!“ — Tief erschauernd läßt Selin
Die Arme sinken und erfaßt gerührt
Und weich und zaghaft ihre Hand und spricht:
„Hast Eltern du gekannt? Was brachte dich
In solch' unsel'ge Lage?“ — „Ja, auch ich,
Ich hatte Eltern. Doch ich möchte nicht
An meine Eltern denken; meine Stirne
Schmerzt wie mein Herz, ich darf nicht denken — O!“
„Es gibt noch Menschen,“ spricht Selin, „nicht alle
Sind jenen gleich, es giebt noch Männer —“!
„Männer?“
Erwidert sie, „Männer sind Strafen Gottes“!
„Nicht diese Männer, andre Männer, Mädchen,
Die fühlen können, die ein edles Herz,
Ein großes Herz besitzen, andre giebt es
Als jene Schergen, die euch unterjochen,
Es gibt noch andre, die man lieben muß,
Die eures Wesens Wert zu schätzen wissen,
Die es bewundern und verehren, Weib!
Und wenn du nie im Leben einen sahst,

So sieh auf mich, und achte mein Geschlecht
In mir!" — „Du bist in Wahrheit wunderbar,
Und ich vergaß, daß du ein Mann bist, Herr. —
Willst du den Dank?" — „Welch einen Dank, o Mädchen?" —
„Den, den sie alle wollen, — nimm ihn hin
Und laß mich schlummern." Sprachlos steht Selin
Vor all dem Elend, seine Lippen beben,
Er stammelt wirre Worte: „Nicht für mich
Hat diese Gabe Wert. Mein Lohn, o Weib,
Ist eine Träne! — Weib, nur eine Träne"!
Und ihre Hand mit Küssen wild bedeckend,
Blickt er sie an. Da zuckt es sonnig hell
Wie letzter Schimmer längst versunknen Lichtes
In diesen trocknen Augen; heimwärts schien
Ihr Geist gezogen in verfloßne Zeit,
Wo sie noch reich war, wo sie geben konnte
Die Fülle ihres Wesens, wo man noch
Zu schätzen schien, was sie besaß. Seitdem
Man sie zerstörte, ihren edlen Leib
Herumwarf wie — o weltverfluchtes Tun! —
Wie einen Brocken Aas, dran jeder Hund
Kann fressen, seit der Zeit zum ersten Mal
Hat sie von Glück geträumt. — Doch schwand der Blitz,
Wie er gekommen — und — sie weinte nicht.

Fast scheint es, als habe sich hier das Ueberbleibsel einer Scene jenes gescheiterten Tiberiusdramas in den epischen Sang hereingeflüchtet. Und man wird wieder an Tiberius denken dürfen, wenn im „Promethidenlos" (auch der römische Kaiser mag für Hauptmanns Auffassung ein Prometheide gewesen sein) im geistigen Hinblick auf Rom eine Vision empordämmert:

„Wer bist du?" Und er spricht: „Ich bin ein Greiser,
Ein Armer und ein Reicher, bin ein Kaiser!
Geh weiter, Knabe, laß mein düstres Walten
Nicht deine Wege stören. Meine Augen,
Sie wollen nicht für Ruh und Schlummer taugen,
Und meine Rechte muß die Geißel halten.
Geh nur hinab, dort sitzen sie beim Mahle,
Ein neu Geschlecht, geh nur hinab zu Thale"!

Ihm folgt Selin, von Schrecken jäh durchdrungen,
Doch wo der Weg sich wendet, steht er still.
Da kommts von oben wie mit Donnerzungen
Und band ihn fest, sowie er gehen will.
Und was er hört, das macht das Herz ihm zittern,
Macht ihm erstarren mählich Glied um Glied, —
Bald zephyrgleich, bald stürmend in Gewittern
Hört er das eine traurig dumpfe Lied:

„Mich schmerzt mein Haupt, mich schmerzen die Gebeine,
Ich schleppe mich durch Wind und Wind und Sturm,
Ich schleppe mich bei Sonn- und Mondenscheine,
Flieg wie der Adler, krieche wie der Wurm.
Ich möchte sitzen, doch die Dornen stechen,
Ich möchte liegen, doch das wilde Hirn
Reißt mich empor, wenn auch die Glieder brechen.
Mich schmerzt mein Haupt, mir brennt, mir brennt die Stirn.

Ich wollte helfen, und ich ward geschlagen,
Ich wollte fliehen, und ich ward erfaßt,
Und auf den Tron, den gleißenden, getragen,
Bei meinen Festen war der Fluch zu Gast.
Mein Blick war finster und mein Gang gewaltig,
In starrer Hülle lag mein großer Geist,
Doch an der Hülle nagte manigfaltig
Die ekle Made, die Verleumdung heißt.

Um meine Stirne flogen Wolkenschleier,
Ich schlug hinein, sie blieben dumpf und schwer,
Nur hin und wieder kam ein trüber Geier
Mit schwerem Flug durch das Gewölk daher.
Ich ward verraten, und ich ward verachtet,
Sie stießen in die Brust mir Stoß auf Stoß,
Ich ward verhärtet, und ich ward umnachtet,
Und mein Vernichter ließ mich nimmer los.

O Weib, o Weib! — Ich hab ein Weib genossen,
Wenn je ein Weib den wahren Mann beglückt,
An meiner Feinde Brust ward sie gestoßen,
In fader Wollust matten Arm gedrückt.
O Weib, o Weib! — Mich schmerzen die Gebeine,
Ich schleppe mich durch Wind und Wind und Sturm,
Ich schleppe mich bei Sonn- und Mondenscheine,
Flieg wie der Adler, krieche wie der Wurm.

Bezahlt, bezahlt! Das ist mein einz'ges Denken,
Bezahlt, bezahlt! Das ist mein einz'ges Glück.
Die ganze Welt mit meinem Jammer tränken,
Schafft mir — nicht einen stillen Augenblick.
Ich möchte sitzen, doch die Dornen stechen,
Ich möchte liegen, doch das wilde Hirn
Reißt mich empor, wenn auch die Glieder brechen,
Mich schmerzt mein Haupt, mir brennt, mir brennt die Stirn".

Und da erscheint er auf dem schroffen Zacken,
Der überhängt ins weite, lichte Tal,
Zerzauste Locken flattern um den Nacken,
Und seine Rechte hält gezückt den Stahl.
Er ruft herab: „Ich grüß euch, ihr Gesellen
Der neuen Welt, in meinem Sarkophage.
Noch starb ich nicht — und meines Grames Quellen,
Sie quillen weiter, bis zum jüngsten Tage.

Dann aber wird der Erde Busen klaffen,
Und mein zertretnes Leid in tausend Bächen —
Ein Strom von Helmen, Harnischen und Waffen, —
Durch alle Spalten, alle Poren brechen.
Schlaft tief im Tal, spielt unter fadem Lächeln
Mit andrer Leid! Ich aber werde wachen
Und irren, — wenn euch Düfte rings umfächeln,
Die Bälge ziehen und die Flammen fachen"!

Was hier der „heimliche Kaiser" spricht, ist der dunkle, in jedem Sinn dunkle Grundtext dieser ganzen Jugendseelendichtung, durch die sich aber doch erkennbar im Seelenleben des jungen Dichters eine große entscheidende Wandlung vollzieht: die Wandlung vom Mitleid mit sich selbst zu einem Mitleid mit der Menschheit, vom egoistischen zum altruistischen Weh, vom Seelenschmerz zum Weltweh:

So sah Selin der fremden Kleider Fetzen,
Den fremden Jammer und das fremde Leid
Und lernte eigenes geringer schätzen
Und trug getrost sein unvollkommnes Kleid.
Er suchte stets den Dünkel zu verletzen,
Wo er sich ungebührend machte breit,
Und stand für immer bei den Unterdrückten
Ob auch des Hasses Schwerter ihn umzückten.

Er war erwacht von kreischenden Signalen,
Von dannen flog der Jugend kindlich Heer,
Oft sah er Blut in weingefüllten Schalen,
Und keine Lust genoß er sinnlos mehr.
Er dachte stets an der Geschwister Qualen,
Goß Balsamtropfen in ein Wundenmeer
Und klopfte oft an festverschloßne Pforten
Des Mitleids mit bewegten inn'gen Worten.

Malaga, Barcelona, Neapel, die Trümmer des alten Rom haben entscheidend gewirkt. Nun findet der kummervoll Wandernde, der bisher blos von sich selbst Gequälte, schon den Vorsatz, zu kämpfen, zu helfen, zu retten, zu befreien. Und seine Waffe sei das Lied:

Du lerntest lieben und du lerntest hassen,
Jetzt lerne, Jüngling, deine Laute fassen.

Eine dichterische Mission geht ihm auf:

Kannst Du entsagen, Jüngling? Singe, dichte:
Das ist der Mut, den wir anjetzt bedürfen.
Die Dichter sind die Tränen der Geschichte,
Die heiße Zeiten mit Begierde schlürfen.

Aber es verging einige Zeit, bevor der Dichter selbst wieder Lust bekam, der eignen Mahnung zu folgen. Im Juli 1888 schickte er von Zürich aus eine kleine humoristische Skizze an Julius Stettenheim und bot sie diesem für seine Monatsschrift „Das humoristische Deutschland“ an. Stettenheim mag schon im Titel „So lange Gott nimmt, nehm ich auch“ etwas Polizeiwidriges gewittert haben und lehnte ab. Seitdem ist die Novellette verschwunden.

In demselben Jahr ließ Hauptmann eine kleine Sammlung von Gedichten herstellen, die er „Das bunte Buch“ benannte, und die in einem als Verlagsort fast unwahrscheinlichen Städtchen des Odenwalds ans Licht treten sollte. Als der Schriftsatz eben beendigt, aber das Druckpapier noch nicht angeschafft war, geriet der Verleger in Concurs, und der Dichter erhielt von ihm nur eine lose Zusammenheftung der Revisionsbogen auf ganz schlechtem Papier. Ueber diesen Mishelligkeiten verlor der Dichter alle Lust am kleinen Werkchen und ließ den Schriftsatz ungenutzt wieder auseinander nehmen. Nur in ganz wenigen behutsamen Freundeshänden werden die vergilbenden Blätter dieses „Bunten Buchs" geheimnisvoll aufbewahrt. Manches allzu weichlich, allzu tränenselig geratne Gedicht verdiente sein Schicksal, vom eignen Autor totgedrückt zu werden. Andres wird wieder aufleben und dann leben bleiben. Kleine Lyrika draus hat kürzlich ein junger Componist, Robert Kahn aus Mannheim, in Musik gesetzt, und Amalie Joachim hat diese Lieder gern in ihr Conzertprogramm aufgenommen. Auch in der Dichtung schon schwingen diese sanften Verse wie Geigenaccorde. Eindrücke der äußern Natur finden in kurzen, knappen, oft nur gestammelten, oft nur hingehauchten Lauten einen Widerhall im Gemüte des Dichters, der still seufzend beim Blätterfall durch die Herbstnacht wandelt oder im Dämmerlicht des Föhrenwalds vor einem Jünglingsgrabe weilt. Der Dichter vertieft sich in die Stimmungen der Selbstmörder, deren Geisterchor aus dem Grunewald gegen die nahe Riesenstadt, ihre Verderberin, flucht. Nacht, Nebel, Herbstwind, ein Schmetterling im Schnee, eine singende Lerche im Mondenschein, schwache Hoffnungen auf Licht und Lenz, das „alles will zusammenstimmen in einen einzigen Sterbelaut". In diese absterbenden Natureindrücke drängt sich manchmal ziemlich überflüssig eine ganz unvermittelte litterarische Reminiscenz. Ein kleines Lied, in welchem schon das Motiv „der versunkenen Glocke" anschlägt, fängt mit einem Heinevers an:

Ich weiß nicht, was soll es bedeuten,
Daß meine Träne rinnt
Zuweilen, wenn ferne das Läuten
Der Glocke, der Glocke beginnt.

Ein Mondlied schließt goethisch:

Meine Seele, schlummerleer,
Wandelt durch die Nacht.

Das müde, sanfte Träumen wird visionärer, aufgeregter, wilder, wenn der Dichter aus Haideland und Föhrenwald ans Meer kommt, das in Gewittern steht.

Düstre Wolken steigen,
Erd und Himmel schweigen,
Dumpf erdröhnt das Meer;
Schwüle Lüfte drücken,
Und die Blumen nicken,
Denn ihr Haupt ist schwer.

Aber du, o Sänger,
Wird dir bang und bänger,
Auf mit deinem Sang!
Zucken rote Feuer,
Stimme deine Leier
Nach dem Donnerklang!

Man denkt an jenes rote Wotanbildwerk aus dem Breslauer Atelier, wenn man liest:

Immer schneller und schneller
Jagen die Rosse der Flut;
Immer heller und heller
Bricht aus den Wolken die Glut.

Und man denkt zurück ans „Promethidenlos“, wenn man weiter liest:

Die alte Esche orgelt wild
Und sträubt ihr Blattgefieder,
Und um das dunkle Eiland brüllt
Das Meer Titanenlieder.

Titanenlieder, die kein Spott
Des Spötters kann bezwingen,
Titanenlieder, die kein Gott
Kann zum Verstummen bringen.

Selten nur wird die Natur durch einen Tierlaut belebt. Noch seltner schallt aus diesen Liedern neben des Dichters eignem Seelenton eine Menschenstimme. Beim leisen Sang des nordischen Fischerkinds, beim kühlen bleichen Bernstein in ihren blonden Locken verliert der Jüngling die Korallenketten, die einst aus dunklen Südlandslocken ihm entgegenglühten. Ein ander Mal beklagt er noch in recht eckigen Versen Annas „tauschönes Bild", das ihm nur ein Bild geblieben ist. Flotter, wilder, heißer, malerischer sind die kurzen Reimpaare, darin sich beim Hochzeitmahl ein Zigeuner der Braut des ungeliebten Mannes ins Herz fiedelt:

Auf leuchtet sein Auge,
Als sei es im Dunkel,
Und sengt mit Gefunkel
Den Busen der Braut.

Aber auch die große Frage aller Fragen

Nie noch sah ich unsre Gottheit,
Die uns schützt und die uns führet,
Sage mir, wie denk ich jenen
Gott mir? Zeige mir den Gott!

heischt wie überall so auch hier Antwort. „Hoch im Bergland von Arkadien" richtet sie der Frager an einen alten Priester des pelasgischen Zeus. Und die Antwort lautet:

Siehst du nicht, nun denn, so schweige!
Geh ins Tal und schweige, Jüngling.

Im Tale aber bilden sich die Menschen nach ihren eignen winzigen Vorstellungen ihre eignen winzigen Götterchen:

Und bald trug ein jeder sorglich
In der hohlen Hand sein Göttlein,
In der hohlen Hand nach Hause.

Hoch im Bergland von Arkadien aber geht der pelasgische Zeus und „fürchtet die neuen Götter nicht und zürnt nicht den Menschen". Nur sein alter Priester hört ihn. Keiner sieht ihn.

Nachdem Gerhart Hauptmann sein „buntes Buch" hatte vernichten lassen, beschäftigte ihn jener große Roman, den er 1888 in Zürich begonnen hatte. Wie Gottfried Kellers „Grüner Heinrich", wie Dickens' „David Copperfield" sollte dieser Roman das eigne Leben des Dichters abspiegeln. Berlin und Umgegend hatten Hauptmanns Kenntnis der Welt bereichert. In Zürich sah er das menschliche Leben wissenschaftlich durchforscht. So mocht er sich gerüstet fühlen, objektiver das Ich zu verstehn. Doch auch dieses Werk kam nicht zu Stande. Vieles daraus ist aber in den spätern Dramen verwertet worden. Dieser totgesagte Roman scheint die Urzelle gewesen zu sein, aus der nun des Dichters lebendige Poesie entstand.

IV.

Sonnenaufgang.

Gegen Weihnachten 1888 ging Hauptmann mit seiner Familie nach Bergedorf, wo jetzt bei ihrem ältesten Sohn auch die Eltern lebten und ihn mit ihren Erfahrungen im Geschäft unterstützten. Hier brütete der Dichter wochenlang weiter über seinem autobiographischen Roman.

In den allerersten Frühlingswochen des Werdejahrs 1889 kam er dann allein zu Besuch nach Berlin, wohnte aber nicht draußen in Erkner, sondern in der Stadt bei seinem Freunde Schmidt. In Niederschönhausen lernte er den gleichaltrigen Dichter Arno Holz kennen. Holz las auf seiner kleinen, sehr rührend und anschaulich von ihm geschilderten „Bude" in Hauptmanns Gegenwart eine Reihe kleiner Skizzen vor, die er gemeinschaftlich mit seinem etwas ältern Freund und Stubengenossen, Johannes Schlaf aus Magdeburg, verfaßt hatte. Die wesentlichste dieser Skizzen hieß „Papa Hamlet" und führte mit peinlichster Liebe zum kleinsten Detail in eine verwahrloste Komödiantenwirtschaft, die ohne jede Furcht vor den Widerwärtigkeiten der Armut, der Lüderlichkeit, des Schmutzes in vollkommner Naturtreue, der Wirklichkeit gemäs, sehr talentvoll abgeklatscht war. Mehr noch als diese Skizzen, in denen Papa Hamlet selbst mit seinen ewigen Citaten aus Hamlet und seiner stereotypen Pose weit caricaturistischer und stilisirter gefaßt ist als etwa Daudets köstlicher Delobelle, mehr noch mögen auf Gerhart Hauptmann die eindringlichen Reden gewirkt haben, in welchen Arno Holz seine Kunsttheorie entwickelte, der jener „Papa Hamlet“ als Paradigma dienen sollte. Arno Holz, jung, energisch, im äußern Wesen frisch und erfrischend, Rastenburger Apothekerssohn, früh auf sich selbst und seine Arbeit gestellt, ein kühl calculirender, auf seine consequent herausgerechneten Verstandesergebnisse eigenköpfisch trotzender Mittelostpreuße, hatte ein schönes Talent zur Lyrik seitwärts von hergebrachten, bis zum Ekel abgenutzten Mustern schon öfters bekundet. Er ist ein heller, findiger Kopf, der einen gescheiten Gedanken fassen kann, aber die gefährliche, nahezu selbstmörderische Neigung hat, diesen Gedanken bis zur Superklugheit fortzutreiben und ihn schließlich im Aberwitz, dem letzten Ziel aller Einseitigkeit, verstocken zu lassen. Holz ging in seiner Papa Hamlet-Doctrin vom Naturalismus Zolas aus. Er tat damit an sich ein rühmenswertes Werk. Er überwand die sogenannte neue Schule, in deren laute Lärmtrompete am schrillsten der Größenwahn Karl Bleibtreus blies. Er überwand diesen lächerlichen Pseudorealismus, der mit Zolas Naturanschauung nicht das Mindeste zu schaffen hatte und sehr bald an seiner eignen Aufgeblasenheit zerplatzte. Arno Holz trat auf solidern Wegen dem Hyperästheticismus und Supraclassicismus früherer Generationen entgegen. Seine und Schlafs treuen Copien des scharf beobachteten Kleinlebens waren nicht nur tüchtig, sondern auch eine zeitgeschichtliche Notwendigkeit, weil sie die Dichtkunst fester an den allgemeinen Geist des modernen Lebens banden. Ueberall hatte die rauhe Wirklichkeit stark in die Seelen der Menschheit eingegriffen. Bismarcks Realpolitik, die sociale Forderung des Proletariats, der inductive, detaillirende Grundzug moderner wissenschaftlicher Forschung, die Lehre von der Entwicklung aller Dinge, die gesteigerte Wertschätzung statistischen Materials, die großen Schöpfungen ausländischer Wirklichkeitdichter und Seelenergünder — dies alles wirkte zusammen, um auch in der deutschen Litteratur die Notwendigkeit einer realistischern Darstellungsweise zur Geltung zu bringen. Keiner war naiv und instinctiv überzeugter davon als Gerhart Hauptmann, der nun das, was er innerlich bestimmt empfand, durch Arno Holzens schneidige Beredsamkeit in Form und Satzung gebracht sah. Arno Holz hatte es nicht mehr nötig, diesen neuen Kameraden zum Realismus zu bekehren. Er gab ihm aber die letzte entscheidende Anregung. Schon im „Promethidenlos“, so wenig realistisch dieses Gedicht sein mag, deutet sich die radicale Wendung sehr sicher an. Wer seine Laute stimmt, den Jammer der wirklichen Welt mitleidweckend zu verkündigen, wird tief hinabsteigen müssen in menschliches Elend, oder er wird ein Phrasenheld sein. Der Dichter des „Promethidenloses“ war schon damals zu Jenem entschlossen.

Schon die conventionell-allegorisch von ihm erfaßte Muse der Dichtkunst sprach zu ihm, ihr Tempel sei die Erde. Schon damals fand er das Wort: „So muß Natur der Kunst die Wege bahnen“; oder das andre Wort:

Und wollt ihr meines Gottes Namen kennen,
So mögt ihr ihn den Gott der Wahrheit nennen.
Mein Busen schwillt von himmlischen Geschenken.
Ich kann nichts Andres sinnen mehr und denken,
Als alle Welt an seine Brust zu hängen,
Daß seine Arme heilend sie umschlängen.

Schon mahnt er mitten in diesen ideellen Vorstellungen sich selbst: „Laßt mich ins Spiel der Welt die Blicke senken“. Was aber hier die Blicke sahn, war trostlos:

Das Elend greift in jeden Menschenhaufen
Und faßt mit Kreischen Kind und Mann und Greis:
Den treibts zum Hängen, jenen zum Ersaufen,
Den wirft es lachend in der Laster Kreis,
Und wo es schritt, da liegen sie am Wege,
Von Ungeziefer und von Schmutz beschwert,
In einem dumpfig kotigen Gehege,
Das hie und da die schwarze Pest durchfährt.

Und in der Erkenntnis dieses Elends zweifelt er schon damals an der herkömmlichen Schönheitbefugnis künstlerischer Darstellung:

Weß Augen hier sich zaghaft nicht verschließen,
Ihr Recht bezweifelnd an dem Gottgenuß,
Wem hier die Tränen nicht vom Auge fließen,
Wenn er empfängt der Schönheit holden Gruß,
Indeß zu Füßen ihm in tausend Qualen
Die Menschheit lallend sich und ächzend krümmt
Und von den reichgefüllten Schönheitschalen
Nicht eine Gabe sich herunternimmt;

Weß Busen hier, in eigennütz'gen Freuden
Vergehend, nicht des Jammers Stimme hört,
Wem hier ein mächt'ger breiter Strom der Leiden
Nicht seines Freudenseees Spiegel stört —
Der ist nicht wert, den Himmel zu empfangen,
Dem sei vergällt der schmähliche Genuß,
Dem hemmen tausend Seile, tausend Zangen
Erbarmungslos den lustbegier'gen Fuß.

Nur im Traum sah er das Schöne.

Da wacht er auf. — Rauh krächzt des Bettlers Bitte,
Des Krüppels Beulen recken sich ihm dar,
Die Straße gellt vom Stampfen vieler Tritte,
Und eine schmutzige, verrohte Schar
Wogt um Selinen, ihre Blicke münden
Gleich düstern Schlünden dränend auf sein Haupt
Und dringen ein und lassen neu entzünden
Die Flammen, die er lange tot geglaubt.

Schon damals rief er den Elenden verzweifelten Entschlusses zu:

So laßt in eurem Schmutz mich hocken,
Laßt mich mit euch, mit euch im Elend sein!

Das „Promethidenlos" nimmt zum Schluß eine seltsame Wendung. Während sich bis dahin der Dichter mit seinem Helden ganz Eins zu fühlen schien, stellt er sich plötzlich außerhalb dieses „irren Knaben", dessen Sehnen war, was er ahnte, „in hehrer Form, in heil'ger Melodie", zu singen. Der Dichter selbst aber denkt nun ganz anders als sein Held:

Du traust mir nicht? Dich lockt das süße Tönen,
Du glaubst, es sei auch in der Menschenwelt

ATELIER IN ROM.

Erlaubt zu singen, und das Arbeitfeld,
Meinst du, kann milder Dichtersang verschönen.
Es fliege leichter dann, meinst du, der Spaten,
Die Sense blinke freudiger darein.
Sei still! — Sie können deines Lieds entraten,
Es muß gepflügt, doch nicht gesungen sein.

Begleite mich durch öde finstre Gassen
Furchtbarer Nacht! — Hörst dus den Weg entlang,
Dies Wimmern? — Sieh, dich will ein Grauen fassen:
Dies wird, mein Kind, in unsrer Zeit Gesang.

Und noch einmal mahnt der realistische entrüstungspessimistische Dichter seinen Helden:

Kehr um! Die Sohlen Deiner Füße hefte
An diese Welt mit fieberhafter Hast,
Aus ihr entsteigen alle deine Kräfte.

Genug der Beweise, daß es für Gerhart Hauptmann schon 1885, als er von seiner Reise zurückgekehrt war, feststand, wohin ihn seine Dichtersendung führen würde. Sehnsucht zog auch ihn zur Schönheit, aber der Weckruf der Zeit treibt ihn einem andern Ziel entgegen. Dies wird mit den Jahren immer deutlicher. Schon 1888 entstand ein Gedicht, das Gerhart Hauptmann seinem Sonnenaufgangsdrama hätte voransetzen sollen. Die Verse hätten ihm, wenigstens bei Tieferblickenden, manche Verdächtigung erspart. Denn in ihnen spricht er aus, wie ers meinte, wie er seine Mission, „seinen Kampf“ verstand:

Dir nur gehorch ich, reiner Trieb der Seele!
Deß sei mein Zeuge, Geist des Ideales,
Daß keine Rücksicht eitler Art mich bindet.

Ich kann nicht singen wie die Philomele.
Ich bin ein Sänger jenes düstern Tales,
Wo alles Edle beim Ergreifen schwindet;

Wo schwarzen Dunstes träge Massen rollen
Und mit dem Lichte ohne Ende kämpfen,
Wo Wolken nur den hellen Blitz gebären,
Wo ein gigantisch ruheloses Wollen
Sich stöhnend windet in gewalt'gen Krämpfen,
Und sich die Freuden von den Leiden nähren.

Du aber, Volk der ruhelosen Bürger,
Du armes Volk, zu dem ich selbst mich zähle,
Das sei mir ferne, daß ich deiner fluche!
Durch deine Reihen gehen tausend Würger,
Und daß ich dich, ein neuer Würger, quäle,
Verhüt es Gott, den ich noch immer suche!

Ich darf es dir mit meiner Hand verbriefen,
Daß, wenn ich zürne, zürn ich deinen Leiden,
Das Gute wollend, dir zum ew'gen Heile.
Ihr, die ihr weilt in Höhen und in Tiefen,
Ich bin ihr selbst, ihr dürft mich nicht beneiden!
Auf mich zuerst zielt jeder meiner Pfeile.

Und so schärfte er sein Auge für das Nah' und Nächste. Schon 1887, bevor er Arno Holz kannte, zeitigte der Aufenthalt in Erkner eine kleine novellistische Studie, die in ihrem Realismus nicht so „consequent“ ist, wie „Papa Hamlet“, aber dichterisch als geschlossenes, rundes Werkchen weit höher steht. Es ist die zuerst in M. G. Conrads „Gesellschaft“ abgedruckte Erzählung vom „Bahnwärter Thiel“. Ihr moderner Zug kündigt sich schon im Titel an. Unsre Zeit steht nach des Kaisers treffendem Wort „im Zeichen des Verkehrs“ Bahnwärter

Thiel dient jenem Verkehrsbetriebe, von dem Goethe und die Romantiker noch nichts wußten, der inzwischen eine der größten Umwälzungen im Leben der Culturmenschen herbeigeführt hat. Als die Eisenbahn aufkam, ging ein Jammern durch das epigonenhafte Geschlecht der Spätromantik. Mit dem Posthorn schien die Poesie aus der Welt zu schwinden. Mit dem Pfiff der Locomotive schien sich der Welt die Prosa bemächtigt zu haben. Schon Gottfried Keller lachte über solches kurzsichtige Haften am Ueberlieferten, über diese Unkraft, den poetischen Reiz des Neuen zu finden. Gerhart Hauptmann, der schon als Kind in einem dichten Eisenbahnnetz aufwuchs, gehört bereits zu denen, die auch aus dem neuen Verkehrsmittel Poesie und realistische Symbolik zu holen verstehn.

In einem Gedichte schildert er die Nachtstimmung einer kleinen Vorortstation, mit dem schwindsüchtigen alten Wächter, der keuchend, hustend fortwährend hinüber nach den Rüdersdorfer Kalkbergen sieht und nach ihren bald gelben, bald roten Grubensignalen. So oft diese die Farbe wechseln, wechselt die Farbe auch auf dem Fieberantlitz des ergrimmten Manns, der sich dort unten in den Kalkbergen den Tod geholt hat.

Ungefähr gleichzeitig entstand ein Gedicht „Im Nachtzug“:

Es poltert der Zug durch die Mondscheinnacht,
Die Räder dröhnen und rasen.
Still sitz ich im Polster und halte Wacht
Unter sieben schnarchenden Nasen.
Die Lampe flackert und zittert und zuckt,
Und der Wagen rasselt und rüttelt und ruckt,

Und weit, wie ins Reich der Gespenster,
Weit blick ich hinaus in das dämmrige Licht
Und schemenhaft schau ich mein blasses Gesicht
Im lampenbeschienenen Fenster.

Dem Passagier ists nicht wohl in der dumpfen beklemmenden Enge. Ihn durchklingt

Ein Sehnen hinaus in das Mondscheinreich,
Das fliegend die Drähte durchschneiden.
Sie tauchen hernieder und steigen zugleich,
Vom Zauber der Nacht mich zu scheiden.

Aber am romantischen Elfenziel jagts den modernen Reisenden vorüber, und das Rasseln der Räder singt ihm ihr eignes Lied, den „Sonnengesang" moderner Cyklopenarbeit.

Wir tragen euch hier durch die duftende Nacht,
Mit keuchenden Kehlen und Brüsten.
Wir haben euch güldene Häuser gemacht,
Indessen wie Heiden wir nisten.
Wir schaffen euch Kleider. Wir backen euch Brot.
Ihr schafft uns den grinsenden, rieselnden Tod.
Wir wollen die Ketten zerbrechen.
Uns dürstet, uns dürstet nach eurem Gut!
Uns dürstet, uns dürstet nach eurem Blut;
Wir wollen uns rächen, uns rächen!

Wol sind wir ein rauhes, blutdürstend Geschlecht,
Mit schwieligen Händen und Herzen.
Doch gebt uns zum Leben, zum Streben ein Recht
Und nehmt uns die Last unsrer Schmerzen!
Ja, könnten wir atmen in keuchendem Lauf
Nur einmal erquickend, tief innerlich auf,
So, weil du den Elfen bewundert,
So sängen wir dir mit Donnergetön

Das Lied, das finster und doch so schön,
Das Lied von unserm Jahrhundert!

Vom fahrenden Dichter weicht nun die Sehnsucht nach Elfentanz in mondbeglänzter Zaubernacht. Ein andrer, ein versöhnender, die schöne Welt mit der wirklichen Welt versöhnender Traum steht vor seiner Seele:

Die Lampe flackert und zittert und zuckt,
Und der Wagen rasselt und rüttelt und ruckt,
Und tief aus dem Chaos der Töne,
Da quillt es, da drängt es, da perlt es empor
Wie Hymnengesänge, bezaubernd mein Ohr,
In erdenverklärender Schöne.

Er träumt von „himmlischen Lenzen auf irdischen Höhn“. Dieser Traum ist der Traum des idealistischen Weltverbesserers, der nur der Wirklichkeit, nicht den Möglichkeiten gegenüber pessimistisch denkt; diesen Traum gab dem Dichter die Fahrt auf der Eisenbahn.

Denselben Eindruck schafft ihm auch der vorüberfahrende Bahnzug. Phantastisch malt er in der Novelle vom „Bahnwärter Thiel“ den Zug, der im Nu erscheinend, im Nu verhallend durch das stille Dunkel des Haidelandes tost. Die blauen Nachtsignale dünken ihm wie Tropfen überirdischen Lichtes. Aber über dem Hüttlein des Bahnwärters Thiel leuchtet nichts Ueberirdisches. Er ist einer der modernen Arbeitscyklopen, wie jener schwindsüchtige Bahnwächter aus Rüdersdorf. Er dient dem großen Betriebe nur an allerbescheidenster Stelle. Sein höchster Erdenwunsch, den er kaum zu erhoffen wagt, ist der, daß sein Söhnchen Tobias es dermaleinst bis zum Bahnmeister bringen werde. Für sich selbst strebt er so stolze Ziele nicht mehr an. Aber auf dem bischen Bahndamm und Schienenstrang, den er in Gottes Namen zu betreuen hat, kennt er jedes Schräubchen und jedes Stäubchen. Und nicht blos das kennt er, was zum Dienste gehört, wofür er karg genug vom Staate bezahlt wird. Um dieses Streckchen und die numerirte Bude in der Mitte webt sich ihm im Lauf der Zeiten ein seelisches Gespinst, die Poesie seines Daseins. Der Fleck Erde wird ihm zum Heiligtum, darin seine gute, sanfte Frau weiter lebt, das von den plumpen Füßen der zweiten jetzigen Frau, von ihren groben Fäusten nicht berührt werden soll. Die Telegraphendrähte aber klingen und singen ihm seine eignen Choräle, das Lied seiner Sehnsucht, das Lied von der, die er verloren hat. „Er stellte sich vor, es sei ein Chor seliger Geister, in den sie ja auch ihre Stimme mischte.“

Wie leicht war hier für den Dichter die Gefahr, sentimental zu werden. Nicht blos die krassen Effecte eines Mord- und Wahnsinnsschlußes schützten ihn davor, sondern auch sein starkes, feines Naturgefühl. Nicht sentimental ist das Empfinden des Bahnwärters Thiel, der dann Weib und Kind erschlägt, sondern melancholisch wie der märkische Kiefernwald am märkischen See. Der Dichter hat die Erknerstimmung auf sich wirken lassen. Er hat in die Haide einen Menschen gepflanzt, der, wie sie, empfindet, arm an Geist, reich an Seele, sanftmütig, bescheiden, schüchtern, energielos in der alltäglichen Ruhe, aber rauh, wild, wüst, grausam bis zur Vernichtung, wenn Orkane toben. Ein solcher Orkan ist in das Gemüt des Bahnwärters gefahren, als er argwöhnt, durch die böse Absicht der Stiefmutter sei sein kleiner Tobias unter die Räder des Bahnzugs geraten.

Des Dichters Problem war, diesen Stimmungsübergang, wie in einem epischen Monolog, darzustellen. Er hält sich dabei ausschließlich an die Mittel der erzählenden Kunst. Dialoge fehlen fast ganz. Den einzigen längern Sermon hält die böse Stiefmutter, wenn sie das Prügelknäbchen mit gemeinen Schimpfworten herunterhudelt. Dramatisch wird die Action nur in den lallenden Lauten, mit denen beim Vater Thiel der Wahnsinn sich meldet und zum Morde mahnt.

Die Studie darf als Probe des Stiles gelten, in welchem Gerhart Hauptmann seinen geplanten und nicht vollendeten autobiographischen Roman damals abgefaßt hätte. Jene Begegnung mit Arno Holz entschied aber nicht nur für den Naturalismus, sondern auch für das Drama. Wie das gewöhnliche Volk in seinen mündlichen Erzählungen die Person, um die es sich dabei handelt, mit Vorliebe selber sprechen läßt und auf diese directe Rede so viel Gewicht legt, daß es möglichst oft ein „sagt er" oder „sagt sie" dazwischen schiebt, ebenso liegt es im Wesen einer naturalistischen Darstellung, daß die handelnden Personen möglichst viel selber sprechen, und daß uns möglichst viel aus ihren eignen Worten von den Geschehnissen kund werde. Dieses eigentlich dramatische Princip, herscht daher in jenen „Papa Hamlet-Skizzen" so stark vor, daß der epische Stil beinah aufgehoben ist. Wenn also diese Skizzen auf eine reinere Künstlernatur wirkten, so musten sie deren Stilgefühl auch zur äußersten Consequenz führen. In dieser Consequenz aber lag es, die Erzählung gänzlich aufzugeben und das Dramatische zum Drama zu vollenden.

Erfüllt von Arno Holzens Theorie, angespornt von seinem Zuspruch machte sich Gerhart Hauptmann sofort an einen Stoff, der für diese extrem naturalistische Behandlung ganz besonders geeignet war. Wie in den westlichen und nördlichen Vororten Berlins, zu denen sich der wachsende Stadtriese hinreckt, die sogenannten Millionenbauern, die Max Kretzer später zu einem schwachen Theaterstück verwertete, so gab es auch in nächster Nähe von Obersalzbrunn, in Weißstein und in Hermsdorf Bauern, die plötzlich zu einem gewaltigen Reichtum dadurch gelangten, daß man unter ihren Aeckern mächtige Kohlenlager entdeckte. Ein solcher jäher Umschwung materieller Verhältnisse konnte im ungebildeten Stande nicht ohne tiefe Einwirkung auf Sitte und Sittlichkeit dieses überschnell und übermäßig reich gewordnen Volkes bleiben. Diese Jugendeindrücke sollten schon im autobiographischen Roman nachwirken. Nun wollten sie sich zu einem socialen Drama gestalten.

Auch Holz fühlte sich durch das eigne Princip zum dramatischen Schaffen hingedrängt. Für Compagniearbeit eingenommen, wie er war, und durch die Fügsamkeit des sanften, sinnigen Johannes Schlaf daran gewöhnt, schlug er vor, mit Gerhart gemeinschaftlich ein Drama nach allen Regeln der neuen Kunst abzufassen. Vor diesem dämonischen Antrag, dem er anfangs bereitwillig entgegenkam, bewahrte den Andern sein guter Stern. Wie jeder echte Dichter, ist auch Gerhart Hauptmann im Schaffen ein Einsamer, der nur die Natur, die in ihm lebt, befragen darf. Mit scheuem Respect vor dem überlegnen Kunstverstande des strammen Rastenburgers teilte er seinen Stoff nicht, wie er von Hamburg aus brieflich zugesagt hatte, dem neuen Kameraden mit, sondern flüchtete sich wieder nach Bergedorf zu Eltern und Geschwistern. In kürzester Zeit, noch war es Frühling, brachte er das Drama ziemlich fertig nach Erkner. Mit den Freunden Bölsche und Wille, mit dem Bruder Carl, der ihm immer der beste, auch in Rat und Tat förderlichste Freund gewesen ist, zog er in die Kiefernhaide des Bahnwärters Thiel, und während die Nadelhölzer hellgrüne Spitzen ansetzten, erwachte hier in freier, etwas öder Natur der Frühlingssang des neuen deutschen Naturalismus.

Frühlingssang ist Nachtigallenschlag und Lerchenjubel. Schon im „Promethidenlos" aber hieß es:

> Du fragst nach Lerchenjubel. — Lerchenjubel!
> Wir haben alles Jubeln längst verbannt.

Und doch trillern auch in dem neu erstandnen Drama „Vor Sonnenaufgang", das ursprünglich „Der Sämann" betitelt werden sollte, die Lerchen in der Morgenröte. Ihr Lied tönt unverdrossen jenseits von Gut und Böse, jenseits der moralischen Gegensätze, in denen sich dieses sociale Drama kraß und schroff bewegt. Der Dichter nimmt persönlich einen leidenschaftlichen Anteil an den moralischen Dingen. Er zeichnet Personen und Zustände entweder mit Liebe oder mit Haß. Von einem objectiven Naturalismus, wie ihn die Natur selbst ihren Geschöpfen gegenüber beobachtet, ist hier noch weniger die Rede, als beim Moralisten Zola oder in Tolstois „Macht der Finsternis“ Was Werke, wie „Die Macht der Finsternis“ und „Vor Sonnenaufgang“, erst naturalistisch werden läßt, ist die von keiner conventionellen Rücksicht befangne, unverfrorne Darstellung sittlicher Zustände, in denen sich der Mensch wieder der Naturverfassung des Tieres annähert. Die naturalistische Kunstform klebt noch am naturalistischen Stoff. Die Bedeutung des jungen Werkes, das von Tolstoi vielfach abhängig ist, liegt vor allem darin, daß es der Dichter wagte, unpolirte und unarrangirte Wirklichkeit und zwar häßliche Wirklichkeit in einer gewissen Kunstform auf die Bühne zu bringen. Als Arno Holz, der auch die Titeländerung durchgesetzt haben will, das Stück las, erklärte er es von seinem Standpunkt aus „für das beste Drama, das je in deutscher Sprache geschrieben sei“. Später dachte er nicht mehr so enthusiastisch davon, sondern beklagte das Vorhandensein einer Tendenz.

Unser deutsches Drama stand und steht vor einer Gefahr zwiefältiger Erstarrung und Vertrocknung. Im ernsten Genre waren die Epigonen des Schillerschen Jambenstils in ihren mehr historiographischen als poetischen Leistungen immer blutleerer, schemenhafter, schulmeisterlicher geworden. Im heitern Genre nistete und nistet ein plumpes, ödes, banales Scheinwesen, das sich in äußerlichen Wortwitzen und Requisitenspäßen erschöpft. Auf der Grenze balancirte jahrzehntelang jene durch Saisonerfolge beglückte Tantiemepoesie, die in der Nachäfferei des Pariser Salon- und Conversationsstücks mit mehr oder weniger feuilletonistischem Esprit eine angeblich deutsche Gesellschaft vorgaukelte, wie sie zunächst noch gar nicht besteht und künftig gewis ganz anders arten wird. Diese unselbständigen Tantiemepoeten vergaßen, daß das, was für Frankreich die Gesellschaft bedeutet, für Deutschland noch immer das Volk bedeutet. Liegt während der letzten fünfzig Jahre der Wert des französischen Dramas in der Gesellschaftsatire, so liegt der Wert des deutschen Dramas im Volksstück. Gutzkow hat seinen Scribe so wenig erreicht, wie Lindau seinen Augier und Blumenthal seinen Sardou. Was wir aber mit höherm Stolz all den Scribe und Feuillet, Augier, Dumas und Sardou entgegenstellen, das liegt in jenem Bereich des deutschen Volkes, wo Hebbel seine Maria Magdalene, Otto Ludwig seinen Erbförster, Anzengruber seine Bauernkomödien fand. Dort hat auch der junge Gerhart Hauptmann sein erstes sociales Drama gefunden. Wie Anzengruber übte auch er eine mundartliche Sprache. Wie Ludwig schildert auch er den Niedergang einer ländlichen Familie. Wie Hebbel zeigt auch er das tragische Schicksal eines verratnen Weibes aus dem Volk. Und doch bindet er sich an keinen seiner Vorgänger, die er damals kaum gekannt haben mag.

Er verlegt den Schauplatz der Handlung in die Gegend, die er von Kindesbeinen an kennt. Freilich sagt er Jauer statt Waldenburg, Witzdorf statt Weißstein. Seine Landleute reden die schlesische Mundart. Ihr Schicksal steht im engsten Zusammenhange mit den besondern socialen Verhältnissen jener Gegend. Ein Bauernhof, auf dem man von Austern und Hummern lebt und seinen Durst in Champagner (nicht mal in Grüneberger Champagner) löscht, wo Kühe und Pferde aus marmornen Krippen und neusilbernen Raufen fressen, während das Gesinde darbt und sich rackert, kommt in all seinen Zuständen und Gestalten zur lebendigsten Anschauung. In einer solchen Bauernfamilie ist der Vater ein wüster Trunkenbold, der sein Laster nicht blos auf die älteste Tochter, sondern sogar auf deren dreijähriges Söhnchen vererbt hat. Sein Schwiegersohn ist ein eitler und unreeller Wicht, der trotz aussaugerischen Manipulationen das angeheiratete Geld über kurz oder lang verspeculirt haben wird. Die jüngere Tochter hat herrnhutische Erziehung genossen, und dadurch ist ihr gutes ehrliches Wesen in einen conflictereichen Zwiespalt geraten, an dem sie, fremd im Vaterhaus, zu Grunde geht. Die Stiefmutter ist ein rohes Weib, dessen abgeschmackter Eitelkeit eine städtische Tartüffin fröhnt, dessen Wollust ein junger dummdreister Vetter vom Nachbarhof befriedigt, während der Mann bis vor Sonnenaufgang hinter dem Schnapse vertiert.

Man wird es dem jungen idealistischen Volksbeglücker, der zum Studium der socialen Verhältnisse in jenen Kohlenbezirk kommt, nicht verargen, wenn er alsbald wieder seine Schritte wendet. Aber er nimmt das Lebensglück der jungen Bauerntochter mit, die an den verstiegnen Principienreiter ihr junges Herz verlor, das in allem Schmutz und, was mehr sagen will, bei gründlichster Einsicht in die unkeuschesten Dinge keusch geblieben ist. Er war im Handumdrehn ihr heimlich Verlobter geworden und gedachte mit dem frischen und gesunden Mädchen seinen erbkräftigen Stamm fortzupflanzen. Da erfährt er, der principielle Mäßigkeitsapostel, daß sie aus einer Potatorenfamilie stammt und macht sich verstohlen davon. Man erfährt nicht recht, wie tief ihn der Verzicht auf diese Liebe innerlich berührt. Das Mädchen aber ersticht sich. Sie ist die eigentliche Heldin dieser Dorftragödie, denn sie steht geistig und seelisch über Verhältnissen, von denen sie physisch nicht los kann. Es ist ausgezeichnet, wie sie mit ihrer Beschränkung ringt, wie sie unter der geilen Trunksucht des Vaters, unter der Roheit der Stiefmutter, unter der lüsternen Lafferei des Schwagers, unter der Rüdigkeit eines aufgezwungnen Freiers leidet, ohne doch zu verleugnen, daß sie von Natur all diesen Leuten angehört. Erst als der Mann ihrer Liebe kommt, gehn ihr die letzten Lichter über Alles auf, und diese Erkenntnis schlägt sie zu Boden.

Die Fülle der Personen teilt sich in zwei Kategorien, in die Eingebornen und in die Zugewanderten, in diejenigen, die in ihrem Urzustande mehr oder minder vegetiren, und in diejenigen, die diesem Zustand mehr oder minder fremd gegenüberstehn. Jene bringen das naive, diese das reflectirende Element in die Tragödie hinein. Zu jenen zählt der Bauer, die Bäuerin, deren Liebhaber, zählen Knechte und Mägde. Zu diesen gehören vor Allem drei junge Männer: der Ingenieur Hoffmann, der Arzt Schimmelpfennig und der Nationalökonom Alfred Loth. Hoffmann und Schimmelpfennig sind Loths Jugendbekannte. Durch einen theatralischen Zufall treffen sich alle drei in jenem Kohlenwinkel. Der Dichter hat die Modelle aus seiner eignen Jugendbekanntschaft hergeholt. In jedem der Drei steckt etwas vom alten französischen Raisonneur, der die Dinge um sich her betrachtet und beurteilt, ohne persönlich stark dran beteiligt zu sein. Am fernsten steht der Handlung Doctor Schimmelpfennig. Er hat die Aufgabe, dem Freunde die potatorischen Familienverhältnisse klar zu machen und bringt ihn so zu dem harten Entschluß, sein eben erst eingegangnes Verlöbnis zu brechen. Das entwickelt sich in einer meisterhaft geführten Scene des letzten Aktes, während Schimmelpfennig, zur Geburtshilfe bereit, im Hause weilt. Er ist ein gutherziger Mensch ohne Vorurteile, mit einer bewegten Vergangenheit, der nun hier ist, um unter den Millionenbauern genug Geld zu erwerben, damit er mal seiner Idee leben kann. Diese Idee ist die Lösung der Frauenfrage. Als Gegner der Ehe will er die Frauen selbständig und den Männern gleichberechtigt machen. Aber über das Wie ist er sich noch nicht klar. Einflüsse des Bebelschen Buches über die Frau wirken hier neben Ibsen mit. Praktisch verwertet Schimmelpfennig seine Feindschaft gegen die Ehe dazu, den Freund von der Geliebten zu trennen. Er wird damit einer jener Dämonen, die aus Princip das Gute wollen und das Böse schaffen. Sein Princip befruchtet hier das Princip Loths, das Princip der Rassenzüchtung durch Abstinenz. Diese Principien spuken gelegentlich sehr fleisch- und blutlos in ihrer dürren Blöße umher. Daneben aber steht doch in Schimmelpfennig wenigstens eine ausgeprägte Menschengestalt vor uns, die freilich mit einem Fuß weit außerhalb des Dramas tritt. Der Dichter hat ihm vom Modell her allerlei Züge beigelegt, die dann für das Stück selbst nicht verwertet sind.

Weniger glaubwürdig erscheint die wichtigere Figur Alfred Loths. Wenigstens sind gegen ihn auch von Freunden des Stücks viele Bedenken erhoben worden. Der Dichter selbst hat einmal wehmütig lächelnd gesagt, man habe ihm seinen Loth so oft zu verleiden gesucht, daß er selbst nicht mehr recht an ihn glauben wolle. Man hat diesen Loth sogar mit dem Dichter identificiren wollen; den Haß gegen Alkohol haben zwar Beide gemein, und Loths Verliebtheit mag der Dichter aus dem eignen Herzensleben geschöpft haben. Aber ein Selbstporträt ist Loth ganz gewis nicht. Er stellt nur den Einfluß dar, den ein volkspädagogischer Studienfreund auf den Dichter auszuüben suchte. Wenn Loth die Leiden des jungen Werthers für ein dummes Buch erklärt, wenn er Dahns Kampf um Rom seiner Schönfärberei halber über Zola und Ibsen stellt, wenn er also von der Kunst nicht das Seiende, sondern das Seinsollende verlangt, so sind das niemals Gerhart Hauptmanns eigne Ansichten gewesen. Es sind nur Punkte, über die er in Jena oder Zürich mit unkünstlerischen Freunden heftig wird gestritten haben. Auch daß Loth aus seinem Princip die grausamste Folgerung zieht, hat der Dichter nirgend entschuldigt oder gar gerechtfertigt. Der Dichter ist ganz anders als sein Held.

Er hätte tiefer und klarer motiviren können. Loth verläßt sein Lenchen, wie Faust sein Gretchen und noch so mancher Andre sein Mädchen verlassen hat. Loth verläßt sie nach einer jungen warmen Liebschaft von kaum zwölf Stunden. Auch das soll oft genug vorkommen. Man kann dazu mit Mephisto sagen: „Sie ist die Erste nicht"! Und man kann dazu mit dem reumütigen Faust sagen: „Jammer, Jammer, von keiner Menschenseele zu fassen"! Ein solches rasch gefügtes, rasch gelöstes Verhältnis pflegt von Mann und Mädchen verschieden gefaßt und gefühlt zu werden. An Loth und Helene offenbart sich der Unterschied von Verliebtheit und Liebe. Loth ist bis über die Ohren in das reizende, sinnige Geschöpf an seiner Seite verliebt; ihn entzückt nicht blos ihr Wesen, sondern auch die Erscheinung, aber das weicht, als ihm das holde Kind plötzlich im Schatten einer Familie erscheint, deren Eigentümlichkeiten gerade ihm das Widerwärtigste und Abscheulichste auf Erden sein musten. Er rührt an den Stengel einer schönen Blume, sie zu pflücken, zieht aber sofort die Hand weg, sobald er merkt, daß der Sumpf, dem sie entwuchs, den Stengel beschmutzt hat. Für Helenen dagegen ist die Liebe zum Manne nicht blos ein Sinnenreiz; sie ist ihr Rettung aus der Not, Erlösung vom Uebel, Freiheit, Licht und Luft. Für ihn ist diese liebliche Begegnung ein Erlebnis, für Helenen ist sie das Leben. Es gehört zu den menschlichsten Irrtümern, nach dem Grade des eignen Empfindens den Grad des Empfindens Andrer zu messen. Loth redet sichs ein, daß der Seufzer des Scheidens und Meidens bei Helenen nicht tiefer geht als bei ihm selbst. Wenn er am nächsten Morgen vom Doctor Schimmelpfennig, in dessen Haus er geflüchtet ist, erfahren wird, Helene habe sich den Hirschfänger durchs Herz gerannt, so wird sein Gewissen für sein Unrecht zu büßen haben. Auch ihn wird Faustens Reue überkommen: „Von keiner Menschenseele zu fassen, daß mehr als Ein Geschöpf in die Tiefe dieses Elends versank"! Loths Treubruch hat auf die Zuschauer um so überraschender und um so empörender gewirkt, als gerade dieser hübsche, freundlich blickende, blau- und strahläugige, blondbärtige germanische Jüngling durch eine Liebesscene vom Dichter in das anmutigste Licht gestellt worden war.

Diese Liebesscene, die fast den ganzen vierten Akt füllt, ist ein Gegenstand besonderer Streitigkeiten geworden. Bei der Vorstellung im Theater hat sie entzückt, ergriffen, hingerissen. Aber die Vorurteile, die damals im flotten Schwange waren, rieben sich auch an ihr. Man konnte sich über sie nicht, wie über so manches andre im Stück, sittlich entrüsten. Daher versuchte man, sich über sie lustig zu machen. Ich höre noch bei der ersten Aufführung das blöde Lachen, mit dem Skandalmacher den holden Frieden dieses Idylls stören wollten, und wie sie von der Mehrheit der innerlich beteiligten Zuhörer energisch zur Ruhe verwiesen wurden. Jemand nannte dann die Scene mit einem Lieblingsworte Theodor Fontanes „dalbrig" und ahnte nicht, daß er diesem Liebesgestammel damit ein Anerkenntnis süßer Wahrheit machte. Andre warfen dem „consequenten Naturalisten" Inconsequenz vor und vermeinten, diese Scene sei viel zu poetisch, um naturalistisch sein zu können. Diesen Misverständigen hat der Dichter einmal das Scherzwort erwidert: „Kann ich dafür, daß die Natur auch schön ist“? Ebenso hat hierauf schon Ernst v. Wolzogen damals die rechte Antwort gegeben.

> Unter den jungen Verfechtern des deutschen Naturalismus ist gerade Hauptmann der Erste, der durch seine Liebesscene im vierten Akt das grausame Vorurteil, als verachte der Naturalismus grundsätzlich alle reinen und poetischen Wirkungen, glänzend widerlegt hat. Gleich beim ersten Lesen des Buches und noch mehr bei den Aufführungen habe ich von dieser Scene einen so starken Eindruck gehabt, daß ich sie nur mit der Gartenscene im Faust („Versprich mir, Heinrich“), die ebenso realistisch ist, vergleichen kann. Und dabei fällt diese Scene durchaus nicht aus dem Stile des Ganzen heraus — es ist mir schlechterdings unbegreiflich, wie man das behaupten konnte! Gerade in ihr zeigt sich der Charakter Helenens von allen Seiten, und man könnte kaum ein Wort daran ändern, ohne einen falschen Zug in das vom ersten Auftreten an so fein angelegte Bild zu bringen.

Solche und ähnliche Aeußerungen zu Gunsten der Scene hoben einen tapfern Mann aufs hohe Kriegsroß. Geharnischt und bepanzert mit seiner ganzen „Dramaturgie der Classiker“ ritt Herr Heinrich Bulthaupt, Professor aus Bremen und Auchdramatiker, streitbar durch alles deutsche Land und spornstreichs auch in die Hauptstadt Goethes und Schillers, um von der eingeweihten Stätte aus den Vernichtungschlag gegen alle die zu führen, die nicht wie Goethe, Schiller oder Bulthaupt dichteten. In Weimar war Jahresversammlung des Vorstandes der Deutschen Shakespearegesellschaft. Vor dieser erleuchteten kleinen Gruppe sprach der Wanderredner aus Bremen über „Shakespeare und den Naturalismus“. Schon den Anhängern Gerhart Hauptmanns ist öfters spottend vorgeworfen worden, daß sie den jungen Gegenstand ihrer „Entdeckung“ durch allzu aufdringliche Vergleiche in die Nähe Shakespeares und Goethes hätten rücken wollen — ein Beweis, wie auch die schlimmen Naturalisten in den beiden grösten Dichtern neuerer Zeiten noch immer den Maßstab der Kunst suchen. Aber keiner von den Anhängern Hauptmanns hat sich im Vergleichen so gütlich getan, wie Herr Heinrich Bulthaupt aus Bremen. Als er in Weimar den schwungvollen, glänzend stilisirten Vortrag beendet hatte, war im Kreise jener Shakespeariten der Naturalismus eine Leiche. Es entstand ein Tumult des Entzückens. Man ging auf den Drachentöter zu, drückte seine Hand und — druckte seine Rede, die auf diese dankenswerte Art auch weitern Kreisen zugänglich geworden ist. Wer die Rede nicht kennt, sollte sie lesen. Denn es gehn Flammen darin um, welche zünden. Nur zaudernd greift der Andersdenkende zum kühlenden Wasserstrahl. Die Rede geht, wie gesagt, von einem Vergleich aus. Der Vergleich ist ein sehr fruchtbares Mittel zur Erkenntnis. Aber er ist auch ein gefährlicher Weg zu falschen Maßstäben. Verglichen werden die Liebesscenen von Shakespeares Romeo und Julia mit der Liebesscene zwischen Alfred Loth und Helene. Vortrefflich beleuchtet Bulthaupt, meist durch wörtliche Citate, die Wunder der Shakespearischen Liebespoesie und Liebessprache. Wir sehn Romeo vor dem Balkone, wir sehn Romeos Abschied von Julia. Wir hören die Liebenden ihre Wechselempfindungen in vollen, schönen, ewigen Worten einander offenbaren. Sie streiten um den Liebesschwur. Sie streiten, ob das Lied, das sie vom Lager scheuchte, die Nachtigall singt oder schon die Tagverkünderin, die Lerche; ob das Grau am Himmel schon den Morgen oder erst den Abend verheißt.

Zu diesen Liebesscenen steht die Scene bei Gerhart Hauptmann allerdings im Gegensatz. Daß sie in einer Laube spielt, ist freilich noch keine Abkehr von den guten poetischen Sitten. Denn überall und immer fand sich Liebe in Lauben. Auch daß bei Gerhart Hauptmann die Liebenden ein hübsches junges Mädchen und ein kräftiger, sehr gesunder junger Mann sind, ist keine Abweichung von der schönen Tradition. Aber Helene ist keine Märchenprincessin, sondern eine Bauerntochter, die sogar Krause heißt und in der Nähe von Jauer lebt. Verona, die Stadt der Montecchi und Capuletti, ist zugleich die Stadt der Cypressenhaine und der römischen Altertümer. Das war Poesie. Jauer hingegen erinnert den modernen Menschen an warme Würstchen, und diese sind zwar wohlschmeckend, aber prosaisch. Der junge Mann ist auch kein Königssohn, sondern, man denke und erschrecke, ein Socialist. Socialist, Jauer, Krause, ist das noch Poesie oder ist das nicht barste Niedertracht des Lebens? Man könnte erwidern, auf Name und Beruf komme es nicht an. Schon Romeos Julia sagt: „Was dir Rose heißt, wie es auch hieße, würde lieblich duften“, und Goethe sagt: „Die Kunst an und für sich selbst ist edel, deshalb fürchtet sich der Künstler nicht vor dem Gemeinen, ja, indem er es aufnimmt, ist es schon geadelt“. Wie weit das Gemeine bei Hauptmann in diesem Goethischen

Sinne geadelt ist, mag eine genaue Wiedergabe der Scene nachweisen. Auch Herr Bulthaupt spricht von ihr sehr ausführlich; er stellt fest, wie umfangreich die Bühnenanweisungen beim Dichter sind, wieviele Punkte und Gedankenstriche er auf dem Papier der Buchausgabe macht, daß die beiden Liebesleute vor Küssen nicht zu Worte kommen können und so weiter. Von dem aber, was erst einen Begriff vom innern Leben der Scene gibt, steht bei Herrn Bulthaupt nichts. Er hat sich an das papierne Bild, nicht an das menschliche Wesen dieser Herzensentfaltung gehalten.

Wie Romeo und Julia, so gehn auch diese Liebenden ganz im sinnlichen Element auf. Der junge Mann bewundert das reiche weiche Seidenhar des Mädchens. Unversehens hingerissen küßt er dieses Har, worauf Helenchen tief erschrickt. In ihrem plötzlich so aufgeregten Kindersinn fällt ihr die herrnhutische Pensionslehrerin ein, die einst gut zu ihr gewesen war. Was die wol davon denken würde! Halb warnend, halb segnend steht ihr in der Nähe des Geliebten das Bild jener treuen Seele, die den kleinen übermütigen Backfischen Ursach zu liebevollem Spott gegeben hat. Jetzt im ersten Glück der Liebe sind dem erwachsenen Mädchen auch jene Stunden froher Kinderei wieder da. Sie muß in der Erinnerung an den einzigen langen Zahn, den die gute Schwester Schmidtchen hatte, und der ihr beim Sprechen viel Schwierigkeiten machte, jetzt wieder so herzhaft lachen, daß sich der Anbeter neben ihr beim Erblicken so holder Lust nicht helfen kann und sie kurz entschlossen in seine Arme nimmt. Dem

Mädchen bangt es wie in einer Schuld. Aber blitzschnell kehren die Seligkeiten des Augenblicks wieder. Nun ist sie es, die nicht anders kann, als den Mund des Liebsten suchen, genau wie Julia zu Romeo sagt: „Ihr küßt recht nach der Kunst". Auch hier ist diese Kunst zugleich Natur. Darum bleibt es nicht bei dem einen Kuß. Es wird gegeben und genommen. Beide verlieren darob — wie könnt' es anders sein — die Sprache. Er gewinnt dann die Sprache zuerst wieder und nennt ihren Vornamen. Aber so, wie sie vom trunknen Vater, von der rohen Stiefmutter, vom lüsternen Schwager und den Andern genannt wird, so möchte sie nicht auch ihm heißen. Und er nennt sie anders. Er nennt sie: „Liebste". Nun sind sie im Glück. Er möchte so mit ihr sterben. Sie will leben.

Mehr, als seine sinnreichen Betrachtungen über Vergangnes und Zukünftiges, gefällt ihr der sanfte Druck seiner Hand. Auch seine Reflexionen verscheucht wieder die Freude am Augenblick. Sie sind einig darüber, daß ihr ganzes bisheriges Dasein Nichts war; daß erst seit gestern, seitdem sie sich gefunden haben, Alles ist. Das Vergangne ist nichtig. Aber in die Gegenwart schleicht sich doch schon wieder der Gedanke an das, was werden soll. In die blühenden Gefühle schon wieder ein kahler Gedanke. Der Gedanke an eine traurige, trostlose Wirklichkeit. Aber ihnen erstarkt der Mut, den Kampf ums Dasein zu bestehn. Er soll es hundert Mal ihr sagen, ob er sie wirklich liebt. Der Mut und die Hoffnung steigern sich in diesem Mädchenherzen zur schalkhaften Ausgelassenheit.

Und wenn Mephisto hinter dieser Laube lauschte, so würd' er sagen: Herr Doctor wurden da katechisirt! Er soll ihren kleinen Finger ansehn und nicht lachen und ihr bekennen, ob sie die erste oder wenigstens die zweite ist in seinem Herzen. Und er will ehrlich bekennen: sie ist die erste nicht und auch die zweite nicht. Aber sie läßt ihn nun doch nicht ausreden. Sie will das um Gottes willen nicht hören. „Sag mir das einmal später — wenn wir alt sind nach Jahren — wenn ich dir sagen werde: jetzt — hörst du, nicht eher." In diesen Worten findet Herr Bulthaupt nur die Punkte und die Gedankenstriche der Druckausgabe. Was zwischen diesen Zeichen an Empfindungen steht, was eine gute Schauspielerin an Empfindungen hier hineinlegen kann und darf und muß, das hat der Dramaturg der Classiker nicht nachgefühlt. „Lieber was Schönes jetzt", bricht Helene ab. Das Schöne ist für sie nichts andres, als daß sie sich sagen, wie lieb sie sich haben. Ein verliebter Reim summt ihr durch den Sinn, und sie sucht neckisch des Liebsten Eifersucht hervorzutändeln. Mitten aber in der Minne Spiel und Scherz steht plötzlich wieder vor ihr der Fluch ihres Lebens, ihre lieblose Vergangenheit, das Trauerspiel ihres Daseins. Sie kann an der Brust des Geliebten nur noch weinen und klagen und bangen. Sie hat auch Grund zum „Bangen in schwebender Pein", denn der Geliebte ist, wie alle Principienreiter, brutal. Er, der Vererbungsdoctrinär, will sich über die Gesundheit ihres Fleisches und Bluts vergewissern. Diese brutale Frage ist die Frage ihres Schicksals. Sie deutet aufs nahe Ende. Der Geliebte verläßt sie, wie Goethe Friederiken von Sesenheim verließ, da er sie anders fand, als er sie bisher gesehn hatte.

Will man den Sinn dieser Scene bezeichnen, will man mit Einem Wort ausdrücken, was an wechselnden Gefühlen durch die bewegte Seele der armen Helene geht, so wird man dies Wort in jenem Liede finden, das Egmonts Clärchen in der Sehnsucht nach dem Geliebten, in der Sorge um ihr Glück vor sich hinsummt: „Himmelhoch jauchzend, zum Tode betrübt“.

Hätte Herr Bulthaupt unsre Helene Krause aus dem Jauerschen nicht mit der veronesischen Patriciertochter, sondern mit dem niederländischen Bürgermädchen verglichen, das Goethe zur Geliebten Egmonts gemacht hat, so wäre der Unterschied nicht gar so groß. Clärchen steht der Hauptmannschen Helene sogar näher als der Shakespearischen Julia. Auch sie ist ein Kind aus dem Volk. Auch sie spricht keine Verse, wendet keine üppigen Bilder an, sondern spricht die Sprache des gewöhnlichen Lebens, die nur gehoben wird durch eine innre Bewegung ihrer holden und kräftigen Seele. „Laß die Zeit kommen wie den Tod, daran vorzudenken ist schreckhaft.“ Als der vermummte Held ihres Herzens plötzlich im Stübchen steht, empfängt ihn ein Jubelschrei. Das Erste, was dieses vollen Herzen beschäftigt, ist sehr prosaisch und sehr naturalistisch: das Nachtessen. Fast möchte Egmont mit der Lessingschen Franciska neckend sagen: „Gar so verliebt sind wir nicht, daß uns nicht hungerte“. Aber Clärchen versteht diesen Scherz nicht recht. Seine scheinbare Kälte verletzt sie. Sie fängt an zu schmollen, sieht aber, wie so manches

Mädchen, doch bald ein: es war kein Grund zum Schmollen. Was bei ihm Kälte schien, bereitete nur eine Ueberraschung für sie vor. Er hatte ihr einmal versprochen, spanisch zu kommen. Nun kommt er ihr spanisch. Als sie ihn in dem prächtigen Kleide sieht, ruft sie mit derselben naiven Freude an Putz und Prunk, die Gretchen beim Anblick des Schmuckkästchens hat, ruft sie ganz prosaisch und ganz naturalistisch, doch so grundpoetisch: „O je". Und nur ja die Pracht durch eine zärtliche Umarmung nicht verderben! „Ach, und das goldene Vließ und die Passementarbeit und das Gestickte." Darin ist sie nun Kennerin. Und dann nochmals das goldene Vließ, das er ebenso vor dem Herzen trägt wie sie ihre Liebe; denn ihre Liebe spukt immer dazwischen, gerade so wie in jener Laube auf dem Bauerngehöft bei Jauer. Und wie Helene mit einer vorahnenden Bangigkeit an die Weltverbesserungsgedanken ihres Liebsten denkt, so hat auch Clärchen ein neues banges Interesse für die hohe Politik, die Graf Egmont mit der Regentin treibt. Im Respect davor rückt ihr der Geliebte unwillkürlich ferner. Sie meidet plötzlich das vertraute Du — ein unendlich feiner Seelenzug, den die stilisirte Verssprache Romeos und Julias nimmermehr fände. Die Regentin, die majestätische Dame in der Nähe des Geliebten, macht sie trotz dem Bärtchen auf der Oberlippe und dem Anfall von Podagra nachdenklich. „Das ist ein anderes Weib als wir Nähterinnen und Köchinnen." Und vor sie hinzutreten, empfände selbst das sonst so unverzagte Clärchen Furcht oder, wie Egmont es mit einem Worte nennt, auf das sie kein Recht mehr zu haben glaubt, „jungfräuliche Scham“ Sie schlägt bei diesem Wort die Augen nieder, nimmt seine Hand und lehnt sich an ihn. Er küßt ihr die Augen, sie umfängt ihn und sieht ihn an; ein stummes Spiel, wie es Gerhart Hauptmann sehr ausgiebig betreiben läßt. Auch zwischen Egmont und Clärchen werden dabei nur kurze, karge, abgerissene Worte gewechselt. Aus den Wogen der Herzen tauchen sie hervor und wieder unter, wie ein Gegenstand auf stürmischem Meere. Die Schauspielerin wäre verloren, die sich hier nur an eine klare und schöne Accentuirung halten wollte, anstatt die stumme Stimmung in allen Tiefen und Höhen zu durchmessen. Und wenn sich diese Schauspielerin in ihr Rollenbuch Notizen machte, so müsten es lauter Punkte und Gedankenstriche sein, die freilich das Befremden des Herrn Professors Bulthaupt erregten. Er würde dann auch hier, durch die Buchzeichen befangen, von einem kunstlosen Stammeln sprechen und die zusammenhängende, dichterisch beschwingte Rede vermissen.

Gewis besteht ein großer Unterschied zwischen dem Julienstil und dem Helenenstil. Aber auf dem langen Durchmesser, der diese beiden Pole verbindet, bewegen sich aller Art andre Stile, der Käthchenstil, der Gretchenstil und, nicht gar so weit vom modernen Pol entfernt, auch der Clärchenstil. Es ist ein doctrinäres Vorurteil, wenn Herr Professor Bulthaupt beim Vergleich zwischen Shakespeare und Hauptmann ausruft: „Einer oder der Andre muß irren“. Nein, Herr Dramaturg der Classiker! Nicht Einer oder der Andre hat Recht, sondern Einer wie der Andre hat Recht. „Laßt uns doch vielseitig sein“, mahnt Goethe einmal bei Eckermann, „märkische Rübchen schmecken gut, am besten gemischt mit Kastanien. Und diese beiden edlen Früchte wachsen weit auseinander“.

Auch von der Poesie gilt das Wort: in unsers Vaters Hause sind viele Wohnungen. Wer die Beletage vorzieht, sollte es doch andern Leuten nicht verwehren, sichs in der Mansarde bequem zu machen. Auch uns bezaubert Shakespeares Reichtum und Glanz. Bei Hauptmann ist Armut. Aber mit Goethes Faust zu sprechen: in dieser Armut welche Fülle! Eins ist wie das andre malerisch für den Maler, eins ist wie das andre für den Poeten poetisch. Wenn Bulthaupt von einem modernen Dichter den Stil Shakespeares verlangt, so verschließt er ihm von vornherein die Stoffe des modernen Lebens, die ihren eignen Stil fordern. Er beschränkt den Dichter in der Wahl seiner Gegenstände. Er gehört dann zu jenen deutschen Aesthetikern, von denen Goethe einmal zu Eckermann sagt: „Unsere deutschen Aesthetiker reden zwar viel von poetischen und unpoetischen Gegenständen, und sie mögen in gewisser Hinsicht nicht ganz Unrecht haben. Allein im Großen und Ganzen bleibt kein realer Gegenstand unpoetisch, sobald der Dichter ihn gehörig zu gebrauchen weiß“. Die Frage ist, ob Gerhart Hauptmann seinen realen Gegenstand gehörig zu gebrauchen wuste. Hierüber kann man verschiedner Ansicht sein. Aber man wird dem Dichter nicht das Recht seines eignen Kunststils verwehren dürfen. Stil des Kunstwerks ist dasselbe, was wir bei den Gegenständen der Wirklichkeit ihre Natur nennen. Wir sagen: dies und das liege in der Natur der Dinge. Ebenso dürfen wir sagen, es liege im Stil und Stoff des Kunstwerks, ob in Versen gesprochen wird oder in Prosa, ob die Rede lang ist oder kurz.

Mit Bewustsein hat Gerhart Hauptmann dem Stoff seinen Stil gegeben. Er hat ihn scharf und bestimmt in einer so lebendigen Charakteristik der Personen ausgeprägt, wie wir dies im deutschen Drama nicht gewohnt waren. Diesen shakespearischen Zug, der unsern Dichter von allen Bulthäuptern der deutschen Litteratur glanzvoll unterscheidet, hat sein mitdichtender Vetter aus Bremen wohlweislich übersehn. Mag diese Charakteristik bei Loth anfechtbar sein, so steht sie, wie beim Doctor Schimmelpfennig, auch beim Dritten der Eingewanderten, beim Ingenieur Hoffmann, über allem Zweifel. Bei allen Dreien ist neben lebendigen Vorbildern ein Einfluß „der Wildente“ von Henrik Ibsen nicht zu verkennen: Loth, Hoffmann und Doctor Schimmelpfennig stehn ungefähr so zu einander, wie Gregers Werle, Hjalmar Ekdal und Doctor Relling. Bei Hoffmann aber hat sich das Hjalmarisch-Allzumenschliche zur bewusten und berechneten Gemeinheit der Gesinnung kristallisirt. Er ist mehr als der traurige Zwitter, für den ihn Schimmelpfennig hält. Er ist, ganz diesseits von Gut und Böse gesprochen, ein Gesinnungslump, dem die beiden Andern, besonders Loth, etwas gesinnungsprotzig gegenüberstehn. Hoffmann ist einer jener Schmarotzer, die ohne viel Kraft, Mut und Fleiß erklecklich im Trüben zu fischen verstehn und gerade von dieser Beschäftigung aus zu Repräsentanten des sogenannten gesunden Menschenverstandes werden. Als bei der ersten Aufführung des Stückes Herr Gustav Kadelburg mit der ihm eignen äußern Liebenswürdigkeit auf Loths idealistische Doctrinen die nüchternen Antworten des „eminent praktischen" Mannes gab, ging edes Mal durch die Sitzreihen des Zuschaueraums ein Beifall. Nicht blos unter den von ihm betrognen schlesischen Kohlenbauern, sondern auch bei einem Teil des erwerbskräftigen Berliner Publicums war Hoffmann ein gemachter Mann. Wer hätte nicht freudig damals eingestimmt, wenn Kadelburg-Hoffmann im angenehmsten Schwerenöterton, an „Goldfische" denkend, ausrief: „Ich will von der Kunst erheitert sein"! Und welch schmunzelnde Zustimmung ging durch die Reihen des Tiergartencapitals, als Hoffmann-Kadelburg hinter dem Rücken des socialistischen Volksbeglückers erklärte: „Mit Ansichten, wie er sie hat, in der Welt umherzulaufen, ist heutzutage weit schlimmer und vor Allem weit gefährlicher, als stehlen"!

Loth und seine beiden Jugendfreunde sind nicht die Einzigen, die ins Kohlendorf zuwanderten, um eine schwerflüssige Masse, jeder nach seiner Art, in Bewegung zu bringen. Es ist auch noch ein Berliner Kellner da, der sich als Kammerdiener verdungen hat und auf den schönen Namen Eduard hört. Es ist ferner die liebedienerische, zwischenträgerische Frau Spiller da. Zwei köstliche, mit wenig Strichen lebenskräftig gezeichnete dienstbare Geister, von denen Er sich redlicher, Sie sich unredlicher am Ueberflusse derer nährt, die hier heimisch sind. Aber auch unter den Einheimischen klafft ein starker Gegensatz. Es ist der schreiende Gegensatz von Reich und Arm. Neben dem schlemmenden Bauernpöbel die darbenden geplackten Arbeiter. Einer, ein Greis, der Vater Beibst, hat sich philosophisch mit seinen Schicksalsschlägen fast abgefunden und für seine alten Tage als Andenken nur eine Brummigkeit zurückbehalten und eine Art versteinerten Grolls. Aber in den jungen Gutsdirnen kocht noch wild das Blut. Und von allen der unglücklich-glücklichste ist Hopslabär, der Dorftrottel, eine Figur, die nicht unshakespearischer ist als Falstaffs Aufgebot.

Es sind nur landwirtschaftliche Arbeiter, die im Stück auftreten. Die Bergleute, die schwarzen, russigen Gestalten, die der Dichter während seiner Kinderzeit rings um den Heimatort in dunklen Massen auf allen Wegen traf, zeigt er nicht im Stück. Wie ein tiefes, finstres Verhängnis durchwühlen und durchlockern sie das Erdreich, Denen Schätze grabend, die zugleich durch dieses Grubenwerk auf ihrem Grund und Boden wankend werden. Auch ohne daß der Dichter einen Repräsentanten dieses Maulwurfgeschäfts erscheinen läßt, fühlt man die düstre sociale Macht und ihre unterirdische Massenarbeit allenthalben.

Zwischen den Einheimischen und Zugewanderten schwebt das lieblich lebendige Bild Helenens, die von sich schon hätte sagen können, was nachmals Rautendelein, die Elfe, sagt: „Fremd und daheim“. Sie fühlt sich als die Tochter des Trunkenbolds, der viehisch an ihren Leib tastet, und sie fühlt sich auch als die berufne Gefährtin des idealistischen Kämpfers für eine geistige und physische Adlung der Menschheit. An diesem Zwiespalt geht sie zu Grunde; ein echt tragisches Schicksal, gegen dessen Fügung Aristoteles kaum etwas einzuwenden gehabt hätte.

Auch gegen die Composition des Dramas, die von Pseudoaristotelikern unsrer Zeit geleugnet worden ist, könnte Aristoteles kaum Einwände erheben. Die Einheit des Orts und der Zeit ist strenger gewahrt, als in den Jambenstücken dichtender Oberlehrer, in denen noch immer eine „Verwandlung“ die andre hetzt. In einem einzigen Zimmer des Wohnhauses und auf dem Hofraum davor trägt sich während der Zeit, von einer Nacht zur andern, ohne jede technische Zwangsmaßregel, ohne Monologe, Beiseites und ähnliche unrealistische Eselsbrücken der Theaterspielerei mit einer fast nachtwandlerischen Bühnensicherheit die ganze Begebenheit zu. Noch nie zuvor ist auf natürlichere Art ein in sich geschlossener Vorgang auf die Bühne gebracht worden, ohne daß die Gesetze des Lebens irgendwie verletzt wären. Wo aber Gesetze der Kunst verletzt worden sind, da handelt sichs stets um leicht vertilgbare, überschüssige Einzelheiten. Wenn mitten in einer meisterhaften, höchst lebendigen und abwechslungsreichen, vollkommen dramatischen Tischscene plötzlich eine lehrhafte Abhandlung, sogar mit genauen statistischen Daten, vorgetragen wird, wenn in einem Augenblick der Spannung zwei an der Spannung zumeist beteiligte Personen einander allerlei Unglücksfälle fremder Leute erzählen, so sind das nur Beweise dafür, wie viel mehr Interesse der junge Dichter an seinem Stoff nahm, als an der Ausgestaltung dieses Stoffes. Aber um so bewunderungswürdiger ist es, daß doch daraus ein künstlerisches Ganze entstand.

Im Publicum sind Vielzuviele dem Beispiel des Dichters gefolgt. Auch sie sahn mehr auf den Stoff, als auf die künstlerische Gestaltung. So kam das Werk zu seinem merkwürdigen' Schicksal. Als es im Hochsommer 1889 fertig war, erschien „Vor Sonnenaufgang" in C. F. Conrads Buchhandlung zu Berlin. In der Zueignung, die aus Erkner vom 8. Juli datirt ist, dankt der Dichter den Verfassern des „Papa Hamlet" für die „entscheidende Anregung" die er durch dieses Buch des „consequentesten Realismus" erhalten habe. Als Hauptmann es unterließ, mit Holz zusammen an die Arbeit zu gehn, wollte er seine tiefen Eindrücke von „Papa Hamlet" wenigstens in einer öffentlichen Anzeige des Buchs kundgeben. Das Bücherbesprechen ist aber seine Sache nicht. So flüchtete er Dank und „freudige Anerkennung" in jene berühmt gewordnen Widmungszeilen.

Als das schlecht und auf schlechtem Papier gedruckte Büchlein erschienen war, sandte der Verleger, Herr Ackermann, ein Exemplar sofort auch an den damals siebzigjährigen Dichter Theodor Fontane, der zwei Jahre vorher durch seinen lebenswahren Meisterroman „Irrungen Wirrungen" bei Schöngeistern und Philistern so manches drollige Aergernis erregt hatte. In seiner höflich graziösen Art antwortete der alte Herr alsbald mit einem Dankschreiben an den Verleger. Aber dieser Brief war mehr als eine bloße Artigkeit. Theodor Fontane beglückwünschte den Verleger, ein so bedeutendes Werk edirt zu haben. Er nannte dieses Werk „die Erfüllung Ibsens“, und Er, der vieljährige zahmste Kritiker des zahmsten Hoftheaters, sprach ganz naiv den verwegnen Wunsch aus, dieses Drama aufgeführt zu sehn. Er erklärte sich bereit, es der „Freien Bühne,“ die eben damals ins Leben trat, dringlich anzuempfehlen. Dieser Brief des alten vornehmen, genialen Dichters machte auf Gerhart Hauptmann und Alle, die ihm nah standen, einen tief ergreifenden Eindruck. Gerhart war mittlerweile 27 Jahr alt geworden. Es war das dritte Söhnchen gekommen. Eltern, Geschwister, Frau Marie, nicht am wenigsten er selbst, waren voll Erwartung. Aber die Jugendjahre verstrichen, und das reiche innre Leben suchte noch immer den rechten Ausdruck, zerrieb sich in wechselnden Plänen. Nun kam ein Etwas, vor dem die Tanten und entfernten Verwandten bas erschrecken musten. Man denke nur, wie sich die alten Vockerats über das Drama „Vor Sonnenaufgang“ äußern würden! Noch schlimmer wahrlich als damals in großen Berliner Zeitungen Paul Lindau und Karl Frenzel! Fest zur Sache des jungen Dichters hielten die Getreuen, die das Werk schon vor dem Druck kannten: Bölsche, Wille, die Geschwister Carl und Martha, die Gattin. Als Bruder Carl das erste Exemplar der Buchausgabe mit dankbaren, liebevollen Widmungsworten ins Manöver nachgeschickt erhielt, drahtete er dem Dichter neckend-ernsthaft zurück: „Tausend Freuden über Deinen ersten Schritt in die Unsterblichkeit“. So fühlten die Nächsten. Nun aber kam ganz von außen her unerwartet eine frohe Bestätigung dieser Freundeszuversicht. Und diese Bestätigung kam von einer Seite, die ehrwürdiger und ehrender, sachkundiger und zuverlässiger nicht sein konnte.

Fontanes Brief hatte wol die nächste praktische Folge, daß der Dichter Anfang September an den Vorsitzenden des Vereins „Freie Bühne“ Dr. Otto Brahm ein Exemplar des Dramas sandte, begleitet von einem kurzen Schreiben, woraus den Empfänger, „trotz seinen wenigen Zeilen, eine Persönlichkeit anzusprechen schien“. Zur selben Frühlingszeit erst, wie dieses Drama, war dieser Verein entstanden. Während draußen im Kiefernwald von Erkner der Dichter den Freunden das Stück vorlas, hockte drinnen in einem Wirtshause Berlins ein ganz andrer Kreis von Litteraturinteressenten nicht sehr einträchtig beisammen, beriet die Vereinssatzungen, wählte einen Vorstand, entwarf einen Aufruf. Hüben und drüben wuste man nichts von einander. Es vergingen Wochen, bevor man von einander erfuhr. Wie Bölsche schon damals in einer biographischen Skizze richtig hervorhob, kamen die Begründer der Freien Bühne aus einer ganz andern Ecke des ästhetischen Kriegsschauplatzes, als der Dichter der schlesischen Bauerntragödie. Im lockern Zusammenhang zu beiden Gruppen standen höchstens die Brüder Heinrich und Julius Hart, die dem Dichter ihre kräftige Anerkennung nicht vorenthielten. Erst diese Tragödie führte beide Gruppen fest zusammen.

Als Otto Brahm das Stück las, hatte er Fontanes Empfehlung noch nicht erhalten. Er war bald entschieden, das Stück aufzuführen. Erst nachdem dieser Beschluß endgültig gefaßt war, erfuhr er zu seiner Freude, daß damit zugleich ein Wunsch seines alten Gönners und Freundes erfüllt werden sollte. In der Tat wäre die Freie Bühne ohne Daseinsrecht gewesen, wenn sie, nach den damals noch verbotnen „Gespenstern“ Ibsens, nicht vor allen andern Stücken dieses verheißungsvolle Erstlingsdrama eines jungen unbekannten Deutschen dem Publicum und nicht am wenigsten dem Verfasser selbst vorgestellt hätte.

Schon durch die wohlgelungne Aufführung der „Gespenster“ am 30. September war die Freie Bühne in den Mittelpunkt des allgemeinen künstlerischen Interesses getreten. Berlin sprach von ihr, wie zu spätern Zeiten von Mascagni oder von der Kunst des Radelns. Schon die Wahl der „Gespenster“ hatte erhitzte Anhänger und erhitzte Gegner geschaffen. Begierig fragte man in beiden Lagern: was wird das Nächste sein? Dieses Nächste lag im Buchhandel vor. Jedermann konnte das Stück vorher lesen. Je mehr davon bekannt ward, desto mehr ward es gelesen. Schon lang vor der Aufführung stritt man bei allen Bier- und Kaffeetischen nicht so sehr über den litterarischen Wert des Stücks, als über seine Aufführbarkeit. Sollte man wirklich die Dreistigkeit haben derartige Scenen, wie sie hier ein Anfänger wagte, auf eine noch so freie Bühne zu bringen? Was kam nicht alles an Greueln in den fünf Akten dieses schaudervollen Dramas vor! Im ersten Akt, nun da ging es noch! Da sollten wir blos zur Enthaltsamkeit bekehrt werden, damit unser Nachwuchs kräftig werde; das fanden die Stammgäste von Siechen und Hausmann, wenn sie ihren Durst mit ihrer Kraft verglichen, zwar „lächerbar,“ aber, da sichs nur um einen Prediger in der Wüste handelte, noch nicht gar zu gemein und niederträchtig. Jedoch schon im zweiten Akt, da häuften sich die Skandäler: ein betrunkner Bauer vergreift sich auf offner Scene an seiner eignen Tochter, und der Verlobte dieses Mädchens schleicht vor Tagesgraun aus der Schlafstube ihrer Stiefmama. Im dritten Akt will der Mann einer Wöchnerin seine junge Schwägerin kirren, und wir erfahren, daß die Wöchnerin samt ihrem Söhnchen durch naturwidrige Vererbung dem Trunk ergeben ist. Im vierten Akt macht ein Cretin Luftsprünge. Und nun gar im fünften! O Gott! Da hört man aus der Nebenstube das Wimmern einer Gebärenden! Und das alles sollte im pikfeinen Lessingtheater, wo sonst nur „Der Fall Clemenceau“ und die Wunderwerke Oscar Blumenthals gegeben wurden, auf die Freie Bühne? Wenn das geschah, dabei sein must’ ein Jeder. Aber Jeder muste auch seine gehörige Tracht sittlicher Entrüstung und ästhetischer Empörung mitbringen. Ein praktischer Arzt, Wundarzt und Geburtshelfer brachte außer seiner Empörung und Entrüstung sogar noch eine Zange mit, um der wimmernden Frau im rechten Augenblicke medicinisch beizuspringen. Zugleich suchte man durch anonyme Droh- und Warnbriefe die mutigen Schauspieler, vor Allem die treffliche Else Lehmann, einzuängstigen. Inzwischen waren diese Schauspieler mit dem Regisseur Hans Meery, dem Director Brahm, dem Dichter selbst eifrig und emsig bei der Arbeit. Während jener uns allen unvergeßlichen

Vorbereitungszeit machte auch ich die persönliche Bekanntschaft Hauptmanns, von dem ich bis zum September 1889 kaum den Namen gehört hatte. Auf jeder Probe wurden Längen beseitigt und die gewagtesten Kraßheiten so viel wie möglich gemildert, ohne daß der Grundcharakter des Dramas und seiner „handelnden Menschen" dadurch beeinträchtigt war. So konnt' es geschehn, daß die Wöchnerin überhaupt nicht gewimmert hatte, als im Parkett jener Geburtshelfer dennoch, weil er sichs mal vorgenommen hatte, seine intime Zange wie ein hoch gehaltnes Banner des Wahren, Guten, Schönen durch die schwüle, von Entrüstung und Empörung sengende Luft des Lessingtheaters schwang.

Diese Action in der Action war der Höhepunkt wildester und wüstester Lärmscenen. Denn zu einer Ablehnung des Stückes kam es nicht. An den Protesten der Gegner erwärmte und erhitzte sich der Beifall derer, die in diesem neuen Werk Jugend, Kraft, Mut und eine große dichterische Gabe begrüßten. Diese Freunde tobten schließlich ebenso wild wie die Gegenpartei. Und nach den Aktschlüssen auf der Bühne muste der junge Dichter dem tollsten Hexensabbath Stand halten.

Damals sah auch Theodor Fontane seinen Protegé zum ersten Mal von Angesicht, zu Angesicht und er schrieb der Vossischen Zeitung über diesen persönlichen Eindruck:

> Statt eines bärtigen, gebräunten, breitschultrigen Mannes mit Klapphut und Jägerschem Klapprock erschien ein schlank aufgeschossener, junger, blonder Herr von untadligstem Rockschritt und untadligsten Manieren, verbeugte sich mit einer graziösen Anspruchslosigkeit, der wol auch die meisten seiner Gegner nicht widerstanden haben.

Einige freilich werden aus dieser Erscheinung, indem sie sie für höllische Täuschung ausgaben, neue Waffen gegen ihn entnehmen und sich gern entsinnen, daß der verstorbene Geheime Medicinalrat Caspar sein berühmtes Buch über seine Physikats- und gerichtsärztlichen Erfahrungen mit den Worten anfing: Meine Mörder sahen alle aus wie junge Mädchen.

Ein fernab stehender Zeuge, Heinz Tovote, schilderte drei Monate später die Vorgänge jenes Tages wie folgt:

Man konnte darauf rechnen, daß die Mitglieder des Vereins sich zusammenfinden würden, um unvoreingenommen die Entscheidung über Stück und Aufführung zu fällen; allein schon am Schlusse des ersten Aktes war es Jedermann klar, daß diese Voraussetzung auf einer argen Täuschung beruhte, und daß es sich hier um den Kampf für oder gegen den Realismus handelte. Das Publicum setzte sich aus denselben Elementen zusammen, die sich bei jeder Premiere zu vereinigen pflegen. Man war Mitglied des Vereins geworden, weil es eben Mode geworden war; weil man natürlich hier nicht fehlen konnte; und diese Sonntagsmatinee wurde mit denselben Augen angesehen, wie jede andere. Neben diesem Teile des Publicums, dieser verständnislosen Kunstsinnheuchelei war eine ganze Schar anderer vertreten, die sich die Gelegenheit nicht entgehen lassen wollte, Skandal zu machen. So gab es denn einen Theaterskandal, wie er sich schimpflicher nicht denken läßt. Fortwährende Zwischenrufe und Bemerkungen, die nur die Dummheit des Rufers ins hellste Licht setzen konnten, eifrigste Versuche in den Pausen, gegen das Stück Stimmung zu machen, ein wütendes Zischen am Ende eines jeden Aktes — und doch blieben all die Bemühungen zuletzt fruchtlos. Gegen den nicht enden wollenden Beifall konnte die edle Sippe nicht aufkommen.

Wenn Hauptmann litterarisch bewanderter gewesen wäre, so hätt' er sich damals sagen müssen, daß seitdem es ein Theater gibt, kein Dramatiker in einer so kriegerischen Situation die Feuertaufe empfangen hat. Dieses Toben der Menge konnte seiner Zukunft nur zwei Wege weisen. Brüllte man ihm dort unten zum Sieg oder zum Untergang? Ein dritter Weg, die goldne Mittelstraße, war nicht mehr zu gehn. Sieg oder Untergang! Diese Frage stand auch in zwei großen dunklen Augen, deren prüfender Blick aus der Loge heraus klug und gespannt bald auf die Bühne, bald in den Kampf und Streit spähte. Das Haupt der jungen Frau hob sich seitwärts. Ihre Seele schien ruhig. Sie sah Sieg.

Der Streit der Meinungen, die zumeist vorgefaßt waren, setzte sich in den öffentlichen Besprechungen des Stücks und seiner Aufführung fort. Während der nächsten Tage und Wochen las man in den Blättern das Widersprechendste. Wie neuerdings Herr Anton v. Werner den modernen „Malern der Häßlichkeit“ nachschmähte, sie wollten die „Häßlichkeit verherlichen“, so schrieb damals im Hinblick auf „Vor Sonnenaufgang“ ein minder bewürdeter Anonymus:

> Es wäre wirklich an der Zeit, daß gegen derartige Ausschreitungen des „jüngsten Deutschlands“ energisch eingeschritten würde, daß man diese Herren mit ganz kräftigen Rutenstreichen aus dem Tempel der Kunst heraustriebe. Wer an solchem Schmutz und an solcher Gemeinheit, wie sie die neue Richtung uns als die einzig wahre Kunst hinstellen will, Freude findet, mag dies auf eigne Rechnung und Gefahr tun. Er erlaube aber auch gütigst, daß alle die, welche es mit der Kunst ernst meinen, und die nicht der Ansicht sind, daß sich die Wahrheit der Poesie nur in Zügellosigkeit und in der Freude am Schmutz zu erkennen gibt, ihrer entgegengesetzten Meinung energisch Ausdruck verleihen und mit rücksichtsloser Schärfe gegen jene Stümper in der Litteratur vorgehen, um ihnen nach Kräften den grenzenlosen Eigendünkel zu benehmen.

Nicht jeder der Entrüsteten war so findig, in Gerhart Hauptmanns Erstlingsdrama die Tat eines Stümpers zu erkennen. Aber ungefähr auf den Grundton dieser jetzt so erheiternden anonymen Auslassung waren fast alle ablehnenden Kritiken der Presse damals gestimmt. Wie bei Ibsens „Gespenstern“, so brach auch diesmal, bisweilen in einundderselben Zeitung, Krieg aus. Im Deutschen Tageblatt zogen zwei edle Ritter ins Turnier: Feodor v. Zobeltitz war dagegen, Ernst v. Wolzogen war dafür. Inzwischen hat sich Wolzogen unter den modernen deutschen Dramatikern hinter Gerhart Hauptmann einen ehrenvollen Platz erworben. Sein „Lumpengesindel“ kann als echte deutsche Komödie neben dem „Collegen Crampton“ bestehn. Schon darum verdient sein gutes Wort von damals Beachtung. Er schrieb:

Ich muß erklären, daß ich in Bezug auf die ästhetische Wertschätzung des Hauptmannschen Werkes einen wesentlich andern Standpunkt einnehme, als mein verehrter College F. v. Zobeltitz, der sich durch dessen krassen Naturalismus dermaßen abgestoßen fühlte, daß er mit dem jungen Verfasser gar schonungslos ins Gericht ging. Die Aufnahme, die dem merkwürdigen Werke von dem Kopf an Kopf gedrängten Publicum bereitet wurde, kann durchaus nicht als Ausdruck unbefangener ästhetischer Wertschätzung angesehen werden, denn auf den Gesichtern des weitaus grösten Teils dieses Publicums stand schon vor Beginn der Vorstellung die Hoffnung auf einen gehörigen Spectakel, die Absicht, sich einen „famosen Ulk“ zu leisten, deutlich geschrieben. Das alberne Lachen selbst während der so innig keuschen Liebesscene, der vorwitzige da capo-Ruf nach derselben und der oft gewis höhnisch gemeinte Beifall verrieten genugsam, weß Geistes Kinder diese Leute waren. Ebenso deutlich ließ sich aber auch erkennen, daß sehr Viele wider Willen durch die Kraft der Charakteristik und den überwältigend naturwahren Stimmungsgehalt vieler Scenen zu ehrlicher Bewunderung fortgerissen wurden. So ist es zu erklären, daß der erste, dritte und vierte Akt fast unbestrittenen, tosenden Beifall fanden, daß der

Vorhang nach jedem Akt vier, fünf, sechs mal aufgehen muste, daß auch der Dichter stürmisch gerufen wurde — es wollten doch auch die Feinde des Naturalismus den jugendlichen Uebeltäter von Angesicht sehen! Am Schlusse erst gebrauchten die Spaßvögel wie die ästhetisch Ergrimmten ihre Lungen zu lauten Pfui-Rufen, Pfeifen und Zischen — doch blieb auch hier der Beifall im Uebergewicht.

Wie wirkte nun dieser ganze Spectakel auf den jungen, stillen Dichter, der sich plötzlich aus seiner Verborgenheit, seiner Ungekanntheit ins grellste Tageslicht gerissen, durch Schmähungen auch in seiner Ehre verunglimpft sah, der nun plötzlich mitten im Streit, mitten in der Welt stand, dem nur die Wahl noch blieb, berühmt oder berüchtigt zu werden? Anscheinend trug er dieses sonderbare Schicksal getrost. Vielleicht war es ein Glück für ihn, daß er die Stimmungen, in die ihn sonst diese Hetze hätte treiben können, bereits vorher durchlebt und scheinbar überwunden hatte. Stellen im „Promethidenlos“ deuten darauf hin. Schon damals war er auf Streit gefaßt gewesen:

Beim Saitenspiele muß die Waffe blitzen,
Und weh dem Sänger, der den Frieden singt!
Auf seinem Schilde muß die Wahrheit sitzen,
Die er im Kampfe selbst dem Feinde bringt.

Er wuste schon vorher, wie weit der Weg, auf den ihn das Mitleid mit dem Elende der Welt sendet, vom Wege der Menge entfernt ist, die in einer Kunstanstalt vor Allem das sucht, was sie Vergnügen nennt.

Statt euch zu quälen, soll ich mit euch scherzen,
Indes im Innern mir die Stürme wüten,

Aus meinem Liede jeden Windhauch merzen.
Doch nein! Fahr hin, du traurige Umnachtung!
Der, dem ich singe, fordre meine Achtung.

Ihr Andern aber weicht von meinem Sange;
Er kennt euch alle und er scheut euch nicht.
Doch unter eurem Blick wird er zur Schlange,
Die ihre Gitter zischend mir durchbricht.
Nun ist das Lachen so bei euch im Schwange,
Daß ihr so lange lacht, bis sie euch sticht.
Das aber möchte gern mein Sang vermeiden,
Drum laßt mein Gleis von eurem Gleis sich scheiden.

Als der Dichter dieses schrieb, bedachte er nicht, daß ein solcher Weg der Einsamkeit am wenigsten dem Dramatiker vergönnt ist. Und auch als er sein Drama schrieb, vergaß er dies. Er schrieb es ohne jeden Gedanken an eine Bühne und an ein davor sitzendes Publicum. Er ahnte so wenig, wie seine nächsten Freunde, daß sich sofort eine Bühne bereit finden werde, es ihm vorzustellen. Er dachte nur daran, seinem Stoff die zweckmäßige Form, seinem Empfinden über den Stoff den zweckmäßigen Ausdruck zu geben. Der Dichter heischt Ergebenheit in seinen Willen:

Kein Doppelzwang bedrücke meine Stimme.
Ich fordere von eurer Lieb und Huld,
Daß sie auf meines Stromes Wellen schwimme
Durch regellose Ufer mit Geduld;
Und reiz ich wen zum Aerger und zum Grimme,
So liegt auf mir kein Schatten einer Schuld,
Denn meine Seele läßt sich nicht regiren,
Noch wie ein Schulpferd zur Parade führen.

An einer andern Stelle mahnt der Dichter des „Promethidenloses“ seinen Helden:

Wolan, geh deiner Prüfung nur entgegen!
Du wirst dein Kampfschwert bald zur Ruhe legen,
Und schmerzlich unter hartgeflochtnen Ruten,
Wenn nicht verbluten, so doch lange bluten.

Diese Prüfung schien der Dichter schon überstanden zu haben, bevor der Sonnenaufgangskandal losbrach. Mit herbem Humor hat ers vorausgefühlt, was all seine Gegner von ihm mündlich noch kräftiger sagten als in den Zeitungen:

Und da sie alle sich betroffen fühlten,
So kams, daß sie geheim ihr Mütchen kühlten.
An diesem Bürschlein, diesem jungen Laffen,
Dem Naseweis, dem Zänker und dem Affen,
Dem Schellennarren, jung und unerfahren,
Dem Aberwitz'gen mit den Semmelharen,
Der — nun der was? — der Tränen für die Armen,
Verkommnen hatte, und ein heiß Erbarmen.

Und dieser junge, „semmelblonde“ Verherlicher der Häßlichkeit und des Schmutzes sprach schon damals, schon 1885 das Wort aus, das vier Jahre später in jenem ganzen Zank der Vorurteile reinigend, verständigend, versöhnend hätte wirken müssen, das Wort, in dessen Ironie sich die Milde seines Zwecks und die Strenge der Mittel straff zusammenfaßt, das Wort vom „unmenschlichen Mitleid“:

Die also nun vereint zu festem Ringe
Beschlossen, ihm zu legen Garn und Schlinge,

Und ihn in corpore wie einen Sklaven
Für sein unmenschlich Mitleid abzustrafen.
Nichts ahnt Selin, drum hat er frisch gesprochen.
Ahnt denn der Bruder, daß er was verbrochen,
Und daß er rings von Feinden sei umlauert,
Weil er um den verlornen Bruder trauert?

Wären diese Verse nicht schon 1885 im Druck erschienen, so müßte man glauben, der Dichter hätte sie unter den Nachwehen des 20. October 1889 niedergeschrieben. Ebenso die folgenden:

Da keiner nun von allem was begriffen,
So griffen sie zu allbekannten Kniffen —
Sie brachten keine Gründe, Gott bewahre,
Sie taten närrisch, rauften sich die Hare,
Ergingen sich in unbestimmten Tönen
Und sprangen schließlich über zum Verhöhnen,
Weil es das Leichteste von allen Sachen:
Unfähigkeit verstecken unter Lachen.

Daraus entstand ein Streit. Man griff zum Schimpfen,
Zu diesen allbekannten Dummheitstrümpfen.
Man überlud den unerfahrnen Knaben
Mit diesen beißenden gemeinen Gaben.
Selin dagegen hieß mit Flammenblicken,
Sein eignes Schwert zum Kampfe sich beschicken.
Da aber riefen seiner Liebe Henker:
Er sei ein Friedenstörer, sei ein Zänker.

Von Selin heißt es dann weiter:

Selinens Brust ist, wie vom Blitz getroffen
Mit ihrem Sehnen, ihrem Tun und Hoffen.
Er martert sich und wälzt in trüben Qualen

Sich hin und her und fragt zu tausend Malen:
Ob er denn wirklich solch ein Unhold wäre,
Der nur der Menschen stillen Frieden störe.
Und wie's zu Ende geht, da wills ihn dünken,
Als sei er wert, im Meere zu versinken.

Nach dem 20. October 1889 hatte Gerhart Hauptmann kein solch verzweifeltes Bedünken mehr. Während Doctor Stockmanns compacte Majorität an seinem unmenschlichen Mitleid nur das Unmenschliche, nicht das Mitleid fühlte, flüchtete sich aus allem Zank und Lärm er „Friedenstörer“ hinter eine neue Arbeit, die er „Das Friedensfest“ benannte.

V.

Zwei Familiendramen.

Schon Anfang 1890 erschien „Das Friedensfest“ in der Zeitschrift Freie Bühne. Im Juni ward es im Verein Freie Bühne als letzte Vorstellung des ersten Spieljahrs aufgeführt. Es geschah an einem hellen Sommertage, der im grösten Contraste stand zu der trostlosen Winterstimmung des Dramas, das dem Publicum weniger Abscheu als Scheu einflößte. Bereits im November desselben Jahres las der Dichter in Charlottenburg sein drittes Drama vor. Es hieß mit einer Kakophonie im Titel und auch sonst nicht allzu bezeichnend „Einsame Menschen“ Ich hab es seither oft aufführen sehn; es sind in Berlin wie in Wien hervorragende Schauspieler darin aufgetreten; aber ich habe von dieser zarten Dichtung nie einen tiefern Eindruck empfangen als damals, wo der Dichter selbst sie vorlas. Das Werk erschien zu Neujahr ebenfalls in der Zeitschrift Freie Bühne und kam auch sofort im Verein Freie Bühne zur ersten Aufführung. Durch dieses Stück eroberte sich Gerhart Hauptmann schon große, vornehme öffentliche Theater. Adolf L'Arronge ließ es, freilich um den mittlern der fünf Acte grausam verkürzt, im Deutschen Theater, Director Max Burckhard ließ es im k. k. Hofburgtheater zu Wien aufführen.

Wer vom „socialen“ Drama „Vor Sonnenaufgang“ zu diesen „Familienkatastrophen“ gelangt, hat das Gefühl, aus Feldern, Hof und Garten ins Innre eines Hauses einzutreten. Dort war die Familie des Bauern Krause ein Typus; man sollte sich denken: wie bei Krauses, so geht es auch nebenan bei Müllers, drüben bei Meiers und hinterwärts bei Schulzes zu. Die vier Wände aber, in denen „das Friedensfest“ begangen wird, die vier Wände, in denen wir „Einsame Menschen“ leben, lieben und leiden sehn, umschließen ein eigentümliches, absonderliches Menschenschicksal. Hier wie dort drängen sich im engen Raum nur wenige Personen, sechs oder acht, an einander, auf einander und gegen einander. Gerade durch die Enge der Verhältnisse, durch Gleichartigkeit des Bluts bei Altersunterschieden entstehn Reibungen, Erbitterungen, Quälereien, die sich bis zur Unversöhnlichkeit, bis zur Verzweiflung steigern. Vor der landläufigen Durchschnittsauffassung scheint, allen Lebenserfahrungen zum Trotz, eine Familie der Außenwelt gegenüber immer als geschlossenes, harmonisches Ganzes dazustehn. Man pflegt von außen her ohne weitres vorauszusetzen, daß wie der Vater so auch die Mutter, wie die Mutter so auch die Tochter, wie die Tochter so auch der Sohn denken, fühlen und wollen. Der naiven Scheinheiligkeit dieses Dogmas tritt Gerhart Hauptmann noch gründlicher entgegen, als Ibsen und andre Darsteller moderner Familienconflicte.

„Einfach furchtbar," wie Doctor Schimmelpfennig von den Zuständen des Witzdorfer Bauernhofes sagte, sind auch im „Friedensfest" die Zustände der Familie Scholz. Auch hier waltet nicht die geringste Rücksicht auf irgend welche Schonungsbedürfnisse des Publicums und Schönheitsregeln stoffhuberischer Aesthetiker.

Der Vater und die beiden Söhne haben sich Jahre lang in der weiten Welt umhergetrieben. Sie konnten die Seelenlast, die sie an heimische Vorgänge drückend mahnt, nicht los werden. Zu Hause sitzen Mutter und Tochter. Beide quält die gleiche Last. Diese Selbstqualen arten in Zank und gegenseitigen Vorwurf aus. Jeder sucht im Andern die Schuld. Jeder ist bereit, sich gegen den Andern mit dem Dritten und dann wieder mit dem Dritten gegen den Andern zu verbünden. Und doch gelingt es Keinem, sich selbst ganz frei zu sprechen. Alle fünf verbeißen sich im Glauben an eine Schuld und fühlen nur dumpf, wie abhängig sie allesamt von heimlichen Gewalten sind, die in ihrem Fleisch und Blut leben, gegen die ihr Wille nicht ankann, in denen die Unabänderlichkeit ihrer Naturen besteht. So gewähren sie das jammervolle Bild von Fliegen, die sich im Spinnennetz zu Schanden zappeln. Der sogenannte „gute Wille" zum Familienglück, zum Friedensfest lockt sie oft genug. Hier schüttelt der Bruder dem Bruder die Hand. Hier schließt der Vater den Sohn in seine Arme. Dort hängt die Tochter am Halse des Vaters, und bald von dem, bald von jenem wird Mutterchen getätschelt. Aber immer wieder legt sich mit schwerem, unsichtbarem Druck eine Geisterhand auf diese langenden Seelen, und im Handumdrehn ist alles wieder beim schlimmen Alten. Unselige Menschen gehn hoffnungslos durch ihr Schicksal, das an ihre Familienart festgebunden ist. Ihr Fatum liegt ihnen wie eine Krankheit in den Adern, schleicht wie ein Bandwurm durch ihre Eingeweide, zehrt wie ein Fieber an ihren Knochen.

Der alte Vater ist schon nah am Ziel. Unverhofft kehrt er heim, um sich zu überzeugen, daß alles noch beim Selben ist, und unter dem Eindruck, Altes werde wieder neu, stirbt er. Die Mutter wird sich, wie bisher so weiter, durch ihr elendes Dasein quängeln, und in ihr beschränktes Gehirn wird sich die Frage: „Wer hat Schuld?“ so lange einbohren, bis auch sie sich und Andre nicht mehr umjammern kann. Der ältere Bruder geht verdrossen und cynisch an irgend ein gleichgiltiges Tagesgeschäft. Er wird leben, weil er ohne Hoffnung und ohne Achtung vor sich selbst, ohne Glücksgefühl und ohne Glückverlangen leben kann. Die Tochter, schon recht säuerlich, ein Geschöpf ohne Anmut des Körpers und der Seele, wird ganz versauern, und ihr dürftiges Herz wird den Trost finden: „Die Andern hatten Schuld“. Von Allen der Unglücklichste aber ist der jüngere Sohn. Denn er hat den freisten Blick, das zarteste Gewissen. In ihm liegen Keime zum Glücklichsein und Glücklichmachen. Was in der Natur der Eltern Gutes war, hat sich auf ihn gesteigert vererbt: geniale Züge des Vaters, die musikalische Begabung und Neigung der Mutter. Aber eben darum, weil er feiner fühlt als die Andern, ist auf ihn die schlimmste Erbschaft gekommen. Ihn quälen und reun knabenhafte

Verirrungen zumeist. Er ist der Einzige, der sich zu einer Tat moralischer Empörung aufgerafft hat, und auch diese Tat, edel in ihren Motiven, frevelhaft in ihrem Ziel, muß er bereun: er züchtigte mit eigner Hand den Vater, weil dieser die Mutter beschimpft hatte. Gerade in ihm wiederholt sich das Wesen des Vaters. An der Vergangenheit des Vaters sieht er das Bild seiner eignen Zukunft.

Es liegt in diesem jungen Menschen so vieles zur schönen Entwicklung bereit, so vieles, was nach Hilfe, nach Rettung ruft, daß es wunderbar wäre, wenn nicht auch Rettungsversuche angestellt würden. Zwei Frauenherzen sind ihm gut. Sie lieben sein zartes, feines, künstlerisch angelegtes Wesen; was dumpf auf ihm lastet, jenes Unheimlich-Heimliche glauben diese naiven Optimisten mit guten, sanften Händen wegstreicheln zu können. Er soll Frieden schließen mit den Seinen, dann wird alles wieder gut, wähnen diese lieben, weltunkundigen, in sich selbst zufriednen Seelen. Mit milder Gewalt leiten sie ihn am Weihnachtsabend zum Friedensfest ins Elternhaus zurück. Aber ihre Nächstenliebe ist machtlos. Mit Entsetzen sieht die Frau, die dem Geliebten ihrer Tochter mehr als schwiegermütterlich zugetan ist, wie sich ihr teures, reines Kind in fremde Schicksale gefährlich verstrickt. Den zappelnden Fliegen im Spinngeweb flattert ein junges Libellchen zu. Die kleine Ida Buchner handelt anders als Alfred Loth. Sein männischer Egoismus ließ lieben lieben sein und ging bei Zeiten aus der Luft, die er für verseucht hielt. Idas weibliche Hingegebenheit hängt sich, je kränker sie ihn findet, desto inniger an den Liebsten; und in dieser Situation müssen wir am Totenbett des Vaters, dem der Sohn so ähnlich wird, das junge Par verlassen. So wenig Hoffnung der Dichter gibt, so läßt er doch zuletzt die Frage offen, ob Idas starkem, demütigem Glauben an den Geliebten nicht doch das Rettungswerk glücken wird, das die kleinmütige Zweifelsucht der alten Mutter Scholz nicht hat vollbringen können. Vater Scholz ist dem Verfolgungswahn erlegen: schon gaukeln die Gespenster dieser Erbschaft auch um das Hirn des Sohnes. Wird es einer Frauenhand glücken, sie von dort zu verscheuchen? Der Dichter sagt weder Nein noch Ja.

Verneinen will er die Frage nicht, denn er traut der Frauenliebe viel zu und möchte hoffen. Bejahen aber kann er die Frage auch nicht, denn wenn heut und gestern bei sterblichen Menschen noch Glück und Friede war, wer kann wissen, ob nicht morgen schon die Gespenster wiederkommen? Die Menschenkenntnis moderner Seelendichter hält es mit dem alten Philosophen, der keinen vor seinem Tod glücklich pries. Wenn Hauptmanns „Friedensfest" zu seinem vierten Akt noch den oft begehrten fünften hätte, so müßte dieser fünfte Akt auf alle Fälle mit dem Tod der beiden Liebenden schließen. Denn, wenn er „glücklich" schlösse, so wäre das Ganze eine „Komödie" gewesen, oder es bliebe die Gefahr bestehn, daß in einem sechsten Akt das Glück doch wieder ein Ende hätte. In dieser Unsicherheit liegt bei solchen Familienkatastrophen von allem Tragischen das Tragischste. Kein noch so hoffender Blick in die Zukunft gibt die Gewähr, daß es immer so bleiben wird, und darum kann der Schluß jedes Dramas, das nicht mit dem Tode der Hauptbeteiligten endet, immer nur ein Abschluß des Vorhergegangnen, nicht ein Anfang des Kommenden sein.

Eine düstre und dicke Wolke liegt wie über den Vorgängen, so auch über den Gemütern in diesem Familiendrama. Der psychiatrische Eindruck waltet vor. Es ist kein Zufall, daß nahezu in derselben Zeit, wo er dieses Drama schrieb, der Dichter zugleich eine novellistische Studie aufzeichnete, die durchweg aus dem Psychologischen ins Psychiatrische hinübergreift und mit sichrer Hand das Wesen eines starken, eigenwilligen, aber schwer erkrankten Geistes gestaltet. Es ist auch kein Zufall, daß dieser „Apostel" gerade in Zürich seinem unvermeidlichen Schicksal, dem Irrenhaus entgegengeht; denn Zürcher Eindrücke, der Verkehr mit Forel und seinen Schülern, haben Gerhart Hauptmanns Interesse für anormale Geistes- und Seelenzustände gesteigert und durch Erfahrungen bereichert. Jener Apostel, der sich auch äußerlich vom Gros der Menschen unterscheiden will, der sich kleidet wie der Münchner Maler Diefenbach, der ein Gegner der animalischen Kost ist, der auf den einfachsten und reinsten Zustand der Natur auch die Sitten und Gewohnheiten der Menschen zurückführen will, sucht mit einer krankhaften, abnormen Begier das Natürliche und Gesunde, und je mehr er sich in diesem Streben von den Uebrigen getrennt sieht, desto mehr wächst ihm das Selbstgefühl; er dünkt sich wie Jesus Christus, und ihm ist vor seiner

Gottähnlichkeit nicht mehr bange. Wie hier den Größenwahn, so hat der Dichter im „Friedensfest" die Kehrseite des Größenwahns, den Verfolgungswahn geschildert, nicht wie dort in einem ausgeprägten, entwickelten klinischen Fall, sondern als das nahende Unglück, das, nur halb gefühlt und halb verstanden, wie eine gefürchtete Epidemie die Gemüter der Beteiligten umkreist. Wer der Kunstgestaltung das Psychiatrische weigert, handelt folgerichtig, wenn er, wie's die meisten ersten Kritiker Gerhart Hauptmanns taten, „Das Friedensfest" kurzweg ablehnt. Wer aber der Kunst das Recht zugesteht, die menschliche Seele und das menschliche Schicksal zu verfolgen, so hoch sie steigen und so tief sie sinken, der wird es nicht verwerflich finden, daß sich ein Dichter durch seinen Stoff genötigt sieht, psychologische Beobachtungen bis zu psychopathischen Schlußfolgerungen hinzutreiben. Und wer das gelten läßt, wird die strenge, herbe, ernste Form, in ders im „Friedensfest" geschieht, künstlerisch bewerten.

Aus den psychiatrischen Abgründen steigt Gerhart Hauptmann im nächsten Drama „Einsame Menschen" wieder zu der sogenannten normalen Gesundheit der Seelen empor. Aber so wenig wie die Natur in dieser monistischen Welt, so wenig gelangt der Dichter auch an das ideale Ziel solcher Normalität. Ein Nebelstreif aus jenem Abgrund hängt sich vor Allem an die Gestalt des Helden dieser neuen Dichtung, des jungen Forschers Johannes Vockerat. Wie Helene Krause in „Vor Sonnenaufgang", so endet auch er durch Selbstmord. Das Drama seines Lebens hat also den vielbegehrten „Schluß". Haben auf das Friedensfest in seiner strengern Orts- und Zeiteinheit, seiner festern Geschlossenheit, seiner Einheitlichkeit dumpfer, trüber Stimmung, der Unentrinnbarkeit seines Schicksals, der knechtischen Gebundenheit des menschlichen Willens, in seinem Fluch von Alters her Henrik Ibsens „Gespenster“ eingewirkt, so stehn „Einsame Menschen“ unter dem Einflusse von Ibsens „Rosmersholm“. Auch hier sind, wie in „Rosmersholm“ die Einheiten des Orts und der Zeit nur wenig gelockert. Aber es öffnet sich hier nicht, wie im „Friedensfest“ und in „Gespenstern“ blos der eine schmale Schicksalspfad, der durch Nacht und Nebel notgedrungen beschritten werden muß. Wie in „Rosmersholm“ so gibt es auch in „Einsame Menschen“ eine reichere Fülle von Möglichkeiten. In diesen spätern Werken der Dichter ist das Leben farbiger und weiter geworden. Freilich ist eben darum die Entwicklung der Vorgänge nicht mehr so zwingend, nicht mehr so überzeugend wie dort. Ibsen wie Hauptmann haben das Motiv der Vererbung jetzt zurückgesetzt. Die Macht der Körperlichkeit wirkt nicht mehr so stark. Dafür treten erworbene geistige Mächte hindernd und verstrickend in den Weg. Nicht mehr Familienblut, sondern Familiengeist führt durch Conflicte zum tragischen Ausgang. Die Menschen scheinen in ihrer geistigen Freiheit nicht mehr nur Sklaven sondern auch schon Schmiede ihres Schicksals zu sein, wenigstens Schmiedegesellen. Ein altes Thema der Weltliteratur, die Liebe zweier Frauen zu einem Manne, das, was der Ibsensche Cyniker im umgekehrten Fall „das dreieckige Verhältnis“ nennt, wird hier von einer wesentlich neuen Seite behandelt. Der Dichter legt die feinsten Nerven moderner Seelen blos. Es geschieht kein plumpes Unrecht; nicht das, was die zehn Gebote eine Sünde nennen; es sind lauter gute und anständige Menschen, die hier einander quälen bis auf den Tod. Der Zwiespalt liegt viel weniger in den Charakteren selbst, als in der verschiednen Auffassung des Lebens. Eltern und Kinder, Mann und Frau, ja sogar die beiden Rivalinnen haben einander von Herzen lieb, aber sie verstehn einander nicht. Und nur weil der durch Sohnespflichten, Gattenpflichten, Vaterpflichten an den engsten Daseinskreis gebundene Mann in seinen tiefsten Empfindungen und höchsten Ideen von einem fremden Mädchen gut verstanden wird, wächst ohne Rücksicht auf den Unterschied der Geschlechter eine Freundschaft auf, die dem kurzen Blick der Andern verdächtiger scheint, als sie ist. Aber erst die Furcht vor der Gefahr beschwört die Gefahr herauf. Erst das Warnzeichen weist auf den Abgrund. Ein nur durch sich selbst erklärliches Seelenbündnis wird vor den allgemeinen Sittencodex gestellt und verliert dadurch seine unbefangne Reinheit. Die Tugendwacht, die auch etwas Zionswacht ist, bläst Feurio, und erst dadurch, daß in die sanften Dämmerungen zweier Seelen ein brutales Licht getragen wird, steht alles in hellen Flammen. Erst als Herz von Herzen roh weggezerrt wird, fangen diese Herzen an zu bluten, und das eine bricht. Aber alles, was so roh, so brutal, so blind lärmend, so heimtückisch wirkt, ist aufs Beste gemeint; Liebe wird vernichtet durch Liebe. Diese dunklen Gewalten, die von Mensch zu

Mensch hinüberwirken, ohne böse Absicht, im besten Glauben, sogar im Namen Gottes, durchzittern die Dichtung.

Der Schauplatz der „Einsamen Menschen" liegt von dem „des Friedensfestes" nicht weit ab. Spielte „Das Friedensfest in einem imaginären Landhause auf dem Schützenhügel bei Erkner, so spielen „Einsame Menschen" in einer Villa zu Friedrichshagen. Von der Veranda übersieht man den Müggelsee. Aus der Ferne hört man bei günstigem Wind das Läuten der Bahnhofsglocke, das Pfeifen des Zuges. Ein junger, begabter, nicht unbemittelter Naturforscher, Johannes Vockerat, hat sich in diese nervenstärkende Ländlichkeit zurückgezogen, um sein Erstlingswerk über psychophysische Probleme abzuschließen. Wenn Zunftgelehrte einwenden, ohne Apparate und akademisches Laboratorium könne er ein solches Werk dort draußen gar nicht vollenden, so hat Gerhart Hauptmanns Bruder Carl in Schreiberhau das Gegenteil bewiesen.

Dort draußen am Müggelsee gebar Frau Käte Vockerat den Stammhalter. Vockerats Eltern sind von ihrem Gut aus Schlesien zur Taufe gekommen, die im Hause durch den alten Ortsgeistlichen vollzogen wird. Auch noch ein andrer Taufgast ist da, der Maler Braun, ein Studienfreund des jungen Vockerat. Kein größrer Gegensatz als zwischen ihm und den beiden Alten! Alle drei gute Seelen, stehn sie sich gegenüber wie „die liebe alte Zeit", an die man sich lächelnd erinnert, und die Verdrießlichkeit des Augenblicks, den man just erlebt. Die Alten gehn in herrnhutischer Lebensweisheit und

Lebensweise auf. Sie lieben die Welt um Gottes und Gott um der Welt willen. Ohne Muckerei, Starrheit und Duckmäuserei haben auch sie ihr irdisches Vergnügen in Gott. Sie beten und arbeiten und nähren sich redlich, freun sich aller guten Gaben dieser Erde und sind nicht ängstlich, auch mal auf einem dummen Witzchen oder sonstiger kleiner Weltlichkeit ertappt zu werden. Denn ihr lieber Gott ist ein leutseliger Herr, der den Gläubigen Eins durch die Finger sieht: freilich — merk dir das, Johannes — nur den Gläubigen!

Frisch, froh und fromm haben die alten Vockerats bei Gottes Wort und gutem Landschinken ihr einziges Kind erzogen, ihren Johannes. Aber dieser Knabe wuchs mit eignem Sinn in eine neue Zeit und in neue Gedanken hinein. Von Gerocks Palmblättern ging er über zum Darwindeuter Haeckel. Und in derselben Sphäre, wo das harmlose Faultier Braun ohne viel Federlesens ein platter Gottesleugner wurde, rang sich Johannes Vockerat in peinvollem Seelenkampf den Glauben der Väter vom Herzblut ab. Er ward ein gewissenhafter Evolutionist, der sich auf seinem angenommnen Standpunkt noch nicht heimisch fühlt und darum desto hitziger streitet, je weniger er in sich selbst sicher ist. Die Wunde blutet fort, da er sein Weib, ein indifferentes liebes Wesen, nahm und sein Kind bekam. Auch jetzt, wo er das Söhnchen nach dem Wunsche der Großeltern christlich taufen läßt, findet er zwischen Lebensgewohnheit und Weltanschauung keinen Ausgleich. Dieser Mangel an geistiger Ueberlegenheit und ethischer Freiheit verstimmt ihn selbst. Wie an seiner Stubenwand neben Priestern im Talar moderne Forscher hängen, so hängen in seiner Brust durcheinander anerzogne Gefühle und selbsterworbne Ansichten. Das wirft ihn in die wechselndsten Stimmungen: bald ist er weich bald hart, bald nachgiebig bald unduldsam. Hier auf dem Schreibtisch liegt sein geliebtes Geisteswerk, über das die noch geliebtere Mama den ehrlichen Altweiberkopf schüttelt; dort auf der Veranda hält diese Mutter eine Morgenandacht, gegen die sein Werk kämpft. Das macht den Reizbaren innerlich krank. Wer aber am tiefsten drunter leidet, ist die kleine, vom Wochenbett noch angegriffne Frau, die nur auf ihn sich stützt und mit der wankenden Stütze selber wankt.

Es ist Stickluft in dieser nur von guten Menschen bewohnten Stube. Wenn aber die Tür aufschlägt, wer weiß, ob der Zugwind beleben oder erkälten wird? Die Tür geht auf. Herein zieht im Herbstwind von ungefähr, wer weiß woher, ein fremder Gast. Man fand die Art des Dichters ungeschickt, wie hier ein unbekanntes Fräulein, eine Deutschrussin, die in Zürich studirt, plötzlich in diesen Familienkreis einfällt. Sie hat, auf der Durchreise aus den Ostseeprovinzen nach ihrer Universitätsstadt, in Berlin kurzen Halt gemacht. Ein alter Bekannter, jener Braun, soll Führer durch die Weltstadt sein. Da sie ihn in Berlin nicht findet, so sucht sie ihn im Vorort, und da sie ihn nicht in seiner Wohnung trifft, so läßt sie sich von der neugierig-geschäftigen Zimmerwirtin herüber nach der Villa Vockerat führen. Warum sollte das nicht geschehn? Tut nicht jeder mal auf Reisen einen kleinen Ausschritt, einen herzhaften Vagabondenstreich? Und vollends eine deutschrussische Zürcherin, warum sollte bei ihr nicht das gute Zureden der Friedrichshagner Waschfrau doppelt helfen? Ueberdies ist sie auf die Bekanntschaft des Naturforschers Johannes Vockerat ebenso begierig, wie dieser auf die Bekanntschaft der philosophiebeflissnen Anna Mahr. Denn Beide haben durch Braun viel von einander gehört und wissen sich im Dienst einer gemeinsamen Geistessache, die zugleich ihre Herzenssache ist. Kurz, Fräulein Anna ist nun einmal da! Sie bleibt zum Gevatterschmaus, sie bleibt über Nacht, sie bleibt tagelang, wochenlang. Sie hilft der Mama Vockerat in Hausgeschäften, sie schließt mit Frau Käte Dutzfreundschaft; mit Johannes rudert sie auf dem See, wandelt sie durch den Wald, durchprüft sie seine Arbeit, plaudert und discutirt sie. Er fand endlich einen Widerhall seines Innern und ist glückselig. Nicht nur sein Geist, auch seine Nerven erfrischen sich. Sein Herz aber schweigt noch. Beide denken nichts Schlimmes. Es bleibt bei „Fräulein Anna" und „Herr Doctor" auch im Zwiegespräch und in der Dunkelstunde, bis zuletzt. Und als sie eines Tages merken, daß Braun in den Bart brümmelt, daß Mama Vockerat die Stirne kraust, daß Frau Käte sich härmt, daß „die Leute schon darüber reden" — da sind sie schwer betroffen. Die Notwendigkeit einer Trennung zeigt ihnen erst, wie nah sie sich getreten sind. Und je angstvoller sies vor einander verbergen wollen, desto schmerzlicher brichts hervor. Der Mann wird reizbarer, launischer, ungemütlicher denn je; das Mädchen hält ihr tapfres Herz krampfhaft fest.

Aber auch sie kann nicht hindern, daß sichs immer schwerer und immer dichter über ihnen wölkt. Sie vermag nicht ganz ihre stürmische Brust der Gattin des Freundes zu verschließen, und dem kurzsichtigen Kleinmut der guten Mutter zeigen sich sündhafte Gespenster. Aus dem unrechten Glauben sieht diese „alte erfahrne Frau“ in der Bornirtheit ihres Herzens unrechte Werke kommen; sie ruft sich ihren Mann zu Hilfe, und die das Unglück verhüten wollen, führen es herbei. Der Argwohn der Andern erst bringt etwas Gefährliches in dieses Verhältnis. Aber Fräulein Anna geht nach einigem Zögern wirklich. Die Trennung besiegelt der erste und einzige, der „brüderliche“ Kuß. Das Mädchen geht, woher sie kam, ins ungewisse Weite. Wird ihr starker Sinn überwinden? Wer weiß es? Ihr Wille war freier in der Einsamkeit ihrer Seele. Der Wille des Mannes dagegen war gebunden an Verhältnisse, die ihn mit dem stärksten Kitt, dem Herzen, halten: durch Eltern, Weib, Kind. Und so kommt er, äußerlich getrennt von der geliebten Freundin, innerlich getrennt von seinen Nächsten, gebrochen durch Sehnsucht und Elterngram, in eine Seelenverfassung, die ihn zum Selbstmord treibt. Er stürzt sich in den Müggelsee. War das, wie Papa Vockerat deuten wird, der unerforschliche Ratschluß eines strafenden Gottes? Oder war es, wie Anna in der Ferne denken wird, der vom Kampf der heiligsten Empfindungen zerriebne Lebensnerv, den keine Willensfreiheit stählte? Der Dichter löst diese ewige Frage nicht; aber er zieht doch aus seinem Drama einen Schluß. Die kleine verlassene Frau, die Einfältigste von Allen, hat plötzlich die klarste Vorstellung, wie es kam. Ihre reine Neigung zeigt ihr plötzlich alles deutlich. Und in ihrer Herzensangst um den Verlornen, dem sie „nichts zu verzeihn hatte“, rafft sie sich zum ersten Mal zu einer entschlossenen eignen Meinung auf und ruft, doch wol mit des Dichters Stimme: „Mutter! Vater! Ihr habt ihn zum Aeußersten getrieben! Warum habt Ihr das gethan?“ Der Vorwurf kommt zu spät. Johannes liegt draußen im See.

Man hat dem Dichter in einer Art tadelnden Lobes nachgesagt, er sei mit dieser dritten Bühnendichtung, ein reniger Sünder, in die alten Gleise herkömmlicher Dramatik zurückgekehrt. Wirklich besteht eine Verbindung mit dem Herkömmlichen; sie liegt in der Charakteristik der schwankenden Hauptgestalt und in dem schon oft, hier freilich ganz neu behandelten Motive, das einen Mann zwischen zwei Frauen zeigt. Johannes Vockerat ist so wenig ein ganzer Kerl, ein fester Charakter, wie es bei Goethe Werther, Clavigo, Eduard sind, diese Ahnherren der modernen deutschen Roman- und Bühnenheldenschaft, der unheldischen problematischen Naturen. Und wenn sich gegen Johannes Vockerat der Vorwurf hebt, ihm fehle das geistige Maß für seine Tragik, erst große Geisteskraft gebe das Recht, einer schwachen Frau und frommen Eltern zu widerstreben, so träf' ein ähnlicher Vorwurf mit demselben Unrecht auch die schwankenden Gestalten Goethes, Gottfried Kellers und der Andern; denn bei ihnen hängt so wenig wie bei Hauptmann das Recht zur Tragik vom Grad intellektueller Fähigkeit ab. Mag der Geist des Johannes taugen oder nicht, seine Seele ringt in seinem guten

Willen. Wer kraftvoll genug ist, ans Ziel zu kommen, wird uralt und zufrieden wie Darwin und Fechner; abseits von aller Tragik legen sie sich spät zur wohlverdienten Ruhe. Aber wer sein hohes Ziel immer nur vom halben Wege sieht, kommt in Gefahr, sich zu verirren und zu verlieren. Goethe wurde glücklich und alt, Kleist ging unter. Und ob ein „zerbrochener Krug" von einem Goethe misachtet oder ob eine schwächliche Novellette des armen Heinrich Kana von einer gefühllosen Menge ausgelacht wird und deshalb den Verfasser zum Selbstmord treibt, gilt für die Seeleneindrücke der Betroffenen gleich. Diese Seeleneindrücke aber, nicht ihre zufälligen Ursachen schmieden das Schicksal. Darum soll man nach Johannes Vockerats Menschlichkeit, nicht nach seiner Wissenschaftlichkeit fragen. Je weiter der Abstand von Kraft und Wille, desto sichrer, daß in solchem Kampf zwischen Altem und Neuem, zwischen Erziehung und Erkenntnis zwischen Pflicht gegen Andre und Recht auf sich selbst daß in solcher allermodernsten Tragödie die schwankenden Uebergangsnaturen den Opfertod sterben.

In der Widmung des Buches erklärt Gerhart Hauptmann, er lege sein Drama in die Hände derjenigen, die es gelebt haben. Schon damit deutet er an, daß nicht alle, die es lebten, wie Johannes Vockerat, den Tod suchen. Die Meisten kommen mit blauem Auge davon; denn die Meisten trösten sich und überwinden, resigniren und kompromittiren. Aber unter Hunderten ist immer Einer, der dran glauben muß, der die Schlußfolgerungen seines Schicksals zieht. Das ist dann, so individuell und besonders sich dieses Schicksal auch gestalten mag, der typische Fall, das von der Natur statuirte Exempel, die große einzige dichterische Eins, welche all die vielen Zufallsnullen der Wirklichkeit hinter sich her führt und ihnen erst den hohen Nennwert giebt. Auch der sogenannte Naturalismus, sofern er poetische Rechte besaß, muste über die Nullen fort auf die große Eins losgehn. Das hat Gerhart Hauptmann von allem Anfang seiner steigenden Dichterkraft gefühlt und durch sein drittes Drama in freier Herschaft über die natürliche Kunstform erreicht.

Ludwig Speidel, die kritische Großmacht Wiens, rief in einem begeisterten Aufsatz über „Die versunkene Glocke" staunend aus: „Wer hätte gedacht, daß uns die blaue Blume aus einem Misthaufen wachsen werde!" Speidel sucht es damit zu rechtfertigen, daß er sich, wie so viele andre sonst Erleuchtete, bisher gegen den stärksten deutschen Dichter des jüngern Geschlechts ablehnend verhalten habe. Aber in „Einsamen Menschen", die sechs Jahre älter sind als „Die versunkene Glocke", und die Speidel einst spöttisch zurückgewiesen hatte, wo liegt da noch „der Misthaufen"? Den Dung, der im Haushalte der Natur nicht unersprießlich ist, hatte Gerhart Hauptmann schon in seinem Erstlingswerk aufgebraucht. In „Einsamen Menschen", aus dem Wiegenliede des kleinsten Vockerat, aus dem Abschiedsliede des fliehenden Mädchens konnte schon ein Ton „der versunkenen Glocke" herausklingen.

Mir gelten „Einsame Menschen" mindestens so viel wie „Die versunkene Glocke". Die Empfindung, die dort im blühenden Märchenkleid, im Wohllaut gebundener Worte üppig und glanzvoll daherrauscht, tritt hier schlichter, reiner, näher, menschlicher ans Herz. Die Verse und die Bilder des Märchendramas sind gewiß goldne Poesie. Aber Rhythmus und Phantasie tragen den, dem sie sich einmal geneigt haben, leichtern Flugs über sich selbst empor. Viel schwerer scheint es mir, und von Zeit zu Zeit ist es verdienstvoller, das Gold der Poesie in der Sprache des Lebens, in den Wesenszügen der Nächsten, in den Schicksalen des Alltags zu finden. Das ist dem Dichter „der versunkenen Glocke" in „Einsamen Menschen" schon sechs Jahre früher geglückt. Ohne sich den Hippogryphen zu satteln, ohne seinen Schritt metrisch zu beflügeln, trat er vor die Tür des eignen Hauses, ins eigne Gartenland, im Hausrock und ungespornt, und grub dort mit seinem Spaten das Schicksal ringender Menschen unsres Lebens ans Licht.

Hier wie dort, im Märchen wie im Leben, dasselbe Schicksal, aus ähnlichen Naturen geboren! Ein jüngrer Mann, der (Künstler oder Forscher) zu Höherm geistig aufstrebt, wird durch seine liebevolle, auch von ihm herzlich wieder geliebte Umgebung gewaltsam seinem Ziel entzogen. Seine Hausfrau bleibt nicht auch die Gefährtin seines seelischen Lebens. Ein andres Frauenbild tritt an ihn heran, aus einer fremden Welt, und öffnet ihm die Augen für weitere Fernen. In der Berührung mit ihr fühlt er sich seinem Ideal entgegenwachsen. Wär er frei, so würde sie sein guter Engel. Dem Gebundnen aber, dem Verpflichteten wird sie zum Dämon. Im Steigen, im Folgen stürzt er und geht zerrieben unter.

LANDHAUS IN SCHREIBERHAU

Wer von diesem gemeinsamen Grundmotiv aus beide Werke, das Märchendrama wie das Lebensdrama, ansieht, für den wird das Märchendrama nichts verlieren, das Lebensdrama viel gewinnen. Denn es ist leichter, an der Hand mythischer Ueberlieferungen störende Naturkräfte von außen her körperlich wirken zu lassen, als unsichtbare Mächte, die im eignen Busen walten, nur aus ihrer innern Seelenkraft heraus unkörperlich zur dramatischen Anschauung zu bringen. Sinnbilder, auch wenn sie einer Fabelwelt gehören, nehmen die Formen des menschlichen Leibes an und bringen so ihre eigne Plastik mit sich. Innre Zustände und Vorgänge der Seele, die dieses bequemen Hilfsmittels entbehren, bedürfen einer viel feinern, zartern Kunst, um verstanden und nachempfunden zu werden, einer Kunst, von der man mit Unrecht behauptet, daß sie nicht dramatisch sei.

Die Gewissensqualen Heinrichs des Glockengießers werden uns sehr deutlich, wenn ihm Nickelmann im Traum erscheint, wenn die Seelchen seiner Kinder den Krug mit Mutters Tränen zu ihm heraufschleppen. Einen so poetischen Spuk, einen so wundervollen Zauber durfte der Dichter seinen beiden einsamen Menschen, der Zürcher Studentin und dem Darwinianer, nicht aufbaun. Hier must' er sich seine poetischen Stimmungsmittel aus der Alltagswirklichkeit holen, wo sie schwerer zu finden sind, weil sie gekettet tief im Grunde der Seelen liegen, und nicht schon die äußere Situation sie verklärt. Hier werden die Menschentränen nicht im Krüglein gesammelt und über Berg und Tal getragen. Man muß sie einzeln in ihrer Verlorenheit blinken und perlen sehn; aber wer auch nur eine einzige davon erlauscht und wehmütig einfängt, den dünkt sie das Poetischste von allem; poetisch wie Tropfen Tau im Grashalm.

Eine solche Tautropfenpoesie zittert und schimmert durch „Einsame Menschen“. Wenn Anna Mahr „das dünne Hälschen“ der armen Frau Käte halb häßlich behöhnt, halb liebevoll vertröstet, und Kätchen der geistig überlegnen Rivalin antwortet: „Es hat nicht viel Gescheits zu tragen, Anna!“, wenn die unfrommen Arbeitsmenschen zwar die Wespe, aber nicht das Bienchen vom Frühstückstische scheuchen, so ist dies nicht minder poetisch, als Rautendelein, das elbische Wesen.

In der dramatischen Construction könnten hinter dem erstaunlich fest und knapp gefügten „Friedensfest“ her „Einsame Menschen“ als künstlerischer Rückschritt gelten. Wie unruhig und willkürlich in dem Friedrichshagner Gartenzimmer die Türen geöffnet und geschlossen werden, fiel mir am störendsten bei einer holländischen Vorstellung auf, wo die Sprache einige Schwierigkeit machte und durch das, was sich dem Ohr entzog, das Auge desto schärfer und achtsamer wurde. Ein Theaterroutinier, der auf Schlag und Gegenschlag sinnt, ist Gerhart Hauptmann noch immer nicht. Man schiebt das gewöhnlich auf Mangel an sogenannter Handlung. Auf diesen Vorwurf erwidert im Motto zum „Friedensfest“ der Dichter selbst mit Worten Lessings aus dessen Abhandlung über die Fabel.

So wenig die moderne Aesthetik mit Recht auf Definitionen ausgeht, so sehr sie sich gerade durch die Misachtung der Definition auch von Lessing unterscheidet, so möchte ich doch gegenüber dem Vorwurf der Handlungslosigkeit, der auch noch spätern Werken Hauptmanns gemacht worden ist, an Lessings Definition der poetischen Handlung nicht ganz vorübergehn. Handlung nennt Lessing „eine Folge von Veränderungen, die zusammen ein Ganzes ausmachen“. Zur Handlung genügt für Lessing nicht eine Veränderung, genügen nicht mehrere Veränderungen, die nur neben einander, sondern blos solche Veränderungen, die auf einander folgen. Wer von dieser Doctrin aus die beiden Familienkatastrophen Hauptmanns durchnimmt, wird finden, daß sie der Lessingischen Forderung entsprechen und im Sinne des großen Kritikers eine Handlung haben. Im „Friedensfest“ das Erscheinen der Buchnerschen Familie, die unerwartete Rückkehr des Vaters, die Rückkehr des jüngern Sohns, die Abbitte dieses Sohns und ihre seelische Einwirkung auf dessen physische Natur, die plötzlich aufwachende Sorge der Vaterliebe um das Leben dieses scheinbar gehaßten Kindes, das Heraufsteigen alter schlimmer Leidenschaften in Allen, der durch die Aufregung darüber entstandne Schlaganfall und Tod des Vaters, der Eindruck, den dieser Tod auf die drei Kinder macht, alles das ist ein Ganzes, in welchem die Veränderungen nicht nur zeitlich und räumlich, sondern auch ursächlich auf einander folgen. In „Einsamen Menschen“ fehlt es sogar an einer eigentlichen Vorgeschichte, wie sie im „Friedensfest“ erst analytisch herausgewickelt wird. Das völlig unerwartete, zufällige Erscheinen des fremden Fräuleins wühlt alles auf, was verborgen lag und wandelt alles um, was gewesen ist. Die Dinge verändern sich stetig und unaufhaltsam. Eins folgt unmittelbar aus dem Andern. Wie weit ist beispielsweise der liebevolle, heitre Papa Vockerat des Taufschmauses vom streng strafenden Vater entfernt, dessen heiliger Eifer den Sohn vernichtet! Und doch zieht sich von Einem zum Andern innerhalb derselben Menschenseele eine Kette natürlicher Folgen.

An der von Hauptmann herangezognen Stelle fragt Lessing: „Gibt es aber doch wol Kunstrichter, welche einen noch engern, und zwar so materiellen Begriff mit dem Worte Handlung verbinden, daß sie nirgends Handlung sehen, als wo die Körper so tätig sind, daß sie eine gewisse Veränderung des Raumes erfordern? Sie finden in keinem Trauerspiele Handlung, als wo der Liebhaber zu Füßen fällt, die Princessin ohnmächtig wird, die Helden sich balgen; und in keiner Fabel, als wo der Fuchs springt, der Wolf zerreißet und der Frosch die Maus sich an das Bein bindet. Es hat ihnen nie beifallen wollen, daß auch jeder innere Kampf von Leidenschaften, jede Folge von verschiedenen Gedanken, wo eine die andere aufhebt, eine Handlung sei; vielleicht weil sie viel zu mechanisch denken und fühlen, als daß sie sich irgend einer Tätigkeit dabei bewust wären. — Ernsthafter sie zu widerlegen, würde eine unnütze Mühe sein“.

Auch wir wollen uns diese Mühe nicht geben, alle

jene Zweifel, ob Hauptmanns Werke „wirkliche" Dramen, wirkliche „Theaterstücke" seien, ernsthaft zu widerlegen Aber mit dem vieldeutigen Wort Handlung ist in den letzten Jahren von der Kritik ein so arger Mißbrauch getrieben worden, daß ich doch darauf hinweisen will, wie wenig es in Hauptmanns beiden Familiendramen auch an jenen äußern „Veränderungen des Raumes" fehlt, die für Lessing durchaus keine Vorbedingung einer Handlung waren. Man denke z. B. im „Friedensfest" an die Scene, wo Robert Scholz unter dem Weihnachtsbaum Idas Geschenk zurückweist, und sein Bruder, der diese Verlegenheit für Gefühlsroheit hält, wütend auf ihn losfahren will. Man denke in „Einsamen Menschen" an die Scene, wo Johannes nach dem Abschied vom Fräulein zum See läuft, dann wiederkehrt, die Scheideworte schreibt und ins Boot rennt, den Tod zu suchen. Solcher äußerlich, räumlich, „materiell" bewegten Scenen gibt es in beiden Stücken genug. Aber darauf kann es blos Denen ankommen, die „mechanisch" denken und fühlen und von dem „inneren Kampf der Leidenschaften", der in beiden Stücken tobt, nichts merken. Wer von diesem Kampfe nicht ergriffen wird, den wird „Das Friedensfest" peinigen, den werden „Einsame Menschen", die allerdings von technisch unbeholfnen Retardationen und Wiederholungen nicht frei sind, ermüden.

Die nachhaltige Bühnenwirkung „des Friedensfestes" ist noch nicht erprobt worden. Denn außer der Berliner Freien Bühne hat nur noch Carl Heine in der von ihm geleiteten Leipziger Litterarischen Gesellschaft eine erfolgreiche Aufführung gewagt. „Einsame Menschen“ sind oft und in verschiednen Sprachen gegeben worden. Sie haben den Besten ihrer Zeit genug getan. Aber zu einer großen weltumfassenden litterarischen Tat sind auch sie noch nicht geworden. Das blieb dem nächsten Werke Gerhart Hauptmanns vorbehalten, das wie kein andres aus den starken Wurzeln seiner Kraft entstanden ist.

VI.

Die Weber.

Den Mahnruf des Schillerschen Attinghausen hat niemand bis hertreuer befolgt, als der Dichter „der Weber“. Aber wenn Attinghausen, der Politiker, mahnt: „Ans Vaterland, ans teure, schließ dich an,“ so hat sichs unser Dichter in sein eignes Gefühl umgesetzt. Für den Dichter ist das, was man im politischen Sinne Vaterland nennt, selten mehr als ein geographischer Begriff. Schiller selbst, der Lieblingspoet der deutschen Nation, verlegte den Schauplatz seiner großen historischen Trauerspiele, aus deren jedem glühende Vaterlandsliebe spricht, hinter einander nach Norditalien, Spanien, England, Frankreich, Süditalien, Schweiz, Polen, und nur ein einziges Mal, im „Wallenstein“, berührte er den Boden der deutschen Vergangenheit. Nicht im Vaterlande, sondern in der Heimat liegen für den Dichter die starken Wurzeln seiner Kraft, die ihn vermögen, den ganzen Weltraum zu umfassen.

Gerhart Hauptmann hat als Dichter an seiner schlesischen Erdscholle festgehalten. Er hat sich seit Jahren wieder in den Bergen der Heimat unter den Dorfbewohnern des Riesengebirges auf eignem Grund und Boden häuslich niedergelassen. So weit und so oft ihn der Wandertrieb auch in die Ferne zog, dort im grünen Tale von Schreiberhau ist sein Herd und sein Hof, sein Hort und sein Halt. So wird er auch als Dichter von manchen Ausflügen in Raum und Zeit immer wieder heimkehren. Im Sonnenaufgangsdrama hat er seine Landsleute nicht glimpflich behandelt. Aber nie ist von einem Dichter der Naturlaut des Heimatvolks treuer, inniger, liebevoller erlauscht worden, als von ihm. Uns allen hat er diese rauhen Töne mit ihren dumpf und dunkel ausklingenden Vocalen, ihren gepreßten Consonanten wert und vertraut gemacht. In beiden Familiendramen reden die Mütter, Mutter Scholz und Mama Vockerat, in mehr als einem Sinn des Dichters eigne Muttersprache. Bei der Diebin „des Biberpelzes", bei Hanneles Dorfgenossen, bei Rautendeleins Buschgroßmutter wird sich das Gleiche wiederholen. Aber in diesen kleinen, oft zufälligen, oft sogar eigensinnigen Abweichungen zum schlesischen Dialekt erschöpft sich nicht das Heimatgefühl des Dichters. Ihn ergriff auch die Tragödie seines Stamms. Den Weberenkel ergriff das düsterste Kapitel aus der socialen Geschichte seiner Provinz.

Vor hundert Jahren war sein Urgroßvater als ein armer Weber aus Böhmen über das Gebirg gegangen und hatte sich in Herischdorf bei Warmbrunn zur Handarbeit niedergesetzt. Von den vier Söhnen dieses Alten war auch Gerharts Großvater, Karl Ehrenfried, bis er 1813 in den Krieg zog, ein Weber gewesen. Als dieser bereits im Wohlstande war, wußte er aus frühen armen Tagen dem eignen Sohne Robert manches zu erzählen. Und Herr Robert Hauptmann hat dies alles seinen eignen Knaben weiter gemeldet. Der jüngste dieser Knaben horchte dann achtsam auf. Früh prägte sich seinem Gemüte das Mitleid ein mit diesem hundertjährigen Todeskampf ums tägliche Brot. In der Erinnerung an die alte Familienüberlieferung hat er darum sein Weberdrama dem Vater gewidmet.

Die Zeit dieses Dramas ist weder die gegenwärtige noch die, in der des Dichters Vorfahren hinter dem Webstuhl saßen. Sie liegt zwischen Heute und Dazumal. Das Drama ist „ein Schauspiel aus den vierziger Jahren". In den Schankstuben hängt noch das Bildnis König Friedrich Wilhelms des Vierten, und wenn der Dichter es im Oeldruck vor sich sieht, so ist das ein ebenso verbesserungsbedürftiger Anachronismus, wie wenn er den biedermeierisch gekleideten Bourgeois auf Gummirädern fahren läßt. Gummiräder und Oeldruckbilder gab es damals in schlesischen Weberdörfern noch nicht. Was es aber dort schon gab, das war die Not ums Brot. Diese Not war damals sogar am höchsten. Und daß Gottes Hilfe am nächsten sei, glaubten unter den armen Webern nur die, die für sich selbst bald den Himmel erhofften, die frommen Alten, zu denen vormals des Dichters Urgroßvater gehört haben mag.

„Die Weber" oder, wie das Werk in der eigentlichen und ursprünglichen Dialektausgabe heißt, „De Waber" sind ein geschichtliches Drama, dessen Stoff mit großer Treue aus historischen Quellen geschöpft ist. Ein wissenschaftlicher Forscher hat dem Dichter den Weg zu diesen Quellen geebnet. Dr. Alfred Zimmermann, ein aus der Schule Schmollers hervorgegangner Nationalökonom, veröffentlichte 1885 bei Korn in Breslau ein lehrreiches Buch über „Blüte und Verfall des Leinengewerbes in Schlesien". Es beginnt mit den Anfängen der schlesischen Dorfweberei, die noch vor dem dreißigjährigen Kriege liegen, und führt bis zu den Wirkungen des Zolltarifs von 1885. Es ist eine überaus sorgfältige, streng historische Darlegung des Materials, das nach seiner technischen, volkswirtschaftlichen und socialpolitischen Seite hin verarbeitet wird. Schon aus diesen wissenschaftlichen Erörterungen schaut von Zeit zu Zeit immer wieder dasselbe bleiche, spitznäsige, wundäugige, abgezehrte Menschenangesicht hilfesuchend hervor; eine magre, zittrige Menschenhand scheint langend sich auszustrecken. Es ist die Hand und das Angesicht des alten Weberelends. Alle Wandlungen der Zeit, weder das österreichische Regiment noch das preußische, weder günstige noch ungünstige Handelsverhältnisse, weder Zölle noch Verordnungen sind fähig gewesen, die Lage der Weber und Spinner anders als vorübergehend zu bessern. Immer wieder stand in den Türen dieser Armen die Not. Sie war das Erbe, das eine Generation der andern zurückließ. Und von den Vätern auf die stets erstaunlich zahlreichen Kinder vererbte sich auch die Geduld, mit der jene Not ertragen wurde. Nur einmal im Verlauf von dritthalb Jahrhunderten hob sich die Hand der Armut drohend zum Himmel, und auf den Zügen der Not zuckten Haß und Wut. 1844, im Sommer, kam es im Eulengebirge zum Weberaufstand. „D'r Mensch muß doch a eenzichts Mool an Auchablick Luft kriechen", läßt Gerhart Hauptmann einen alten Weber sprechen, der sich halb im Taumel dem Trotz der jungen Aufrührer angeschlossen hat.

Diesen Augenblick Luft, diesen Weberaufstand hat Alfred Zimmermann in seinem Buch ganz besonders ausführlich behandelt. Das Capitel liest sich trotz der ruhigen, sachlichen Darlegung wie ein socialer Roman. Schon in dieser wissenschaftlichen Behandlung wird man gerührt und gerüttelt wie von Zolas Germinal. Zimmermanns Schilderung der äußern Vorgänge beruht zum Teil auf den treuen und ruhigen Berichten, die sich damals die Vossische Zeitung von einem Augenzeugen, Dr. Leopold Schweitzer, aus dem Eulengebirge schicken ließ. Es gewährt ein eignes Interesse, in den beiden dickleibigen Bänden des Jahrgangs 1844 dieser Zeitung nachzustöbern, was aus Schlesien gemeldet wurde.

Ueber „das Blutgericht", jenes plötzlich aus unbekanntem, nie erkanntem Ursprung aufgetauchte Weberlied heißt es hier: „Es ist ein offenes Manifest aller der Klagen und Beschwerden, welche bis dahin nur verstohlen und leise von Mund zu Mund wanderten. In seinen größtenteils wohllautenden und regelmäßig gebauten Versen bricht sich eine drohende Verzweiflung, ein wilder Haß und Grimm besonders gegen das vierte, zuerst angegriffene Handlungshaus aus, welches man offenkundig zu immer höherem Reichtum und Glanze neben der steigendsten Not aufblühen sah. Dieses in jeder Beziehung merkwürdige

Document enthält neben der Schilderung der Trübsal und des Jammers auf der einen, und der Pracht und Ueppigkeit auf der andern Seite überraschend verständige Ansichten und Anschauungen. Das Lied eilte wie ein Aufruf von Haus zu Haus; es fiel als Zündstoff in die gährenden Gemüter". Wir finden in diesen Berichten auch eine Schilderung, wie man die Wohnhäuser der Fabricanten plünderte und zerstörte; Gerhart Hauptmann hat sich bei der Demolirungsscene im vierten Akt seines Dramas ziemlich genau an diese Schilderung gehalten.

Aber mit einer Wiedergabe der äußern Vorfälle nach Zeitungsberichten konnte sich der historische Forscher nicht begnügen. Um die Ursachen der Not und des Aufstandes festzustellen, muste Zimmermann Einblick in amtliche Aktenstücke gewinnen. Die Staatsarchive und statistischen Aemter haben seiner Arbeit zur Verfügung gestanden, und das Ergebnis ist eine scharfe, zuweilen vernichtende Kritik, die Zimmermann nicht nur an den Fabricanten, sondern noch mehr an den damaligen zuständigen Staatsbehörden übt. Verglichen mit der Darstellung des Historikers kommt im Drama des Dichters sowol der Fabricant als auch die Dorfpolizei noch ziemlich gnädig weg. Und in Hauptmanns Drama findet sich kein Zeichen der Not, kein Ausdruck der Klage, kein Zustand des Hungers und auch keine Aeußerung der Rebellion, die nicht geschichtlich belegt wären. So weit bei Hauptmann das Zuständliche, der Boden für den Aufruhr reicht, ließe sich die Fabel seines Dramas mit Zimmermanns Worten also wiedergeben: „In den meisten Dörfern waren die Leute allem Elend preisgegeben;

auf den Straßen spielten keine Kinder, sie mußten mit ihren schwachen Kräften den Eltern bei der Arbeit helfen. Selbst das Gebell der Hunde, das sonst in keinem Dorf fehlt, ertönte hier nicht. Man besaß kein Futter für sie und hatte die treuen Wächter als willkommne Nahrung verzehrt. Die Häuser waren nicht selten halb verfallen, oft fehlte ihnen selbst der Schornstein, und der Rauch suchte durch ein Luftloch einen Ausweg. In ihren Lumpen scheuten sich die Leute zur Kirche zu gehn. Fleisch sahen die meisten Familien nie, bei einzelnen kam ein halbes Pfund an den drei hohen Festtagen auf den Tisch. Es war ein frohes Ereignis, wenn ein Bauer der Familie etwas Buttermilch oder Kartoffelschalen schenkte. Ein alter Weber erzählte mit Freudentränen, daß zu seinem Glück in der Nähe zwei Pferde crepirt seien, die ihm und den Seinen eine Zeit lang Speise boten".

Diese Zustände entwickelten sich bis zur Unerträglichkeit, und weil der Bedrängte nirgend Recht konnt' finden, so griff er verzweifelt zur Gewalt. „Am 3. Juni 1844", erzählt Zimmermann, „zog ein Trupp Arbeiter unter Absingung des Liedes an Zwanzigers Etablissement vorüber. Der Fabrikherr, erzürnt, ließ einen der Leute ergreifen und übergab ihn der Ortspolizei. Umsonst forderten die Andern drohend die Freilassung des Gefangenen. Doch blieb alles ruhig bis zum Nachmittag des folgenden Tages. An demselben zog gegen 3 Uhr ein Haufe Menschen ganz still vor die Fabrik, warf mit Steinen die Fenster ein und drang durch dieselben in die Gebäude. Zwanziger und seine Leute flüchteten. Die Eingedrungenen begannen sofort alles, was sie vorfanden, zu zerschlagen und zu zerstören. Der Polizeiverweser des Dorfs war ohnmächtig gegenüber den Massen. Bei seinen Versuchen, Ordnung zu schaffen, wurde er sogar verwundet. Die Aufrührer hatten gegen 6 Uhr die Fabrik verlassen, um 8 Uhr aber waren sie, das Blutgericht singend, mit einer Fahne an der Spitze, aufs Neue erschienen. Ohne jedes Schreien und Lärmen, in tiefem Schweigen übten sie das Rachewerk. Man hörte nur das Krachen der zerbrechenden Möbel und Maschinen. Gegen 12½ Uhr des 5. erblickte man von Langenbielau aus den Haufen der Weber. Mit Blitzesschnelle strömten die Dörfler zusammen. Der bei weitem größere Teil nahm für die Ankommenden Partei. Eine Menge übelberüchtigter Subjecte und Fremder gesellte sich ihnen gleichfalls zu. Unterdessen waren gegen Mittag in Peterswaldau zwei Compagnien Infanterie aus Schweidnitz eingetroffen. Sie fanden Zwanzigers Fabrik als Ruine und leer vor. Der commandirende Major Rosenberger suchte die unzählbare Menge der Neugierigen möglichst zurückzudrängen und entsandte dann den grösten Teil seiner Schar nach Oberlangenbielau, von wo Boten über Boten seitens der bedrohten Fabricanten kamen. Um 2 Uhr traf auch Landrat v. Prittwitz in Peterswaldau ein und begleitete den Major nach dem Nachbarort. Die Volksmassen hatten sich ins Mitteldorf gegen die W. Dierig'sche Jaquardweberei gewendet. Als der Landrat hier eintraf, fand er das Haus von einer ungezählten Menschenmenge umringt, die scheinbar ganz ruhig war. Höflich machte man ihm

Platz. Auf seine Aufforderung aber, auseinanderzugehen, wurde ihm stets geantwortet: Das könnten sie nicht eher, als bis der Fabrikbesitzer höhere Löhne verspreche. Wilhelm Dierig hing nun eine Tafel aus, auf welcher die Worte standen: Ihr sollt alle befriedigt werden. Major Rosenberger kam mit dreißig Mann der Schutzwache zur Hilfe und forderte die Leute laut auf, sich zu zerstreuen. Niemand gehorchte, die Worte des Offiziers wurden verlacht. Der Major wiederholte mit lauter Stimme seine Aufforderung und drohte, schießen zu lassen. Doch diese Drohung bewirkte nur, daß die Aufrührer stürmisch gegen die wenigen Soldaten mit Knütteln losdrängten. Die Soldaten feuerten über die Köpfe der Anstürmenden. Das erbitterte die Weber erst recht. Sie überschütteten die Truppen mit einem Steinhagel. Nun feuerten diese scharf in die Massen und verwundeten und töteten eine Anzahl der Angreifer. Der Steinhagel gegen die Soldaten dauerte fort und der Angriff gegen das Gebäude wurde immer heftiger. Mehrere neue Salven schüchterten die Leute nicht im mindesten ein und der Major entschloß sich daher zum Abzug. Begleitet von Steinwürfen, begab er sich mit seinem Häuflein nach Peterswaldau zurück. Zwei Unterofficiere und ein Gemeiner waren durch Steine ziemlich erheblich verletzt. Das preisgegebene Gebäude wurde nun im Augenblick erstürmt und gründlich zerstört. Elf Personen waren durch die Schüsse getötet, mehr als zwanzig verwundet worden".

Der Aufstand war nichts andres gewesen als ein Augenblick des Luftschöpfens. In einem knappen, herben

Satze stellt der Geschichtsforscher das Ergebnis fest: „Der Mut der Weber war ebenso plötzlich erloschen, als er aufgeflammt war, geduldig fügten sie sich wieder in ihr altes Elend“.

Diese Vorgänge und dieser Ausgang lagen dem Dichter als Rohstoff vor. Ein Volksbefreiungsdrama, wie Schillers „Tell“, konnte er aus diesem Stoff ohne Verletzung der historischen Treue nicht schaffen. Einem Tellschuß, der in dieser besten der Welten alles zum Besten wendet, hätte unter den schlesischen Webern sowol der Schütz wie das Ziel gefehlt. Die Flinten preußischer Soldaten schossen ein par armselige Hungerleider aus der Welt; dann blieb alles beim Alten. Der Dichter konnte daher den dramatischen Entwicklungsgang nicht in der socialpolitischen Action finden. Er muste ihn anderswo suchen. Er fand ihn im menschlichen Schicksal. Man hat „Die Weber“ ein Drama ohne Helden genannt. Man könnte sie dafür ein Schicksalsdrama nennen. Nicht ein romantisches, sondern ein modernes Schicksalsdrama. Dieses Schicksal schreibt nicht aus höhrer gespenstischer Willkür dem Einzelnen seine unabänderliche Bahn vor, sondern es bändigt und bricht mit Naturgewalt die freie Willenskraft einer Gesamtheit. Durch diese Gesamtheit geht vielgestaltig und wandelbar ein geisterhafter, tragischer Held: als seien alle diese spitzen, abgemagerten Weberprofile mit dem Blick auf ihre gemeinsame Not nach einunddemselben Ziel gerichtet; als würfen sie auf das Land ihres Jammers gemeinsam einen einzigen Riesenschatten, das große Profil des Webertypus.

Ergriffen von der inwendigen Gewalt des Dramas suchte einer seiner vornehmsten Kritiker, Friedrich Spielhagen, für seine Ergriffenheit nach einem conventionellen Kunstausdruck und rief: ihr sucht einen Helden? Ich habe den Helden! Der Held ist die Not! Aber ein solches Abstractum pro concreto ist doch nur im eigentlichen Sinne des Worts ein Notbehelf, eine rhetorische Figur. Auf jene Frage nach dem Helden antworten wir vielmehr: der Held ist das Webervolk, das wahrlich wie ein Held leidet, streitet und fällt.

Der dramatische Held im alten ästhetischen Verstand ist eine überragende Persönlichkeit, die durch ihren eignen Sinn und Willen mächtig auf die Welt wirkt, die Welt mit sich zieht und dann im Uebermaß des Wagens entweder siegt oder untergeht. Was soll ein solcher Kraft- und Einzelmensch in einem Herdenvolk, das immer nur durch dieselbe Not des Lebens geleitet ist, und dem sein Arbeitkittel zur Zuchthausjacke wird? Das ist kein Boden, auf dem sich Individualitäten bilden können. Hauptmann wollte nicht einen Einzelnen zeigen und auf ihn als Paradigma für die Andern hinweisen, sondern er ist gründlicher. Er führt von Hütte zu Hütte. Er zeigt überall dasselbe Elend.

Und doch sieht er in jedem dieser Weber auch das besondre Geschöpf; aus zahllosen kleinen Individuen, die sich auf verschiedne Körper verteilen, setzt sich ihm der Volkstypus, der Weberheld, zusammen. Im alten Vater Baumert klagt und weimert, im alten Vater Hilse betet und arbeitet dieser Weberheld. Im roten Bäcker flucht er und schlägt drein, im jungen Hilse schwankt er zwischen Pflicht und Selbstbefreiung, und im entlassenen Reservemann Moritz Jäger, der sich in der Welt auskennt, steigt der trotzige Uebermut in ihm auf. Sein Heldentum überschlägt sich. Durch die vielgestaltige Seele dieses Leidensheldentums zieht weckend und werbend die Macht jenes Liedes, das sagt, wie groß ihr Leiden ist. Wie eine Flamme springt das Lied von Dach zu Dach, von Hirn zu Hirn, und endlich lodert das ganze Land in der Feuersbrunst. Doch die Flammen des Aufruhrs werden niedergetreten. Am Webstuhl des frommen Greises, der seine Not zum Himmel schrie, aber auf Erden von keiner Blutschuld beladen sein wollte, stirbt betend und arbeitend der Weberheld. Vor dem Erschossenen steht fragend, im bangen, ahnenden Zweifel verzagt aufschluchzend ein unschuldiges Kind. Es verstummt vor der halb verstandnen Größe dieses Ahnenschicksals und zögert, den Weg in die Zukunft, den alten Weberweg weiterzugehn.

Wenn dieses kleine Mielchen Hilse damals wirklich gelebt hätte und noch heute nicht gestorben wäre, so würde sie jetzt eine Frau von sechzig Jahren sein. Sie müßte sich heute sagen, daß seit Großvaters Zeiten in Langenbielau so manches, wenn nicht besser, doch anders geworden ist. Aus den Handwebern sind zumeist Fabrikarbeiter geworden, die in festen Backsteinbauten einkasernirt sind. Wer heute durch die beiden Hauptdörfer wandert, merkt auf den ersten Blick nichts mehr vom Notstand eines bestimmten Gewerbes. Wie zwei meilenlange schmale Zeilen recken sich diese Dörfer, Langenbielau und Peterswaldau, von den Vorhügeln des Eulengebirgs unabsehbar in die weite, wald- und bergumsäumte Ebene herunter, aus deren Mitte die schlanken weißen Türme des alten malerischen Städtchens Reichenbach aufsteigen. Durch beide Riesendörfer fließt ein murmelnder, grünumbuschter Gebirgsbach, der von der Hohen Eule her die Weistritz sucht. Rechts und links von diesen freundlichen Bächlein ist je eine Häuserstraße angebaut, die streckenweis höchst vornehm und großstädtisch wirkt. Prächtige Villen der Fabricanten und Fabrikdirectoren, inmitten alter schöner Parkanlagen, davor stolze Blumenboskets erinnern an einen eleganten Badeort. Der Contrast hierzu, die elende Weberhütte, fehlt heute schon fast ganz. Erst wenn man oberhalb Peterswaldau höher ins Gebirg hineinsteigt, und wenn sich hinter einem wildromantischen Waldgrunde der Blick auf die weit und breit über das Hügelland vereinzelten Strohdächer von Kaschbach öffnet, merkt man, daß in diesen verlassenen, öden Sitzen noch die Armut kauert. Hier könnte man wol noch heute dem Vater Baumert begegnen, dessen ausgehungerter Magen kein gebratnes Hundefleisch mehr vertragen kann, oder seinen abgemagerten Töchtern oder den kleinen Barfüßchen seiner unehelichen Enkel. Aber ob Vater Baumerts Enkel heute noch Weber sind? Ob sie nicht vielmehr südlich von ihren Heimatbergen im Waldenburger Kreise die Kohle muten? Wer durch jene drei Dörfer wandert, die den Schauplatz des Dramas bilden, durch Peterswaldau, Kaschbach, Langenbielau, hat nicht den Eindruck, dem Weberhelden ergeh es jetzt besser, sondern er hat den Eindruck, der Weberheld sei ausgestorben.

Dennoch hat man das „Schauspiel aus den vierziger Jahren“ mit der Gegenwart in Beziehung gebracht und ihm vorgeworfen, es predige den Aufruhr, es reize die unbefriedigten Massen zur Empörung gegen Recht und Gesetz, es sei umstürzlerischer Tendenzen voll. Derartige Einwände, die häufig zu polizeilichen Verboten der Theateraufführung verleitet haben und durch eine weise Entscheidung des königlichen Oberverwaltungsgerichts vom 2. Oktober 1893 widerlegt werden mußten, sind immer nur aus dem Stoff heraus begründet worden. Niemals konnten sie einen Anhaltspunkt in der künstlerischen Gestaltung finden. Was aber den Stoff betrifft, so sei nochmals auf das historisch objektive Werk Alfred Zimmermanns hingewiesen. Consul Zimmermann steht im diplomatischen Reichsdienst, sein Buch ist dem staats- und königstreuen Professor Gustav Schmoller gewidmet, ein conservativer Zeitungsbesitzer hat es verlegt, königliche Behörden versorgten es mit Material. Niemals ist diesem historisch-kritischen Werk eine aufrührerische und umstürzlerische Tendenz nachgesagt worden. Ohne viel drüber nachzudenken, stellte man es wie jedes andre Werk freier Forschung unter den bekannten Verfassungsparagraphen: „Die Wissenschaft und ihre Lehre sind frei“. Sollte nun, was der Wissenschaft recht ist, der Kunst nicht billig sein? Sollte der Künstler, der Dichter nicht genau so wie der Forscher das Recht haben, ohne viel nach Widerhall und Tendenz zu fragen, einen historisch beglaubigten Vorgang historisch treu darzustellen? Sollte Gerhart Hauptmann, der schlesische Weberenkel, auf die künstlerische Formulirung eines Stoffes verzichten, der ihm seit seinen frühen Kindheitstagen aus den Erzählungen des eignen Vaters ans mitleidvolle Herz gewachsen war? Nur deshalb darauf verzichten, weil seine historisch treue Darstellung dieses Stoffes zu aufreizenden Vergleichen mit der social bewegten Gegenwart unliebsamen Anlaß geben könnte? Das hieße, dem Adler den Fittig stutzen!

Zum Entstehn „der Weber" hat gewis auch die Gegenwart das ihrige beigetragen. Familienüberlieferungen und Heimatbeziehungen hätten nicht hingereicht, gerade diesen Dichter gerade an diesen Stoff zu ketten. Die Not der Zeit erst lehrte ihn die Not jener Vergangenheit ganz verstehn. Denn wo war je der Dichter, der sein Höchstes nicht aus dem Nächsten gezogen hätte? Aber wo stehts geschrieben, daß derjenige, der ein mitfühlendes Herz für das Elend armer Menschen hat, in unsrer Zeit durchaus Anhänger einer bestimmten politischen Partei, einer bestimmten socialistischen Richtung sein müsse? Einer der ersten, die damals gegen die Staatsregierung für die Weber eintraten, war Gustav Freytag gewesen. Und einer derer, die sich von diesem Elend durch den Augenschein überzeugten und dadurch der Regierung unbequem wurden, war Rudolf Virchow. Sie sind beide so wenig Socialdemokraten wie der kaiserliche Consul Alfred Zimmermann; und von der alten Sieblebner Dichterexcellenz steht es fest, daß sie für die Poesien des schlesischen Landsmanns Gerhart Hauptmann unvergleichlich stärkere Sympathie empfand, als etwa der Socialdemokrat Liebknecht.

In „den Webern“ gibt es kein einziges Wort, das irgend einer bestehenden Partei das Recht gäbe, den Dichter auf ihre Fahne einzuschwören. Es findet sich auch kein Wort, das aus dem Zwange der Situation herausfiele und von der Person des Dichters gesprochen wäre. Als das Stück auf der Neuen Freien Volksbühne vor einem Berliner Arbeiterpublicum aufgeführt wurde, beobachteten mein Logennachbar, der Burgtheaterdirector Burckhard aus Wien, und ich mit gröstem Interesse, wie wenig grade dieses Publicum von den Vorgängen unmittelbar erregt wurde. Erst im dritten Akt bei einigen Malicen gegen die Polizei wurde die lang vergeblich erhoffte „Tendenz“ unter Heiterkeit begrüßt, und erst die Demolirung am Schluß des vierten Akts tat ihre unmittelbare Schuldigkeit. Aber grade dieses Publicum schien die zündenden Schlagworte zu vermissen, die Brandreden, deren unverblümte Wörtlichkeit auf die Massen weit stärker wirkt als eine plastische Darstellung menschlicher Vorgänge.

Der Dichter verschwindet hinter dem Kunstwerk. Nur darüber kann Streit sein, ob dieses Werk wirklich ein Kunstwerk, ein Drama ist. Ein Kunstwerk ist ein Werk, das in sich eine Welt in bestimmter Form umschließt. Von „den Webern“ wird man in ihrer ganz besondern Form dasselbe sagen dürfen, was Karl Werder von Lessings „Nathan“ sagte, den die Schablonenästhetiker auch nicht in ihr Schema einzuzwängen wusten. Auch „Die

Weber“ haben ihre eigne Aesthetik, sie sind „ein Werk sui generis“. Wie der „Nathan“ nicht durch seine Tendenz, sondern durch seine dichterische Größe etwas zu bedeuten hat, so wird es auch mit „den Webern“ sein Ein Drama aber ist eine Dichtung, die auf der Bühne wirkt. Diese Wirkung haben „Die Weber“ in höherm Grad erreicht als irgend ein andres Werk der neuern deutschen Litteratur.

Im Deutschen Theater zu Berlin sind „Die Weber“ seit dem 25. September 1894 binnen dreier Jahre mehr als zweihundert Mal aufgeführt worden. Schon im Februar 1892, als sie eben beendigt waren, hatte sie der frühere Director dieser bedeutendsten deutschen Bühne, Adolf L'Arronge, zur Aufführung angenommen. Aber so lang er werktätig am Ruder stand, konnte in Berlin das Polizeiverbot vom 3. März 1892 nicht rückgängig gemacht werden, und so blieb es wieder einmal dem Verein Freie Bühne vorbehalten, am 26. Februar 1893 ein wuchtiges Hauptmannswerk aus der Feuertaufe zu heben. Als dann Otto Brahm die Leitung der Freien Bühne mit der Direction des Deutschen Theaters vertauschte, konnte er auf selbst gemauertem Grunde weiter baun. Der große Berliner Erfolg mag dadurch noch verstärkt worden sein, daß das Drama immer wieder zum Gegenstand öffentlicher Streitigkeiten wurde und das „actuelle“ Interesse immer neue Nahrung fand. Bald gab das Stück den Anlaß, daß dem Besitzer des Deutschen Theaters das Abonnement auf die königliche Hofloge gekündigt wurde; bald eiferte im Abgeordnetenhause der Staatsminister v. Köller gegen die Umsturztendenzen des Stücks, ohne daß diesem unlitterarischen und kunstfremden Standpunkt einer unsrer Landboten nach Gebühr entgegengetreten wäre; bald kam aus einer oder der andern Provinzstadt wieder mal die Nachricht von einem neuen Polizeiverbot, das stellenweise, z. B. in Tilsit, zu wilden Beamtenkriegen Anlaß gab. Aber die Hauptwirkung lag doch im Drama selbst, das seine Kraft nicht versagte, auch als sich die Aufführung im Deutschen Theater mit der Zeit verschlechterte.

Es ist wahrhaftig keine Kleinigkeit, eine gute Weberaufführung zu Stande zu bringen und in Stand zu halten. Schon deshalb hat sich manche Bühne vor dem Stück gescheut. Gegen fünfzig Personen treten auf. Mehr als die Hälfte davon gibt schauspielerische Aufgaben ersten Ranges zu lösen. Jeder einzige Akt fordert ein Interesse für neue Gesichter und neue Wesen. Der Gang der Handlung steht bisweilen, besonders im dritten, dem Wirtshausakt, still, und die Teilnahme beschränkt sich allein auf das charakteristische Bild des Dorflebens, auf ein Milieu, entstehend aus Gestalten. Auch aus den vom Regisseur Cord Hachmann trefflich geleiteten Vorstellungen der Freien Bühne und des Deutschen Theaters bleiben dem Gedächtnis nur wenige Gestalten haften, die, der Dichtung treu, lebendig wurden. Vor allen andern sind dies der herzhaft-frische Jägermoritz Rudolf Rittners, der von Todesangst gepeinigte Expedient Pfeiffer des Herrn Hans Fischer und der später oft übertriebne, ursprünglich erschütternd lebenswahre Hungerleider Baumert des Herrn Paul Pauli. Dagegen hat weder der fromme, seine Not zum Himmel schreiende Vater Hilse, noch der dumpfe alte Ansorge, dem die lang verhaltene Rachewut zu Kopf gestiegen ist, noch der Schmied Wittig, der wie Tell seine Sache stark und allein führt, bisher den ebenbürtigen Darsteller gefunden. Und auch Rosa Bertens war als das Weib, das zur Hyäne wird, in ihrer viel bewunderten, stets stark wirkenden Leistung doch mehr Bravourpetroleuse als verzweifelte schlesische Webersfrau, mehr Luise Michel als Luise Hilse. Unsre Schauspieler werden erst allmählich in einer Kunst heimisch werden, die von ihnen vor allem das Talent des Individualisirens fordert, ein Talent, das für jeden Schauspieler die Grundlage seines Berufs sein sollte. Denn wenn schon unsre Aesthetiker streiten mögen, ob für ein Drama Handlung oder Charakteristik das Wichtigere sei, so muß es für den Schauspieler zweifellos sein, daß er nicht Handlungen, sondern Persönlichkeiten darzustellen hat. Mit der Faust auf den Tisch kann Jeder schlagen, der eine Faust hat und einen Tisch. Aber nur wenigen ist es gegeben, die Geheimnisse ihres Empfindens, ihres Denkens, ihrer Wünsche verratend doch nicht zu verraten, den „innern Kampf der Leidenschaften", wie Lessing sagt, verbergend dennoch mitfühlen zu lassen.

VII.

Zwei Komödien.

Als Gerhart Hauptmann im Herbst 1891 „Die Weber“ nach Berlin brachte, besuchte er hier im Barnayschen Theater eine Vorstellung des Molièrischen „Geizigen“. Unter dem starken Eindruck dieser tragikomischen Figur drangen alte Pläne, alte Bekanntschaften wieder auf ihn ein. Es nahte sich ihm wieder eine schwankende Gestalt, die früh sich einst dem trüben Blick gezeigt hatte. Er reiste spornstreichs in den Schnee seiner Berge zurück und dichtete in wenig Wochen die fünfaktige Komödie vom „Collegen Crampton“. Als sich Ende der achtziger Jahre unter Ibsens Einfluß nicht am wenigsten durch den tätigen Anteil Gerhart Hauptmanns unser modernes Drama wieder auf den Ernst des Lebens besann, als es dem Versgeklingel der Schillerepigonen, den koketten Tändeleien des Feuilletonwitzes, den platt unsinnigen Requisitenspäßen wieder starke Eingriffe ins volle Menschenleben, Werke aus der Kraft deutscher Natur entgegenstellte, da begab sich das Merkwürdige, daß während wehleidige Schöngeister und autoritätbefangne Philister über den frevlen Abfall von „classischen Ueberlieferungen" jammerten oder zeterten, grade einige große starke Dramatiker der Vergangenheit sichtlich im Werte stiegen. Shakespeare fühlt sich in der Nähe Ibsens und Hauptmanns wahrlich wohler, als in der Nähe theatralischer Afterkünsteleien. Werke, wie Goethes Stella und Goethes Tasso, werden von den feiner unterscheidenden Nerven neurer Psychologie in ihrem dramatischen Wert tiefer erkannt, als von denen, die auch im Dramatischen nicht zunächst das Menschliche suchten. Keinem „Modernen" fällt es mehr ein, gegen das Weimarer Doppeldenkmal, wie einst Gutzkow tat, in zorniger Eifersucht die Faust zu ballen.

Keiner aber unter „den Alten" ist durch die moderne, auf Kraft und Wahrheit gerichtete Strömung des deutschen Dramas rascher und stärker wieder zu seinem Recht gekommen, als Molière. Während das jüngere Pariser Sittendrama Dumas' und die immer roher werdende Sensationseffecthascherei Sardous bei uns abstanden und schimmelten, stieg verjüngten Zaubers der alte Meister des classischen französischen Lustspiels leuchtend wieder auf. Kein rebellischer Moderner, sondern ein Verhöhner Ibsens und Hauptmanns war es, der 1882 nach einer Tartüffaufführung der Berliner Hofbühne in die Theaterkritik des Berliner Tageblatts neckisch schrieb, ein Stück, bei dem sich der Lauscher unter den Tisch verstecke, sei heute, d. h. in den aufgeklärten Tagen „des Probepfeils" und des „Tropfens Gift", nicht mehr erträglich. Inzwischen hat ein Mitbegründer der Berliner Freien Bühne, Ludwig

Fulda, nicht nur den Tartüff, sondern auch andre Versstücke Molières in deutsche Reime umgedichtet, und diese graziöse Sprache hat einen noch modernern Dichter, Hermann Sudermann, dazu begeistert, in demselben Stil sein Reimspiel „Das Ewig Männliche“ zu verfassen. Molières „eingebildeter Kranker“, seine „gelehrten Frauen“ sind mit all ihren derbnaturalistischen Wendungen Zugstücke der Hoftheater geworden, und eine keineswegs hervorragende Aufführung „des Geizigen“ trieb den Dichter „der Weber“ in sein Gebirgshäuschen zurück und gab ihm die Stimmung für eine Komödie, die mit „dem Geizigen“ manche technische Verwandtschaft hat. Hier wie dort eine überragende Hauptperson, um deren moralische Schwäche sich alles übrige dreht. Hier wie dort mitten aus komischen Situationen ein kühner Zug in die Tragik der menschlichen Seele. Denn hier wie dort nicht zu weit von Narretei und Torheit das drohende Gespenst des Wahnsinns! Dort freilich im Mittelpunkt des Ganzen ein menschlicher Typus, der nur von einer einzigen, ebenso lästerlichen wie lächerlichen Charaktereigenschaft beherscht wird, hier eine menschliche Natur, die in ihrer individuellen Vielfältigkeit lebt. Dort eine moralische, hier eine psychologische Komödie.

In der Kunstschule einer großen Provinzialhauptstadt (die Dienstmänner dort reden den schlesischen Dialekt) hat Professor Crampton ein Meisteratelier. Eines Tages bricht über ihn viel Unglück herein, das ja selten allein kommt. Ein fürstlicher Gönner gibt ihn auf. Seine Wohnung wird ausgepfändet und versiegelt. Seine Frau verläßt ihn. Die Akademie enthebt ihn seines Lehramts. Er ginge zu Grunde, wenn sich nicht ein par Seelen fänden, die ihn liebten. „Die kleine Trude, das ist ihm sein Höchstes.“ Sie ist sein jüngstes Töchterchen, sein „Polizistchen“, das freiwillig beim armen Papa zurückbleibt, während Mutter und Schwestern zu den reichen Großeltern flüchten. Ein wohlhabender junger Schüler ihres Vaters ist dem Mädchen gut. Diesem glückhaften Umstand wird zu danken sein, daß der Professor nicht ganz untergeht. Die beiden blutjungen Leute richten ihm ein warmes Nest her. In dieser Glücksatmosphäre faßt der arme alte Kerl neuen Mut und — vielleicht, wer weiß — auch neue Kraft.

Ist Professor Crampton seines Unglücks eigner Schmied? Die Komödie gibt sich nicht viel damit ab, seinen gegenwärtigen Zustand aus seiner Vergangenheit zu begründen. Es wird nicht in Ibsens Weise durch gelegentliche Auseinandersetzungen das Vergangne aufgeklärt. Wenn er selbst zuweilen auf Erinnerungen zurückgreift, so geschieht das in seiner confusen Art und ist bezeichnender für seine gegenwärtige Seelenbeschaffenheit, als für sein vergangnes Leben. Er steht fertig vor uns, wie ein Porträt. Seine geistige Entwicklung ist abgeschlossen. Sein Weltlauf stoppt. Er kann nur noch versinken oder von treuen Händen rechtzeitig im Hafen geborgen werden. Eins so möglich wie das Andre. Der Abgrund allerdings wahrscheinlicher als der Hafen. Der Dichter aber wollte seinen Mann retten und entschied für den Hafen. Man hat den Eindruck: ein altes gutes Wrack soll in Sicherheit gebracht werden, oder, um

Lebendiges mit Lebendigem zu vergleichen: ein guter alter Hund, der nicht mehr recht schwimmen kann, soll aus der Flut gezogen werden. Als dem Professor alles quer geht, ruft er sogar selber aus: „Bin ich denn ein Hund, wie? Bin ich denn ein räudiger Hund, wie? Was?“

Bei Rettungsversuchen geht es nie ohne kleine Listen und Hinterlisten ab. Hier ist der Punkt, wo auch diese Komödie an Intriguenspiel erinnert. Aber die spinnwebzarten Fäden werden nicht, wie bei Scribe und seiner deutschen Schule, von einem ränkevollen Verstand gelenkt, sondern von der natürlichen gesunden Empfindung der helfenden Menschlein, die im Gegensatz zur massiven Hauptfigur etwas Diminutivisches haben. Gehn die beiden ersten Akte mit der Charakteristik der Hauptfigur und der Darlegung ihres unglückseligen Zustands hin, so beginnt im dritten Akte das Rettungswerk. Dort ist der Professor aktiv, hier passiv. Durch diesen Wechsel der Zustände erhält und steigert sich das Interesse. Die Frage bleibt, welche Gefühle sich im Zuschauer mit diesem Interesse verknüpfen, wie man sich zu dem Professor persönlich stellt. Man wird das erste Mal mehr ergriffen, das zweite Mal mehr belustigt werden. Die Gewisheit des guten Ausgangs entscheidet. Wenn jemand ins Wasser fällt, so zittern ringsumher alle Herzen. Kommt er dann pudelnaß und mit einem festen Schnupfen ans Ufer, so gesellt sich gerne zum Schaden der Spott. So überwöge auch gegenüber dem Collegen Crampton zum ersten Mal das menschenfreundliche Mitgefühl, das sich sagt, so miserabel kann es manchem werden; beim zweiten Mal überwöge der behagliche Spott, mit dem gut gebettete Correctheit gern auf die schnurrigen Kundgebungen eines armen Teufels oder eines armen Schelmen oder eines armen Sünders hinsieht. Die Kunst des Dichters besteht darin, und darin liegt auch die erstaunlich reiche Erfindung dieses scheinbar so erfindungsarmen Werkes, daß sich Mitleid und Spott, Rührung und Lust zu einunddemselben Eindruck vermischen; deshalb ist das Stück in seinem Humor eine Komödie besten Schlages. Der Eindruck wird dadurch erzielt, daß die Hauptgestalt in jedem Augenblick naiv bleibt und niemals unsre Sympathie verliert. Man sieht ein altes Kind. Dabei schillert diese Gestalt wie ein Opal, man könnte auch sagen: wie die Nase des guten Professors, in allen Farben. Die ganze lebendige Manigfaltigkeit dieser Charakteristik tritt für Augen, die sehn können, zu Tage. Wer bei diesen wechselnden, von Extrem zu Extrem springenden Stimmungen von Kleinmalerei spricht, muß auch vor Rembrandtschen Studienköpfen von Kleinmalerei sprechen. Dann ist Kleinmalerei was Beträchtliches. Gewis ist der gute Professor im Grunde immer derselbe, mag er im Atelier gegen die Schulpedanten wettern oder in der Bumskneipe sich mit den Stubenmalern anfreunden oder endlich im Glück der Tochter selber froh werden; die Einheit der Individualität ist festgehalten. Wieder darf man sagen: in dieser Armut welche Fülle! Die gute Seele und das jähe Blut; das bis zum Dünkel gesteigerte Selbstbewustsein und die bis zur Zerknirschung sinkende Bescheidenheit; der feine, ironisch das schlagende Wortspiel und Gleichnis findende Kunstsinn und der aufbrausende

Bruder Grobianus; die freie, hochstrebende Künstlernatur, voll Phantasie und Schwärmerei, und das wüste Sumpfhuhn — alles und noch viel mehr entspringt Eins aus dem Andern, spielt herüber und hinüber. Dazu das allmähliche Sinken der ganzen Existenz: die zunehmende Dumpfheit, die auf Willen und Gedächtnis lagert, die Spuren des Verfolgungswahns und seines feindlichen Zwillingsbruders, des Größenwahns, die Krankhaftigkeit des Durstes, alles wehmütig verklärt vom Sonnenglanz eines goldnen Herzens, das seinen Zauber nicht blos auf die eigne Tochter und den dankbaren Schüler, sondern auch auf einen treuherzigen Mann aus dem Volk und auf die gutmütige ordinäre Schenkmamsell ausübt. Wird nun in seiner Geborgenheit dieses Herz den Frieden finden? Solche Fragen stellen auch Kinder, die ein Märchen hörten, und auf solche Kinderfragen gibt das Märchen über seine Leute immer noch die beste Antwort, die da lautet: wenn sie nicht gestorben sind, so leben sie noch heute.

Wie aus Rembrandtschem Dunkel ein Rembrandtscher Charakterkopf vorleuchtet, so beherscht die Hauptfigur des Collegen Crampton den Hergang und drängt alle andern in den Schatten. Auch wo er nicht auftritt, im mittlern der fünf Akte und in der ersten Hälfte des letzten Akts, dreht sich alles nur um ihn. Während des dritten Akts ist er spurlos verschwunden. Man sucht ihn in der ganzen Stadt. Nur zu tief liegt es in seiner Natur begründet, daß eben hier, wo er selbst nicht mitwirkt, am redlichsten und erfolgreichsten für sein Wohl gesorgt wird. Eben hier, wo sich edle, hilfreiche und gute Menschen um ihn kümmern, Menschen, denen der Dichter den Namen Straehler, den Mädchennamen seiner Mutter gegeben hat. Denn College Crampton selbst ist doch stets sein schlimmster Feind gewesen. Schlimmer als die adelstolze Gattin. Schlimmer als die „Kuchenbäcker" auf der Akademie mit ihrem Spion, dem polackischen Pedell. Schlimmer auch als der rüde, raffende Kneipwirt.

Wo aber die Hauptfigur der Bühne fern bleibt, hat der Dichter für Ersatz gesorgt. Im dritten Akt entfaltet sich eine Contrastfigur: Herr Adolf Straehler, „der dicke Krämer", der seinem Bruder, dem jungen Maler, lachend, hänselnd, aber tatkräftig am Rettungswerke hilft: ein urgemütlicher Kerl, immer fidel, immer gleichmütig, ewig auf dem Neckfuß, kein Spielverderber und auch kein Machtwortsprecher, sanguinisch wie der Professor, aber Einer, der seinen Mann steht und in der Welt etwas erreicht hat. Die erste Hälfte des fünften Akts bringt statt der Person des Helden ein reizendes Capriccio, ein junges himmelhoch aus jüngsten Herzen jauchzendes Liebesglück, das um so heller strahlt, je mehr es ein Glück auch für andre wird. Diese Scene zwischen der kleinen Trude und dem nicht viel größern Max wird von jener andern Liebesscene zwischen Alfred Loth und Helene an Reinheit und Echtheit natürlichen Empfindens nicht übertroffen. Auch hier neckt sich, was sich liebt, in der entzückendsten Weise; mitten im unschuldigen Minnespiel steigen auch hier wehmütige Gedanken an Vergänglichkeit und Abschied auf; aber doch wie ganz anders alles dort, wie ganz anders alles hier! Dort die Schicksalswolke nah und schwer über ahnungsvollen Gemütern, hier klarster, leuchtendster Sonnenschein. Gleichmäßig sind die Wangen dieser liebenden Jugend frisch gerötet von der hellen Winterluft draußen und vom Frühling in ihren Herzen.

In übelstem Humor stößt College Crampton auf dieses Jugendglück, das zugleich sein eignes Altersglück werden soll. Aber dieses Glück leuchtet so tief und so zart in ein eignes verdumpftes und versumpftes Innre hinein, daß der wetterwendische Sinn des alten Burschen sofort wie umgewandelt ist. Lebensfreude, ja sogar Arbeitslust sprudelt wieder in ihm auf, und froh erschüttert fällt er seinem alten hundetreuen Factotum, seinem „lieben Löffler", dem Dienstmann, um die blaue Bluse.

Nannte College Crampton das Trudchen seine kleine Unsterblichkeit, so könnte er den „lieben Löffler" seine große Unentbehrlichkeit nennen. Ohne diesen „lieben Löffler" kann er gar nichts anfangen, und so sehr ist er daran gewöhnt, sich in allen Dingen an den „lieben Löffler" zu wenden, daß er auch in Fragen der Kunst und des Familienglücks zunächst an das grobe Herz hinter der Bluse appellirt; denn das ist seine nächste Instanz — einer der kleinen feinen Meisterzüge, an denen dieses Werk unerschöpflich reich ist.

Ein Jahr nach dem „Collegen Crampton", im November 1892, brachte Gerhart Hauptmann ebenfalls unerwartet eine zweite Komödie aus Schreiberhau nach Berlin und las sie den Freunden vor. Es war eine „Diebskomödie" und wurde nach dem Gegenstand des Diebstahls „Der

Biberpelz“ genannt. Schon uns ersten Hörern fiel eine gewisse technische Aehnlichkeit mit dem Meisterlustspiele Heinrichs v. Kleist, „Dem zerbrochenen Krug“ auf.

Hier wie dort ist nächtlicher Weile in einem Dorf eine lichtscheue Missetat begangen. Die Frage nach dem Täter gelangt an die Dorfjustiz. Wer zerbrach den Krug? ist dort die Frage. Wer stahl den Pelz? ist hier die Frage. Dort eilt die Besitzerin des zerbrochnen Kruges zum Dorfrichter Adam, hier eilt der Besitzer des gestohlnen Pelzes zum Amtsvorsteher v. Wehrhahn. Beide Kläger, ansässig und angesehn im Dorf, finden an der Seite des Untersuchungsrichters eine dürftige, unterwürfige Schreiberseele, die mit ihrem subalternen Strebersinn bei Kleist deutlicher hervortritt als bei Hauptmann, und einen Büttel, der hinwiederum von Hauptmann als dienstunfähiger sanfter Süffel genauer charakterisirt wird. Wichtiger aber als Schreiber und Büttel ist in beiden Fällen jener Adamssohn selbst, der von Amts wegen die Untersuchung einzuleiten und den Verbrecher zu entdecken hat. Daß diese Untersuchung und diese Entdeckung hier wie dort mit den grösten Schwierigkeiten verbunden ist, daß immer wieder, hart vor dem Ertappen, in die Kreuz und Quer abgeirrt wird, und über jeden klarern Einblick in das criminelle Rätsel gleich wieder Nebel fallen, daß sich die Sache ins Dunkel und in die Länge zieht, alles dies ist hier wie dort Schuld des Untersuchungsrichters.

Weder der altholländische Dorfrichter Adam noch der neupreußische Amtsvorsteher v. Wehrhahn haben Neigung, diesen Proceß aufzuhellen. Beiden ist grade dieser Proceß fatal. Der Amtsvorsteher ist ein persönlicher und politischer Gegner des Bestohlnen; und der Dorfrichter ist noch viel interessirter an der nächtlichen Missetat; denn derjenige, der den Krug zerbrach, ist er selbst. Kein Zweifel, daß die Hauptperson der Komödie bei Kleist viel enger und bänger mit dem Vorgang verknüpft ist, als bei Hauptmann. Um Stichworte der herkömmlichen dramatischen Technik zu wählen: Held und Action verzahnen sich im alten Stück weit fester als im neuen, das durch seinen losern Zusammenhang des persönlichen und des sachlichen Elements im Nachteil bleibt.

Wie bei Kleist, so kommt auch bei Hauptmann alles auf die Charakteristik des obrigkeitlichen Beamten an; je näher also die Begebenheiten diesem ans Eingeweide gehn, desto runder und geschlossener wird sich das Drama gestalten. Für den Dorfrichter hängt am zerbrochnen Krug Existenz und Ehre. Dem Amtsvorsteher hingegen kann der Biberpelz des Rentiers Krüger ruhig gestohlen bleiben; sein persönliches Gewissen wird dadurch nicht betroffen, seine Ehre steht nicht dabei auf dem Spiel. Und nur darin ist er dem Dorfrichter Adam ähnlich, daß sich beide als völlig unfähig erweisen, die Proceßverhandlung zu führen. Sie richten, der Dorfrichter wissentlich, der Amtsvorsteher halb unwissentlich, in kürzester Zeit eine solche Verwirrung an, daß es in der Amtsstube einen Heidenlärm gibt, bei dem Beamte und Zeugen hart an einander geraten.

Hier wie dort sind Zeugen aufgetreten. Aber wenn der Dorfrichter aus triftigem Grunde diese Zeugen durch

Anschnauzen und Dreinreden ins Bockshorn jagt, so verjährt auch der Amtsvorsteher nicht viel anders, als ob er selbst den Pelz gestohlen hätte. Das hat er freilich nicht getan. Aber ohne Nebenabsichten, ohne Ansehn der Person sitzt auch er nicht zu Gericht. Der Dorfrichter Adam hatte seine eigne Nichtswürdigkeit zu vertuschen; denn statt des Krugs war er drauf ausgegangen, eine Mädchenehre zu zerbrechen, und aus dem Lustspiel hätte leicht eine Tragödie werden können. Das aber sind die besten Lustspiele, die Anlage zum Tragischen haben. Schon darum ist Kleists Stück eine der besten Komödien der Weltlitteratur. Harmloser an Gemüt, ist der Amtsvorsteher von der Oberspree in seinem Tun und Treiben nicht viel ungefährlicher als der Dorfrichter. Er will den Herrn spielen, und er will Carriere machen. Dazu misbraucht er sein Amt. Wer den Pelz gestohlen hat, kümmert ihn nicht; aber wer in seinem Amtsbezirk freigeistige Bücher kauft und demokratische Schriften liest oder gar verbreitet, wer bei Kaisers Geburtstag nicht illuminirt, und welcher Gastwirt seinen Sal den fortschrittlichen Gesinnungsgenossen des bestohlnen Rentiers Krüger vermietet — das alles will er genau wissen. Dazu benutzt er seine Untergebnen, dafür verbrüdert er sich mit Spitzeln, die vor dem Meineid nicht erschrecken. Ein stiller, scheuer Privatgelehrter kann ihn auf die rechte Diebsspur führen, er aber hört ihn gar nicht an, weil dieser gewissenhafte Zeuge ihm „politisch" verdächtig ist, und er sich durch dessen Maßregelung Lohn von oben her verhofft.

Dieser echt moderne Strebertypus ist an sich weder

tragisch noch komisch, sondern schlechtweg gemeinschädlich; eine Dichtung, die ihn rein als Typus hinstellen wollte, unterschiede sich von guten polemischen Leitartikeln oder Flugschriften nicht allzu sehr. Zu seiner künstlerischen Bewertung muß der Typus in eine Individualität gesteckt werden. Wie Kleist sinnreich andeutet, daß nicht nur in Huisum, sondern auch in Holla und Hussahe „lüderliche Hunde" sitzen, die „Recht so jetzt, jetzo so erteilen", so wird auch das von Hauptmann aufs Korn genommne Strebertum der Beamten außer an der Oberspree auch sonst wol im Lande gefunden. Aber es gibt je nach individueller Veranlagung Schlauköpfe und Dummköpfe unter den Strebern. Hauptmann hat sich den Spaß gemacht, einen Dummkopf aufzuzeichnen. Und durch diese Zutat des Persönlichen kann der Typus allerdings auch in künstlerischem Sinne komisch oder tragisch wirken. Die Tragödie der streberhaften Dummheit wäre noch zu dichten; im Leben erfahren wir es oft genug, wie eine an sich ganz ehrliche Haut, nur weil sie gar zu dumm für ihr Amt ist, und Gott nicht auch zum Amte den Verstand gab, gerade durch das Amt und durch die ängstliche Verteidigung des Amts ein Verbrecher oder, im Stile des Dorfrichters Adam zu reden, wenigstens ein „Schubiack" wird.

Die Komödie der streberhaften Dummheit hat Gerhart Hauptmann gedichtet. Ihr Held, der Amtsvorsteher v. Wehrhahn, entwickelt eine wahrhaft bezaubernde Bornirtheit. Und das tiefste Wort, das je ein Mund gesprochen hat, das Wort, das allein genügen würde, den, der es zuerst ausgesprochen hat, über alle andern Menschen zu erheben, dieses Wort gilt auch für den Herrn v. Wehrhahn: „Vergib ihm, er weiß nicht, was er tut". In der Aufführung des „Deutschen Theaters" ist dieser Wehrhahn von einem Kritiker als eine „Prachtschöpfung des Caricaturenstifts" empfunden worden. Dieser Eindruck ist mehr auf die urkomische und im Anfang ungeheuer wirksame Darstellung des Herrn Georg Engels als auf die Zeichnung des Dichters zurückzuführen. Der nach oben hin ersterbende Blick, womit dieses semmelblonde Monocle seine hyperloyalen Aeußerungen begleitete, das Ueberschnappen der Fistelstimme in Momenten höchster Ehrerbietung und höchster Schnauzerei, das strahlende Siegeslächeln dort, wo die Dummheit am ungründlichsten ist — alles das vereinigte sich bei Engels zu einer Prachtschöpfung der Carikatur. Aber neben dieser Bühnenfigur könnte ich mir die Gestalt des Dichters treffender verkörpert denken. Es müßte zunächst ein patenter wolerzogner Herr in die Erscheinung treten, mit all jenen flachen, aber gefälligen Eigenschaften, die der gute Ton fordert, mit dem man Reserveofficier werden, einen Goldfisch kapern und sogar ein Amt gewinnen kann. Allmählich würden wir dann dem Schwerennöter immer näher treten, und allmählich würd' es klar und klarer: mit dieser Dummheit kämpfet man vergebens! Erst dadurch käm' ein Moment des Gefährlichen in den Kerl hinein, und eine solche psychologische Analyse erhielte auch das Interesse des Zuschauers reger, als wenn, wie bei Engels, alles Korn gleich in den ersten Schuß gelegt wird, und dann keine Steigerung der Komik mehr möglich ist.

Wenn sich der Charakter des Amtsvorstehers langsamer auswickelte, würde der Schluß des Stückes sogar den hartnäckigsten Anhängern der „Sie kriegen sich"-Theorie verständlicher. Es würde klarer, daß der Held der Komödie gar nicht der Pelzdieb ist, sondern derjenige, der dieses Pelzdiebes habhaft werden soll. Die Diebsgeschichte vertritt das, was bei Molière, Holberg und andern Komikern der Tradition die Intrigue war. Wie dort die Intrigue dazu diente, den Heuchler als Heuchler, den Geizhals als Geizhals ad absurdum zu führen, so dient hier die Diebsgeschichte dazu, den streberhaften Dummkopf als blitzdummen Streber zu blamiren. Und wie könnte seine Blamage größer sein als da, wo ihn der Dichter entläßt, wo Wehrhahn, im traulichen Beisammen zwischen Hehler und Stehlerin stehend, beide mit einander in aller gesellschaftlichen Form bekannt macht, und wo er die Diebin nicht nur für eine fleißige Waschfrau, was sie auch ist, sondern sogar für eine „ehrliche Haut" erklärt; genau so, wie der Dorfrichter Adam von seinem lüderlichen Collegen Pfaul aus Holla urteilt: „eine ehrliche Haut, so wahr ich lebe, ein Kerl, mit dem sichs gut zusammen war"!

Nach der Größe dieses, wenn ich so sagen darf, innerlichen Schlußeffects, was schiert uns da noch der Biberpelz und sein Geschick? Wer ihn stahl, wissen wir. Daß man dem Diebe auf der Spur ist, wissen wir auch, und ganz wohl in der eignen Haut wird sich weder der Hehler noch die Stehlerin fühlen, trotz der Menschenkenntnis des tiefblickenden Herrn v. Wehrhahn. Alles Psychologische ist mithin klar. Was übrig bleibt, ist Sache des Gerichtsreporters, nicht des Dichters. Wenn aber das gesamte Publikum der ersten Aufführung über das unerwartete Ende verblüfft war, so ist doch auch der Dichter nicht ganz schuldlos. Schuld daran ist ein Vorzug und ein Mangel seiner Arbeit. Der Vorzug liegt in der Charakteristik, der Mangel in der Composition. Der Vorzug liegt in der prachtvollen Gestalt der Diebin, der fleißigen Waschfrau Mutter Wolff, einer Person, mit der sichs gut zusammen war; der Mangel liegt darin, daß man eben durch diese prachtvolle Gestalt in seinen verschiednen Interessen geteilt wird, und zuletzt noch hinter der Blamage des Amtsvorstehers sie, die besagte Wolffin mit ihren Schicksalen sehn will. Hinter der boshaften Ironie, mit der der Dummkopf im Amte belassen wird, verlangt man noch vom Dichter ein moralisches Endurteil über Mama Wolff. Sie war von je ein Bösewicht, drum treff' sie, wenn schon nicht Wehrhahns, so doch Gottes Strafgericht. Ein solches moralisches Endurteil, worauf unsre Aesthetik einen alten Gewohnheitsanspruch geltend macht, ist in Kleists „zerbrochenem Krug" noch zu finden. In der Person des Revisors, der wie ein Blitz aus heiterm Himmel kam, geht durch das Drama eine höhre Gerechtigkeit, die den Dorfrichter seines Amtes entsetzt; während unser armes Publicum über die Schicksale des Pelzes ganz im Dunkeln bleibt, ist dort Aussicht vorhanden, daß in Utrecht dem Kruge doch noch soll sein Recht geschehn.

So schließt geschlossen die einheitlichere Komödie Kleists. Hauptmanns Komödie ist zwiespältig. Wie der Schauplatz der vier Akte zwischen Wehrhahns Amtsstube und dem Wohnraum der Wolffin wechselt, so verteilt sich auch das Interesse auf beide. Bei Kleist waren Richter und Missetäter vereinigt in einer Person. Und wie sich im Amtsvorsteher mancher Vergleichspunkt mit dem Dorfrichter Adam fand, so findet er sich auch in der Mutter Wolffin. Wie den Adam ein ganz menschlicher Zug, der Hang zum süßen jungen Blut, in den Bereich des Kruges lockte, so lockt auch diese ein rein menschlicher Zug zum Biberpelz hin. Es ist die Sorge um ihre Familie. Sie ist in ihrer Art das, was man eine gute Mutter nennt. Sie beweint mit treuen Tränen ihr heimgegangnes Söhnchen. Mit ihren beiden Töchtern will sie hoch hinaus. Sie sollen noch auf Gummirädern fahren und auf dem Theater gefeiert werden. Darum sind sie auch nicht etwa Male und Jette getauft, sondern Adelheid und Leontine. Zu ihrem dußlichen Vater sagen sie Papa und geben Gutenachtkuß. Für diese Kinder und ihren Papa arbeitet Mutter Wolffin unermüdlich. Für sie raubt sie sich den Schlaf der Nächte. Für sie geht sie hin und stiehlt Rehböcke, Knüppelholz und den Biberpelz. Sie ist ein Gemütsmensch. Man gewinnt diese naive Niedertracht so lieb, daß man ihr zuletzt nichts böseres wünschen möchte, als einen Amtsvorsteher, der nie hinter ihre Schliche kommt.

Aber auch hinter ihr lauert die Vergeltung. Ihr Mutterherz wird auf andre Weise noch mal bitter gestrafT werden. Hing eine Mädchenehre am zerbrochnen Kruge, so wird den Biberpelz eine verlorne Mädchenehre rächen. Leontine und namentlich Adelheid — sie werden, nicht zum wenigsten durch Mutters Bildungsstreben hinverführt, im Schlamm versinken, und Mutter Wolff wird dann ebenso, wie beim toten Söhnchen, traurig sagen: „Das sind so Lebenssachen“.

Daß die Spannung im Laufe dieses köstlichen Genrebildes nachläßt, hat der Dichter zu verantworten. Er hat dieselben Situationen zu oft wiederkehren lassen. Was wir schon beim Holzdiebstahl erlebten, erleben wir beim Pelzdiebstahl noch einmal. Für den Bestohlnen mag am Pelz mehr liegen als am Holz. Für unsre Seelenerkenntnis ist das Eine so viel wert wie das Andre. Und so hatte Hauptmanns Stück bei seiner ersten Berliner Bühnenaufführung mit größerm Recht dasselbe Schicksal, das ursprünglich auch Kleists Stück hatte. Es ermüdete auf der Bühne. Der große Weimarer Dramaturg suchte dem dadurch abzuhelfen, daß er die Handlung „des zerbrochenen Kruges“ in mehrere Akte zerriß und so noch weniger befriedigte. Heute fänden sich vielleicht Dramaturgen, die „den Biberpelz“ in einen oder zwei Akte zusammenziehn möchten. Auch sie würden nur Undank ernten. Man muß die Komödie nehmen, wie sie ist, und ihren Witz herausspüren. Wem das nicht gelingt, darf sich mit keinem Geringern vertrösten als mit Goethe, der eins der grösten Meisterwerke der Weltlitteratur, Kleists „zerbrochenen Krug“, auch nicht begriffen hat.

Wie wenig unser deutsches Publicum nach all den

Moserpossen, Schönthanschwänken und sogenannten „feinern Lustspielen“ an Werke, wie diese niederländisch saftigen Komödien Hauptmanns, die in den tragischen Untergrund alles Lebensinhalts hinableuchten, noch immer gewöhnt ist, beweist das seltsame Bühnenschicksal, das beiden Komödien zu Teil geworden ist. Nächst Berlin ist die maßgebendste deutsche Theaterstadt noch immer Wien. In beiden Fällen entschieden Berlin und Wien völlig entgegengesetzt. „College Crampton“ hatte, unterstützt durch die glänzende schauspielerische Darstellung des Herrn Georg Engels, im Deutschen Theater zu Berlin einen starken, dauernden Erfolg, während ein Jahr später auf derselben Bühne sich „der Biberpelz“, trotzdem Engels wiederum die Hauptrolle spielte, nicht halten konnte. Umgekehrt war es in Wien. Hier fiel im Hofburgtheater „College Crampton“ ziemlich ab, während einige Jahre später im Deutschen Volkstheater „Der Biberpelz“ den grösten, andauerndsten Erfolg hatte, der bisher unserm Dichter in der Stadt Grillparzers, Raimunds und Anzengrubers zu Teil geworden ist. Manches an diesem verschiednen Schicksal mag der Aufführung zuzuschreiben sein. Daß sich beide Komödien neben einander im deutschen Theaterrepertoir noch einbürgern werden, läßt dieses verschiedne Schicksal hoffen. Mit den Bauernkomödien Ludwig Anzengrubers weisen diese beiden Stücke der deutschen Zukunftskomödie den Weg aus der bretternen Flachheit auf die Höhen und in die Tiefen des Lebens.

VIII.

Weltweh und Himmelssehnsucht.

„Wie eine Windesharfe sei deine Seele, Dichter! Der leiseste Hauch bewege sie. Und ewig müssen die Seiten schwingen im Atem des Weltwehs; denn das Weltweh ist die Wurzel der Himmelssehnsucht. Also steht deiner Lieder Wurzel begründet im Weh der Erde; doch ihren Scheitel krönet Himmelslicht.“ Mit diesen schönen, sein ganzes dichterisches Wesen durchleuchtenden Worten wollte Gerhart Hauptmann 1885 „Das bunte Buch“ eröffnen. Wo in diesem „Bunten Buch“ die „lyrische Form“ allmälig von der „epischen Form“ abgelöst wird, steht ein langes Gedicht, das „Die Mondbraut“ heißt und den Contrast zwischen Weltweh und Himmelssehnsucht aus der Seele des Dichters in die Seele eines phantasiebegabten Volkskindes überträgt. Ein armes verwaistes Bettelkind, Bergliese genannt, hat unter den Fäusten und Flüchen ihres grausamen Pflegevaters bitterlich zu leiden. Er jagt sie bei Nacht aus dem Hause hinaus in Sturm und Schnee. Sie irrt über Feld. Ermattet sinkt sie beim Reisigsammeln vor einer hohen schlanken Fichte nieder, die im Mondenschein himmelan strebt. Bergliese schläft vor Müdigkeit ein. Aber sie ist mondsüchtig und „wandelt durch die Nacht“. Sie klettert dem Mond entgegen zum Fichtenwipfel empor, sie will weitersteigen, tritt in leere Luft, und —

Was dröhnte der Grund, was scholl durch die Nacht?
Mir schien es ein klagender Ton:
Sie liegt an der Föhre, sie hat es vollbracht,
Auf ewig dem Jammer entflohn.

Soweit behandelt das Gedicht einen ganz realen Vorgang, über den alltäglich „der Bote aus dem Riesengebirge“ berichten könnte. Der Dichter aber unterscheidet sich auch hier vom Reporter dadurch, daß er dem realen Vorgang ein seelisches Motiv unterlegt. Dieses seelische Motiv ist die Sehnsucht, die ein vom Weltweh schwer belastetes Menschenkind nach dem Himmel empfindet. Je jammervoller das Dasein, desto höher und schöner die Hoffnung aufs Jenseits. Des Kindes Phantasie hält sich zunächst an das, was aus der Himmelswelt sichtbarlich entgegenglänzt, an den Mond:

Du Schöner am Himmel, so matt und so bleich,
Hoch, hoch in den Wipfeln, da hast du dein Reich
Hoch, hoch in den Wipfeln der Föhren.

Mehr und mehr aber verwandelt sich den schwärmenden Sinnen des Mädchens der Mond in den himmlischen Bräutigam, neben dem der tote Vater, der hienieden als Lump galt, und die tote Mutter, die hienieden als Dirne galt, auf ihr verlassenes Kind warten. Das lockt und zieht himmelwärts. Darum klettert das Kind die Fichte entlang:

„Ich grüß dich, du Schöner," so lispelt sie hold,
„Wie bist du so strahlend im Gürtel von Gold,
Ich folge dir gerne, so gerne"!

Der Mond hebt sie liebend in seinen Sichelkahn; ihrem verzückten Auge tut sich alle Herlichkeit des Himmels auf:

Und Mütterlein steht auf der Schwelle und winkt,
Und Väterlein auch, und der Nachen — er sinkt.
Er sinkt in die duftenden Gärten.

Auch für Berglieſe war die Erfüllung ihrer Himmelssehnsucht nur ein Traumglück. Aber nun liegt sie am Fuße der Fichte, befreit von allem Weltweh.

Mehrere Jahre später ist der Dichter auf dasselbe Motiv noch einmal zurückgekommen. Mit seiner gereiftern Bühnenkenntnis wagte er, den Vorgang auf das Theater zu bringen. Sein Hannele ist eine Schicksalsgefährtin der Bergliese. Vom bösen Stiefvater geplagt und geprügelt, vernimmt auch sie den Lockruf der toten Mutter, den Ruf des himmlischen Bräutigams. Aber jener Ruf erschallt ihr nicht aus den Wipfeln des Waldes, sondern er kommt aus den Tiefen des Wassers, in das die Mutter ihr vorangegangen ist. Und der himmlische Bräutigam erscheint ihr nicht mehr, wie der Bergliese, als unpersönliches, ungreifbares Himmelslicht, sondern, wie den ersten Christen, in menschlich vertrauter Gestalt.

Als Gerhart Hauptmann im Spätsommer 1893 das Drama aus Schreiberhau fertig nach Berlin brachte und den Freunden vorlas, hieß es noch „Hannele Matterns Himmelfahrt“. Später wurde der Titel in „Hannele“ verkürzt, weil vorsichtige Hoftheater alles meiden wollten oder mußten, was überfrommen Gemütern als eine Entweihung der Heilandsgestalt und der Heilandsgeschicke gelten könnte. Inzwischen aber ist man halbwegs zum Urtitel zurückgekehrt und gönnt dem „Hannele“ wenigstens seine „Himmelfahrt“. Nun drückt sich die Doppelwelt des Stücks, das Diesseits und das Jenseits schon in der Ueberschrift aus. „Hannele“ war nur das verlassene Bettelkind, das abgerissen und zerprügelt, hungrig und frierend sein fieberndes Elend endlich in den Dorfteich schleppt; war nur die Lumpenprincessin, wie sie ihre Mitschüler schimpften, nur das störrische Mädel, wie sie die gedankenlose Exactheit des Amtsvorstehers schilt; „Hannele“ war nur das hilflose Häuflein Menschenjammers und Weltwehs. Erst durch die „Himmelfahrt“ befriedigt sich die Himmelssehnsucht, weitet sich der innere Gesichtskreis: „Millionen Sternchen“ blinken nun am Firmament auf; die Stimme Gottes ruft aus den Tiefen des eiskalten Gewässers; freundliche Engel trösten den Traum; der liebe Herr Lehrer verwandelt sich in den lieben Herr Jesus, der die Kindlein zu sich kommen läßt und den Sünderinnen vergibt. Zugleich weckt in der unschuldigen Kindesbrust sein Name das erste Ahnen einer Leidenschaft. Sinnlichkeit und Seligkeit werden Eins. Im sterbenden Kind erregt sich das werdende Weib. Die Himmelssehnsucht empfindet bräutlich.

Hannele liegt zuletzt doch verendet auf dem Strohsack des Armenhauses. Aber in der Todesstunde hat ihr Kinderglaube sie selig gemacht. Aus dem Religionsunterricht des Lehrers, aus den geistlichen Liedern, die sie im Kloster gesungen hatte, aus den Heiligenbildern der Dorfkirche, aus den Volksmärchen, die sie von der Mutter gehört hatte, war der Phantasie des träumerischen Kindes eine überirdische Welt aufgegangen. Sie sieht nun diesen Himmel offen. Ihr Herr und Heiland hält sie bei der Hand. Wie Gottvater einst die Menschheit nach seinem Bilde geschaffen hatte, so schuf sich Hannele ihre Gottheit und ihren Himmel nach den Bildern ihres eignen Lebens. Alles was hienieden „ihren armen Blick“ entzückt hatte, alles was sie entbehrt und erhofft hatte, hilft diese Herlichkeit, wie eine wunderschöne Stadt, auferbaun. In ihrem Himmel wird nicht blos gesungen und geliebkost und gebetet, sondern auch rechtschaffen gegessen und getrunken. Ihr Himmelstischlein deckt sich mit allen den guten appetitlichen Dingen, die das darbende Kind auf Erden nur vom Hörensagen kannte. Nicht blos „die Milch der weidenden Rinder“, „das goldene Brot auf den Aeckern“ wird dargereicht, sondern sogar der Purpursaft der Reben. Auch einen geschickten Dorfschneider gibt es im Himmelreich. Hannele wird nicht nur eine reine Seele sein, sondern auch eine schön geputzte kleine Himmelsbraut, in Seide glänzend. Das fromme Kind ist in seiner natürlichen Unschuld doch Weltkind geblieben: alle kleinen Lüsternheiten und Eitelkeiten nahm es mit in seine heilige Hoffnung. Alles dreht sich allein um sie, und Niemand kümmert sich um sonstwen.

Die kleine Proletarierin im rauhen Gebirgsdorf empfindet nicht anders, als so mancher selbstbewuſte Würdenträger in der großen Welt. Wer auf ein „langes segensreiches Leben" zurückblickt, läßt sich gerne feiern, aber sein höchster Ehrgeiz wird durch siebzigste Geburtstage und fünfzigjährige Jubiläen doch nicht befriedigt. Das Schicksal hat es in seiner Bosheit so gefügt, daß die höchste Ehre zugleich die letzte Ehre ist, denn dann folgen die Hofequipagen in Gala, und womöglich kommt der Kaiser in die Kirche. Wie mancher gäb was drum, wenn er Zeuge seines eignen Begräbnisses sein könnte. Das eigne Begräbnis — Hannele Mattern erlebt es im Traum.

Sterbend sieht sie sich tot. Sie sieht die zahlreiche Beteiligung von Alt und Jung. Sie hört die gute Nachrede, von der die Selbstmörderin sogar heilig gesprochen wird. Die kleinen Schulkameraden müssen ihr manches abbitten, und Himmelskinder tragen ihren Leib dahin, „sanft daß sein krankes Fleisch der Druck nicht schmerze". Sie lauscht besonders freudvoll auf, wenn die barmherzige Schwester Martha und der liebe Lehrer Gottwald, so herzerquicklich um sie trauernd, mit einander, als ob kein Drittes hörte, von ihr sprechen. Sie erkennt, daß es nun doch auf Erden eine Gerechtigkeit gibt; während sie selbst so hoch geehret wird, nimmt der Stiefvater, der sie mishandelte, das schimpflichste Ende; denn der liebe Herr Lehrer hat es ihm endlich einmal tüchtig gesagt; so tüchtig, daß sich der betrunkne Bösewicht vor Schmach und Reue erhenkt.

Auf der Bühne sehn wir das träumende sterbende Kind in seiner ganzen kläglichen Existenz vor uns liegen. Wir hören ihr leibhaftiges Wehklagen, ihr Geplauder; wir hören, wie das Fieber aus ihr spricht; wir verfolgen genau, wie ihr kranker Zustand wechselt, wie Bewustsein und Fieberwahn in einander übergehn. Jede Schwankung im körperlichen Befinden der Sterbenden macht sich bemerkbar; wird der Zustand fiebriger, so kommen böse Träume; tritt etwas Ruhe ein, so tauchen lieblichere Bilder auf. Um sie her walten hilfreiche Hände. Sie verkehrt wachend mit lebendigen Menschen. Zwischendurch aber tritt ihre schwärmende Seele immer wieder in eine andre Welt. In schroffen, mächtigen Contrasten erscheint der rohe Stiefvater im Traum, erscheint tröstend der Geist ihrer toten Mutter. Es kommen Engel mit Notenblättern, wie das Kind sie auf dem Altarbild mag gesehn haben. Es erscheint, wie der schwarze Mann, den die Kinder fürchten, der stumme Tod und richtet das Schwert gegen ihr Herz. Diese Traumgestalten sind nicht nur vereinzelt da, sondern sie treten auch unter einander in Action. Engel tragen einen Sarg und legen das tote Hannele selbst hinein. Einige dieser Traumgestalten sind uns vorher als lebendige Menschen bekannt geworden. Der Waldarbeiter Seidel, der das Kind aus dem Wasser zog, die halb vertierten, aber zum Teil doch gutmütigen Armenhäusler, die Diakonissin, die vom fiebernden Hannele mit ihrer toten Mutter verwechselt wird, der Lehrer, den sie für den Erlöser hält — sie alle haben wir leibhaftig vorher gesehn und sehn sie dann in Hanneles Träumen wieder. Wir nahmen sie zuerst mit unsern eignen klaren Sinnen war und müssen sie dann mit dem verwirrten Sinn eines andern Wesens warnehmen.

Manchmal geht Hanneles wechselndem Fieberzustand gemäs das Wirkliche jählings in die Einbildung über. Schwester Martha war eben noch eine reale Person, und schon ist sie ein verklärtes Traumbild, verquickt mit Hanneles Mutter. Diese Schwester Martha, die dem Krankenbett am nächsten steht, wirkt wie eine Vermittlerin zwischen den Fieberphantasien der Sterbenden und der lebendigen Außenwelt. Mit welcher Meisterschaft vom Dichter durch sie unmittelbar auf das Visionäre hingedeutet wird, hat schon Otto Pniower bemerkt. In einer sehr feinen, besonders die Composition des Dramas klarlegenden Besprechung (der Deutschen Litteraturzeitung vom 21. November 1896) sagt Pniower:

> Hannele glaubt eine Schlüsselblume in der Hand zu haben und reicht sie der Schwester Martha hin, die nichts sieht. Um das aufgeregte Kind zu beruhigen, tut sie aber, als ob sie an einer Blume röche. Welch schöne Symbolik zugleich, indem der Himmelsschlüssel auf die bald erscheinende Diakonissin vordeutet, die der Fiebernden den Eingang zum Himmel öffnet!

Freilich muste gerade Schwester Martha auch Ursach zu der einzigen technischen Schwierigkeit werden, welcher die sonst so sichre Hand des Dichters nicht ganz Herr geworden ist. Denn kaum hat das leibhaftige, das halbwache Hannele mit Martha gesprochen, so tritt wieder die Traumwelt in ihr Recht, und die lebendige Schwester

Martha muß sich mit einer Verbeugung vor dem nur vom phantasirenden Kind gesehenen Todesengel aus dem Krankenzimmer, wo sie jetzt am allernötigsten wäre, entfernen. Das verwirrt und ist bühnentechnisch kaum zu überwinden.

Es gibt nur ein einziges Mittel, in diesem Drama auf dem Theater die Traumwelt von der Wirklichkeit zu unterscheiden. Nur aus Stimmung und Ton der Darsteller kann es deutlich werden, ob eine Traumgestalt oder eine reale Person darzustellen ist. Die meisten Schauspieler helfen sich über die Schwierigkeit dadurch hinweg, daß sie gar keine Unterschiede machen und richten damit oft eine unergründliche Verwirrung an. Bei den Traumscenen muß aus Hanneles verstiegnem und zugleich verschwimmenden Gehirn in den Stil der Darstellung etwas Verstiegnes und Verschwommenes übergehn, das dem Realismus der andern Scenen fehlt. Es wäre sehr schlimm, wenn es als unsere alte, hohle Theaterdeclamation wiedergegeben würde. Es ist vielmehr durch und durch Gefühl: Hanneles Gefühl, dem lebendige Erfahrungseindrücke zu Grunde liegen. So wenig aber das frommgläubige Hannele mit seiner Himmelssehnsucht eine Rationalistin ist, so wenig wäre dieses kleine Dichtergenie, das vom Himmel her so wunderschöne Verse hört, Anhängerin des modernen künstlerischen Realismus. Ihr Herzchen schlug höher, wenn die erhobne Stimme des Pfarrherrn den Segen sprach, wenn ein Choral erklang, wenn sie beim Lehrer Gottwald biblische Geschichte hatte, wenn ihr die Mutter ein Märchen erzählte. Schneewittchens gläserner Sarg, Aschenbrödels gläserne Pantoffelchen begleiten sie schützend und schmückend in ihren Himmel. Gemischt mit jenen feierlichen Tönen, ist es dieser naiv getragne Ton der Märchenerzählerin, den sie aus ihren Traumbildern wiederhört. Diesen Ton hätte die Schauspielkunst zu finden und zu treffen. Es ist ein Ton der Dämmerung. Man möchte an „die blauen Blitze der Nacht“ denken, von denen Hanneles selige Mutter raunt. Im Wiener Burgtheater traf Josef Lewinsky als spukhaftes, buckliges buckelndes Dorfschneiderlein diesen Ton. Und auf der Berliner Hofbühne wurde das Verschwommene schaurig schön getroffen durch die leidtragenden Dorfweiber, die auf stillen Sohlen schattenhaft in einander huschend und mit tonloser Schärfe flüsternd Hanneles Lager umschwirrten. Ist auf diesen Ton einmal das Ganze gestimmt, so haben es auch die Einzelnen leichter; aus jedem Einzelnen läßt sich dann eine volle Gestalt schaffen. Am wichtigsten für die Bühnendarstellung ist Hannele selbst und ihr vergötterter Lehrer, der Weib und Kinder hat, der von des fremden Kindes stiller Schwärmerei nicht das mindeste ahnt, der bei aller seiner Menschenfreundlichkeit doch nicht opferfähig genug ist, das sterbende Stückchen Elend in der eignen Wohnung zu bergen, sondern es von dort ins Armenhaus trägt. Nur in ihrem Traum erscheint er als Hauptleidtragender, der Hanneles keusche Neigung zart erwidert, und als Ministrant beim Begräbnis, der den Schulkindern die Seite des Gesangbuchs angibt, worauf der Text des Grabliedes steht. Dann tritt er, wieder nur im

Traum, schon halb verwandelt, als Mahner und Warner ihrem bösen Stiefvater machtvoll entgegen. Zuletzt erweckt er das Hannele von den Toten, wie der Herr Jesus des Jairi Töchterlein, und öffnet ihr in Heilandsgestalt mit Mutterchens Himmelsschlüsselblume den herlichsten Himmel, gütig bedeutend, wundervoll redend. Und nun Hannele selbst! Um diese Gestalt schauspielerisch ganz zu verderben, dazu gehört schon ein vollgemessenes Maß von Talentlosigkeit; um ihr ganzes Innere zu zeigen, dazu bedarf es einer dem Dichter und gerade diesem Dichter congenialen Naturkraft, die kindhaftes, tiefes, phantasievolles Empfinden mit vollendeter künstlerischer Reife vereinigt.

Unter den Ersten, die vom Dichter selbst das wundersame Traumstück hörten, befand sich der Chef der königlichen Bühnen in Berlin, Graf v. Hochberg, des Dichters engerer Landsmann. Er stand sofort im Bann dieser heimatlichen Poesie. Es war für ihn kein Zweifel, daß dieser Poesie die Bühne bereit stehn müsse. Und am 14. November 1893, am Abend vor Hauptmanns 31. Geburtstag, ward „Hannele" im königlichen Schauspielhause zu Berlin zum ersten Mal auf eine Bühne getragen. Erst jetzt muste Graf v. Hochberg erkennen, wie verschieden über das Werk geurteilt werden konnte. Wie hat man damals um dieses unglückliche Kind gezankt und gezetert! Die Frömmler wollten es den Socialdemokraten, die Socialdemokraten wollten es den Frömmlern unterschieben. Die Einen ärgerte aufwiegelnde Kritik socialer Zustände, die Andern ärgerte „Mysticismus" und „Kirchlichkeit". Sogar hygienische Gründe wurden ins Feld gerückt; weil der erschütternden Gestalt des stummen Todes einige überreizte Frauennerven nicht Stand hielten, verleugnete man seine sonstige Gegnerschaft gegen die Theatercensur und rief schlankweg nach der Polizei, als ob Gretchen im Kerker, Lear auf der Haide, Othello am Bette Desdemonas nicht ebenso erschüttern müsten, wenn sie der tragischen Situation gemäs dargestellt würden. An das Ohr des Monarchen drängten sich Flüsterstimmen, die von Gotteslästerung raunten, weil sich dem kleinen Hannele das Bild des angebeteten Schulmeisters mit dem Bilde des Heilands im Fieberwahn verwebt. Der Hof- und Garnisonprediger Emil Frommel soll eigens ins königliche Schauspielhaus entsandt worden sein, um über den blasphemischen Charakter des Stücks ein vertrauliches Gutachten abzugeben. Aber man war bei der Wahl des Begutachters an den Unrechten gekommen, denn man war an einen Dichter gekommen. Frommel ging tief ergriffen und poetisch gehoben aus der Vorstellung, die er noch einige Mal mit steigender Liebe für das arme Hannele besucht haben soll. Vom Angstschrei dieser gequälten Creatur schien man, wie vorher von „den Webern", ein tausendfaches Echo in den Scharen der social Unzufriedenen zu befürchten, während umgekehrt Nicolais geistige Nachkommen den Dichter einen Frömmler schalten, der uns ins finstre Mittelalter zurückführen wolle. Wenn Hauptmanns Traumstück etwas mit dem „Umsturz" zu tun hat, so ist ein „Umstürzler" nicht der Dichter, sondern höchstens der Maurer Mattern, der sein Stiefkind prügelt, weil es ihm nicht das nötige Kleingeld für Schnaps erbettelt hat; denn wer faullenzt, schimpft mit Vorliebe auf das Bestehende, und die Phrase „alles muß verrungenirct werden“ läßt sich nur mit lallender Zunge sprechen. Und wenn jemand im Stück ein wundergläubiger Christ ist, so ist es nicht der Dichter, sondern das arme Hannele selbst. Beiden gemeinsam zwar ist die aus Weltweh geborne Himmelssehnsucht. Aber während sie sich beim Dichter mit Zweifeln part, part sie sich beim Hannele mit Hoffnung.

Wie der fromme alte Weber Hilse in Langenbielau, der auch sein Weltweh nur aus Himmelssehnsucht ertrug, kommt das kleine Hannele von den pietistischen Gärten Schlesiens her. Die Armenhäusler, die Hanneles Sterbelager umlärmen und umlungern, reden den Dialekt der schlesischen Berge. Aber das Schlesiertum liegt nicht blos im Armeleutedialekt. Wie tief schlesische Volksart in diese Dichtung versenkt ist, hat vor allen Andern der Schlesier Gustav Freytag erkannt, der ein Jahr vor seinem Tod (in Fleischers Deutscher Revue vom April 1894) die Traumdichtung seines jungen Stammsgenossen einer längern Anzeige würdigte. Gustav Freytag rühmt die Bühnenkenntnis, mit der Hauptmann hier „etwas geschaffen hat, was nur ein echter Dichter, vielleicht nur einer aus dem Regierungsbezirke des Berggeistes Rübezahl ersinnen konnte“. Während sich ein Teil der Tagespresse über den „naturalistischen“ Anfang ebenso erboste, wie über das „symbolistisch-mystische“ Ende des Stücks, sah in Uebereinstimmung auch mit Spielhagen der alte, die poetischen Mittel des Contrastes sehr genau kennende Verfasser einer „Technik des Dramas“, daß „erst auf der Grundlage der gemeinen, harten Wirklichkeit des Daseins, des Kampfes mit der Not, der Schwäche und sittlichen Verderbnis die Poesie des idealen Inhalts, welchen frommer Glaube dem Kinde des Volks zuteilt, verständlich und ergreifend wird“. Aber Gustav Freytag bewunderte beim Lesen nicht nur, „wie wahr, wie genau, und mit welch innigem Behagen die geheimsten Empfindungen einer Menschenseele dargestellt sind“, sondern er spürte den Duft des heimatlichen Erdreichs auch aus bildlichen Wendungen der gehobnen Sprache, aus Wendungen, die seiner Meinung nach nicht in Büchern stehn, aber im Volke noch heute leben. Er gibt dafür einige Beispiele:

Hannele sagt zu der Gestalt der Mutter: „In deinem Gaumen wachsen Maiglöckchen. Deine Stimme tönt (wie die Glocken im Frühling)“. Der Fremde verkündet: „Die Seligkeit ist eine wunderschöne Stadt, wo Friede und Freude kein Ende mehr hat“. Die Schlüsselblume ist wirklich ein goldener Schlüssel zum Himmel, mit dem Hannele von der Mutter beschenkt wird; die Engel sind idealisirte Schulkinder und singen der Sterbenden das Kinderlied: Schlaf Kindchen feste, es kommen neue Gäste; die Gäste, die jetzt kommen sein, das sind die lieben Engelein.

Auch die Art, wie Hannele sich den Tod als stummen Boten gebildet hat, führt Gustav Freytag auf „altheimische Anschauungen“ zurück, da nach seiner sachkundigen Wissenschaft erst im späten Mittelalter, eher von den Gebildeten als vom Volke, der Tod fleischlos gedacht und gezeichnet wurde. Von dem echt volksmäßigen Verhältnis der liebenden Seele zum Erlöser sagt Freytag:

Es ist kaum möglich, das Entzücken und die Ekstase der liebenden Seele ergreifender darzustellen, als hier geschieht, wenn Hannele den Hohen erkennt, wenn sie aus dem Sarge empor gehoben und von ihm geweiht wird. Gerade dieser Zug, das Verhältnis der liebenden Jungfrau zum Bräutigam Christus, ist uralt und deutsch. Es klingt bereits aus den Gedichten der sächsischen Nonne Hroswith im zehnten Jahrhundert; zur Zeit der Minnesänger ist die Schilderung des Brautlagers einer Gottgeweihten im Himmel für uns von sehr befremdlicher Ausführlichkeit, sogar in den Liedern der Pietisten vom Anfang des vorigen Jahrhunderts; die Spuren davon sind noch heut in alten Liedern zu finden, welche das Volk singt. Nur vorsichtig und leise hat der Dichter an diesen Traum der Entsagenden gerührt.

„Hanneles Himmelfahrt" ist ein Erzeugnis des Aufenthalts, den Gerhart Hauptmann seit 1881 wieder in Schlesien genommen hat. Hier traten dem gereiften Dichter heimatliche Kindeseindrücke mit gesteigerter und gereinigter Kraft wiederum vor die Seele. Wer bei dem reizenden, am Fuß einer hügelan steigenden, bewaldeten Wiese gelegnen, bequem hergerichteten Bauernhäuschen der Brüder Carl und Gerhart Hauptmann vorüber ins Dorf Schreiberhau wandert, kann auf der Landstraße den Armenhäuslern begegnen, dem stottrigen, schlottrigen Vater Pleschke, der fromm gewordenen Zuchthäuslerin Tulpe, der Straßendirne Hete, die noch nicht Betschwester geworden ist, dem Flegel Hanke; auch wol dem Maurer Mattern, der im Stück nur Schreckgespenst des Traums ist. Am Verkehr mit Volk und Natur hat sich auch hier des Dichters Kunst gestärkt. Auch diese Dichtung wurzelt im Weh der Erde. Doch ihren Scheitel krönet Himmelslicht.

IX.

Der Historiendichter.

Seit dem Tiberiusdrama hatte sich Gerhart Hauptmann in der Wahl dramatischer Stoffe nicht wieder aus seinem Land und seiner Zeit entfernt. Denn die drei Stücke, die in der östlichen Umgebung Berlins spielen (Das Friedensfest, Einsame Menschen, Der Biberpelz) stehn ganz unter schlesischem Einfluß, und das „Schauspiel aus den vierziger Jahren" führt uns in eine Zeit, die noch nicht hinter lebender Menschen Gedenken liegt. Jetzt endlich wagte der Dichter wieder einen Sprung in andre Zeit und andres Land. Bei seiner Beschäftigung mit den socialpolitischen Bewegungen der Gegenwart und jüngsten Vergangenheit war ihm ein Buch in die Hände gefallen, das den großen deutschen Bauernkrieg behandelt, und dessen Verfasser ein alter vormärzlicher Demokrat, der schwäbische Pfarrer Dr. Wilhelm Zimmermann, ist. In seinem wissenschaftlichen Wert wird dies Buch von der jüngern Geschichtsforschung für abgetan erklärt. Aber es ist mit populärem Schwung geschrieben. Ein freiheitlicher Geist, Liebe für die Unterdrückten, Haß gegen Bedrücker geht durch seine Zeilen. Deshalb entschloß sich der socialdemokratische Reichstagsabgeordnete Wilhelm Blos, von dem alten Buch eine neue, billige, gut ausgestattete, illustrirte Ausgabe zu besorgen. Sie ist 1891 (bei Dietz in Stuttgart) erschienen, berichtigt manche Irrtümer Zimmermanns im Einzelnen, hält aber im Ganzen an der demokratischen Tendenz des seligen Pfarrers fest und hat in Arbeiterkreisen ziemliche Verbreitung gefunden. Als Hauptmann dieses Buch las, steckte ihn der Enthusiasmus an, womit Zimmermann die Gestalt des ritterlichen Bauernführers Florian Geyer hervorhebt. Und noch unter dem Eindruck socialpolitischer Weberstimmung, noch bevor er an „Den Biberpelz" und „Hannele" ging, entschloß er sich, Florian Geyer zum Helden eines historischen Dramas zu wählen.

Als dies ruchbar wurde, triumphirten seine Gegner. Aha! riefen sie, mit dem modernen Naturalismus ist es aus! Der Hauptfähnchenführer selbst kehrt reumütig zu historischen Stoffen um. Wohlwollendere Gemüter freuten sich drüber, daß man nun doch endlich vom „talentirten" Hauptmann ein Stück sehn werde, welches nicht durch Hinweise auf unser eignes Leben, auf die Trübsal unsrer Zeit „peinlich" berührt, sondern sich in schönen Phrasen und knallenden Effecten mit unsern beliebtesten Bühnenautoren messen darf. Wer nun gar Zimmermanns Aeußerungen über Florian Geyer kannte, muste sich umso freudiger auf ein schillertsirendes Pathos gefaßt machen. Denn wo Zimmermann vom Florian Geyer redet, schwillt seine Begeisterung bis zur Declamation an.

Inzwischen hörte man, der Dichter mache Studienreisen ins fränkische Gebiet. Als er während des Sommers 1894 von einem mehrmonatigen Ausfluge nach New-York und Umgegend, wo er mit Gattin und Söhnen alte Freunde besucht hatte, eben heimgekehrt war, hielt er sich längere Zeit in Rotenburg ob der Tauber auf, kam auch nach Würzburg und Schweinfurt, und in Nürnberg ergriff ihn aufs tiefste die alte, starke, deutsche Kunstgewalt der Adam Kraft, Veit Stoß und Peter Vischer. Das klang schon befremdlich. Denn so was hatte man von iambendichtenden deutschen Schulmeistern und Schöngeistern nie gehört. Wollte dieser unverbesserliche Realist und Milieuzeichner etwa gar Zeitcolorit und Ortcolorit auch für den alten, fast vier Jahrhunderte zurückliegenden Bauernkrieg gewinnen? Schon stieg der Verdacht auf, die froh begrüßte Abkehr vom Drama des modernen Naturalismus bedeute nichts weiter, als eine Hinwendung zum Drama der historischen Treue. Schon spukte auch durch Berlins litterarische Klatschkaffeehäuser die Mär, Hauptmann werde sich grenzenlos erdreusten, dem Altmeister Goethe das Concept zu corrigiren und statt des Goethischen Biedermanns Götz von Berlichingen den wahren und wahrhaftigen Gauner Götz auf die Bühne stellen. Nun schüttelten die Wohlwollenden den Kopf und meinten, der talentirte junge Mensch sei unverbesserlich.

Inzwischen hatte der Dichter in Schreiberhau seine Arbeit vorläufig abgeschlossen. Während des Frühlings 1895 brachte er seinem Freund Otto Brahm, der inzwischen das Deutsche Theater gepachtet und sein erstes Directionsjahr durch den damaligen großen Erfolg „der Weber" geborgen hatte, ein ungewöhnlich starkes Manuscript nach Berlin. Auch dies Werk las er uns vor, erklärte aber gleich anfangs, es eigne sich von allen seinen Stücken am wenigsten zur Vorlesung, weil es sich von allen seinen Stücken am meisten fürs Theater eigne. Die Vorlesung gab kein klares Bild und auch keine rechte Hoffnung auf Gelingen der Bühnenaufführung. Aber der Dichter selbst blieb seiner Sache so sicher, daß er im Herbst 1895 daran dachte, persönlich ein Theater zu übernehmen und hier zunächst ganz nach seinen eigensten Intentionen den „Florian Geyer" aufzuführen. Er ging dabei vom richtigen Gefühl aus, daß ein Bühnenwerk nicht im Buche schon fertig sei, sondern erst wenn der Vorhang über den letzten Akt fällt, und daß der Verfasser bis zu diesem letzten Punkt die Oberhand im Spiel haben müsse. Alte Ideale poetisch-plastischer Schauspielkunst wurden wieder lebendig, aber hart im Raume stießen sich auch diesmal die Sachen. Eine Weile wurde mit dem Baumeister Sehring wegen eines neu erstehenden Charlottenburger Schauspielhauses unterhandelt, aber für diesmal scheiterte der Plan. Am 5. Januar 1896 kam „Florian Geyer" in Berlin aufs Deutsche Theater. Das weitschichtige Werk, nicht zum Besten dargestellt, erfuhr eine sehr stürmische Aufführung, der dann nur wenige Vorstellungen folgten. Und keine andre Bühne hat sich bisher dazu entschlossen, diesen Versuch ein zweites Mal zu wagen. In Theaterkreisen gilt „Florian Geyer" nach wie vor für bühnenunmöglich. Ob mit Recht oder Unrecht, könnte nur eine zweite, kräftiger durchgeführte, vorurteilsfreier aufgenommene Probevorstellung entscheiden. In dem Sturm jener ersten Aufführung kam es zu recht drolligen Scenen. So rief ein werter Mann, der sich sonst mehr auf Witz als auf Wissenschaft versteht: „Das ist doch nicht der Florian Geyer, den wir kennen“! Der Brave hatte keine Ahnung, wie wenig auch die gelehrtesten Kenner des Bauernkrieges von Florian Geyer wissen.

Kein kritischer Forscher hat es bisher der Mühe für wert gehalten, das Bild des Mannes biographisch zu erhellen. Aus den Chroniken und Urkunden seiner Zeit müssen wir einzelne Züge herauslesen, und immer wieder entweicht dieser schwarze Ritter im bunten Gewimmel leibhaftigerer Gestalten. Wir kennen weder Tag noch Jahr seiner Geburt, aber wir dürfen ihn uns als Altersgenossen Franzens von Sickingen und Ulrichs von Hutten denken. Daß er Franke war, ist sicher. Seine Burg Giebelstatt ragte unweit des Würzburger Bischofssitzes in dieses schöne Land hinein. Er war aus altem Rittergeschlecht. Sein Vater und mehrere Brüder überlebten ihn. Zum Weibe ward ihm ein Fräulein von Grumbach zugedacht, dessen Sippe ganz in der Nachbarschaft auf Schloß Rimpar saß. Durch diese Ehe bekam er zum Schwager jenen glänzend beanlagten Abenteurer Wilhelm von Grumbach, der nach einem Leben voll kühner Eroberungsgelüste und wilder Händel endlich 1567 in Gotha hingerichtet wurde. Die Sage geht, zu den vielen Gewalttaten dieses Herrn gehöre auch die hinterlistige Ermordung seines eignen Schwagers Florian Geyer. Doch wird diese Sage durch die geschichtliche Forschung nicht bestätigt. Nur soviel ist gewiß, daß die beiden Schwäger Todfeinde waren, als Florian Geyer fiel.

Das große Schicksalsjahr Florian Geyers ist das Jahr 1525. Alles, was wir von ihm wissen, beschränkt sich fast ganz auf diesen einen Zeitpunkt. Nur die Annalen von 1519 vermelden eine Tat von ihm, die ihn in feindliche Berührung mit einem andern Ritter bringt, dessen Name weit berühmter als Florian Geyer und auch als Wilhelm von Grumbach klingt. Es ist der Ritter Götz von Berlichingen mit der eisernen Hand. Als Götz, der es damals mit dem landflüchtigen Herzog Ulrich von Württemberg hielt, bei Möckmühl in die Gefangenschaft der Stadt Heilbronn geriet, ist Florian Geyer, damals in Diensten des Schwäbischen Bunds, an diesem Handstreich beteiligt gewesen. Als aber fünf Jahre später Herzog Ulrich die inzwischen lebhaft gewordne Bauernbewegung dazu benutzte, um seinem verschwägerten Todfeind, dem Bayernherzog, lästig zu fallen, scheint mit andren fränkischen Rittern auch Florian Geyer auf seiner Seite gestanden und ihm seinen „schwarzen Haufen" zur Verfügung gestellt zu haben. Gemeinsame Feindschaft gegen das Haus Habsburg hatte den geächteten Schwabenherzog mit König Franz dem Ersten von Frankreich zusammengeführt. Als nach dem Tode Kaiser Maxens, des „letzten Ritters", die Kaiserkrone an dessen spanischen Enkel Karl den Fünften übergegangen war, sah sich Franz der Erste durch diesen Habsburger um eine große Hoff-

13

nung seines Ehrgeizes ärmer. Und als Herzog Ulrich durch die Bayern aus seinem Lande vertrieben wurde, ging dieses fette Land Württemberg sehr gegen die Absicht Bayerns in österreichische Verwaltung über. Hüben wie drüben galt es daher, die Macht Habsburgs zu brechen. Herzog Ulrich suchte französisches Geld für seine Zwecke, und im Heerbann des französischen Königs dienten gegen den deutschen Kaiser deutsche Männer. Als im Februar 1525 bei Pavia die große Entscheidungsschlacht zwischen Franz dem Ersten und Karl dem Fünften geliefert wurde, mag auch Florian Geyers schwarzer Haufe mit Frankreich ins Feld gezogen sein. Das wäre vorausdeutend für Florian Geyers späteres Verhängnis. Denn schon bei Pavia wäre er dann unter den Besiegten gewesen.

Je weiter sich die Interessen Ulrichs von Württemberg von denen der Bauern sonderten, desto enger schloß sich Florian Geyer den Bauern an, für deren Sache er Gut und Blut ließ. Ueberall flammte der Aufruhr empor. Von Florian Geyer wird die Aeußerung überliefert: „Ein jeder Fürst soll seinen Tanz vor seiner Tür haben, so daß keiner dem Andren zu Hilfe kommen kann, sondern ein Jeder sein eignes Feuer zu löschen hätte". Dieses Wort wurde viel verbreitet und drang höchst widerwärtig an das Ohr der süddeutschen Potentaten. Florian Geyer war damit ein Abgefallner geworden.

Was die süddeutschen Bauern zum Aufstande trieb, sind sociale Bedürfnisse gewesen, die am klarsten und knappsten, auch am wirksamsten und erregendsten in den sogenannten „Zwölf Artikeln“ formulirt wurden. Wer der Urheber dieser „Zwölf Artikel“ gewesen ist, unterliegt noch jetzt dem Gelehrtenstreit. Sie flogen seit dem März 1525 vom südlichen Schwarzwald aus in die Weite. Es wird unter Berufung auf lutherische Bibelsprüche alten wie neuen Testaments eine Verbesserung des Volkswohlstandes gefordert. Es steckt „sociales Christentum“ in diesen Ansprüchen. Die Meinung war, wer für das Wohlergehn auf Erden eintrete, sei Gott gefällig. Darum verbündeten sich sociale Revolutionäre mit religiösen Schwärmern, und zur „evangelischen Freiheit“, die sich gegen des Papstes Weltherrschaft durchsetzen will, gesellt sich die sociale Freiheit, die vom Druck der Fürsten, vom Faustrecht der Raubritter, vom wucherischen Großcapital der Welser und Fugger unabhängig machen will. Die Bauerngemeinden wollen ihren eignen Geistlichen selber wählen, sie wollen vom Viehzoll befreit sein, sie wollen frei fischen, jagen, holzen dürfen, sie wollen die Dienststunden der Arbeiter verringert sehn, der Zinsfuß soll herabgesetzt werden. Die Zwölf Artikel sind das Vorbild für zahlreiche Programme ähnlicher Art in jenem Frühjahr geworden. Auf das fränkische Gebiet wirkte hauptsächlich der sog. „Artikelbrief“, und den Artikelbrief zu vollstrecken, galt als das Ziel aller aufgeregten Wünsche. Um diese Wünsche vom Papier ins Leben zu schaffen, rotteten sich die Bauern zusammen. In Städten verbündeten sich ihnen die Bürger, Kriegsknechte traten in bäurischen Sold, und von ihren Burgen stiegen Ritter herab, weil sie fühlten, daß ihre eigne Zeit vorüber sei und nun ein neues Leben zu beginnen habe. Der natürliche Gegner dieser Volksunruhen war der große Schwäbische Bund. Schon Anfang Februar 1525 wurden auf einem außerordentlichen Bundestage zu Ulm die „Empörungen des gemeinen Mannes“ als höchst beschwerlich empfunden: „Sie mehren sich so sehr, daß ein Bauernhaufe von zwei- bis dreihundert in wenig Tagen drei- bis viertausend stark wurde. Sie wollen sich aller Obrigkeit entziehen und Selbstherren sein“ Die staatsmännische Seele des Schwäbischen Bundes war der bayrische Kanzler Eck, die militärische war Georg Truchseß von Waldburg. Dieser zog in den folgenden Monaten seine blutige Spur durch den Südwesten Deutschlands.

Am 14. April, dem heiligen Tage des Opfertodes von Golgatha, kam es zur Schlacht bei Wurzach, in der die Geschütze des Bundesfeldherrn den Sieg über die Bauern errangen. Dieser Sieg verbreitete einen solchen Schrecken, daß von der Blutgier des Truchsessen und von der Masse der Erschossenen und beim Rückzug auf die Stadt Ertrunknen die übertriebensten Gerüchte umliefen und die Wut der Bäurischen auf den Siedepunkt brachten. Schon am Ostersonntag war die Kunde meilenweit nordostwärts bis Weinsberg gedrungen, wo fränkische Bauernhaufen das Schloß des Grafen von Helfenstein bedrängten. Der Segen eines fanatischen Weibes, der schwarzen Hofmännin aus Böckingen, schien den Bauern hier den Sieg zu sichern. Aber mehr als diesem Zauber verdankten sie ihn der kriegerischen Tüchtigkeit Florian Geyers, der sehr bald die Siegeszeichen seiner schwarzen Schar von den Zinnen des Schlosses flattern ließ.

Dieser Weinsberger Ostertag steht blutig rot in der Geschichte angestrichen durch den grausamen Siegerübermut der Bauern, der dem Grafen von Helfenstein das Leben kostete. „Rache für Wurzach“ war der Mahnruf, unter dem sich die Bauern eingedenk so mancher an Jacob Wehe und andern Agitatoren vollstreckten Bluttat des Truchsessen in Blutgier überboten. Während unten in der Stadt geplündert und geschwelgt wurde, während oben das alte Schloß in Flammen stand, saßen die Häuptlinge der „hellen Haufen“ beisammen und hielten Kriegsrat. Unter ihnen Florian Geyer. Und von diesem Ritter, der mit den Bauern ging, ist aus jener Sitzung ein Ausspruch überliefert, der ihn in engste Beziehung nicht nur zum Weinsberger Siege, sondern auch zu den Weinsberger Greueltaten setzt. „Alle Burgen“, verlangte Florian Geyer, „sollen verbrannt und abgebrochen werden; ein Edelmann soll nicht mehr als eine einzige Tür haben, gleich einem Bauern“. Mit diesem Grundsatz zogen die fränkischen Haufen gegen Würzburg los. Unterwegs trat die Notwendigkeit einer einheitlichen Oberhand immer deutlicher hervor. Es sollte ein Bauernfeldherr erkoren werden. An Florian Geyer wurde dabei nicht gedacht, sondern man wandte sich an Götz von Berlichingen, den alten Feind des Schwäbischen Bundes und der Fürsten. Götz aber verhielt sich gegen diesen Ehrenposten sehr mistrauisch. Es kam am 5. Mai in Amorbach im Odenwalde zu Verhandlungen mit ihm.

Er verurteilte das Weinsberger Blutbad, und er verurteilte zunächst auch die „Zwölf Artikel“ Man einigte sich schließlich auf einzelne Abschwächungen. In dieser maßvollern Form wurde die Amorbacher Declaration der Zwölf Artikel erlassen. Diese Kundgebung fand in ihrer lauwarmen Fassung sehr geteilte Aufnahme bei den bäurischen Gemeinden, und das Ansehn Berlichingens sank ziemlich tief. In diesem Zwiespalt zwischen Hauptleuten und Gefolgschaft liegt einer der wesentlichsten Gründe dafür, daß die Sache der Bauern gar bald so schief ging.

Die Amorbacher Declaration der Zwölf Artikel gelangte mit einem energischen Entweder-Oder auch an Konrad von Thüngen, den Fürstbischof von Würzburg, der sich auf dringendes Zureden seiner Vasallen bereits nach Heidelberg aufgemacht hatte, um vom rheinpfälzischen Kurfürsten in den bevorstehenden Drangsalen Rat und Hilfe zu holen. Die Stadt Würzburg, aufgewiegelt von wüsten Demagogen, wie Hans Bermetter genannt Link, hatte schon längst in Unfrieden mit dem Domcapitel und ihrem obersten Landesherrn, dem Bischof gelebt. Die altehrwürdige Kanzel der Neumünsterkirche umlauerten evangelische Ketzer. Für den Anzug des Bauernheeres war unten in der Stadt der Boden geebnet. Als der Haufe nahte, befanden sich sowohl Götz von Berlichingen wie auch Florian Geyer dabei. Aber oberster Feldhauptmann war keiner von ihnen, sondern, da man den Ritterlichen doch nicht recht traute, ein Bürgersmann aus Eivelstadt, Namens Jacob Kohl. Zweck dieses Anmarsches zur befreundeten Stadt Würzburg hin war die Beschießung des Marienbergs (Unsrer Lieben Frauen Berg), der drüben auf dem linken Mainufer lag und auf seiner Höhe das bischöfliche Schloß trug. Florian Geyers schwarzer Haufe, der von Rotenburg heranzog, war am 8. Mai in Heidingsfeld bei Würzburg. Und treu nach Florian Geyers Weinsberger Grundsatze wurde während jener Tage zu Giebelstatt das Schloß seiner Väter zerstört. Ein Volkslied von damals reimt:

Götz von Berlichingen und auch sein Heer
Lag in der Stadt, als ich versteh
Warn eitel Bauersknaben.
Florian Geir zu Heddesfeld lag
Ueber achtzehn tausend Heuptmann was,
Warn eitel frenkisch Knaben.

Götz und Geyer hatten Sitz und Stimme im Kriegsrat, der dem Feldhauptmann zur Seite gegeben war. In ihrer Bedrängnis waren die bischöflichen Unterhändler (Hans von Lichtenstein, Sebastian von Rotenhan u. a.) zur Annahme der Declaration bereit. Aber im Kriegsrat gab es Stimmen, die sich damit nicht begnügen wollten, sondern trotz dem Entgegenkommen auf Beschießung der Burg drangen. Diese äußerste Forderung wurde besonders vom Pfarrer Bubenleben aus Mergentheim und von Jacob Kohl vertreten, während die beiden alten Gegner Götz und Geyer zu den Maßvollern gehörten. Von Florian Geyer überliefert die Chronik den Ausspruch, daß wenn er den „geschwinden“ Sinn der Bauern gekannt hätte, so hätte er sich eher erstechen lassen, als daß er zu ihnen gekommen wäre. Er sehe nun, daß es des Teufels Brüderschaft wäre und dem Evangelium nicht gemäß sei. Besonders erbittert war er über den Hetzprediger Bubenleben, dem er das Wort zuwarf: „Es sollte kein Pfaff in diesem Rat sitzen“. Aber die Ritter wurden überstimmt, und Florian Geyer, der im Taubergebiet den Kern seines schwarzen Haufens angeworben hatte und dort im großen Ansehn stand, entschloß sich mit einem andern Bauernhäuptling, dem Schultheißen Bezold aus Ochsenfurt, nach Rotenburg zurückzukehren, um von dort das zur Beschießung des Marienbergs erforderliche Geschütz herbeizuholen und die Stadt mit dem „hellen Haufen“ gegenseitig zu verbrüdern. Rotenburg, in dessen Bürgerschaft eine sehr günstige Meinung für die Bauernsache herschte, war von wichtigster Bedeutung für den ganzen fränkischen Feldzug. Es war die günstigste Station zwischen Würzburg und Nürnberg und hatte starken Einfluß auf den Markgrafen Casimir von Brandenburg-Anspach, der zwischen dem Schwäbischen Bund und den Bäurischen noch eine sehr unsichere Haltung einnahm.

Am 13. Mai trafen Geyer und Bezold in Rotenburg ein. Ihr erstes Geschäft bestand darin, daß sie mitten in der Stadt einen neuen Galgen aufrichten ließen, um, wie der Rotenburgische Ratsschreiber Thomas Zweifel berichtet, „die Bösen zu strafen und die Guten vor den Bösen zu schützen und zu schirmen“. Ferner heischten sie die beiden besten Geschütze, nämlich zwei Notschlangen samt Kugeln, eine gute Anzahl Pulver,

Büchsenmeister und die erforderlichen Gerätschaften. Mit diesen Wünschen treten die Abgesandten am Sonntag, den 14. Mai, in der Frühe vor den Rotenburger Rat. Florian Geyer ist der Sprecher. Er überreicht eine am 12. Mai ausgefertigte „Credenz" zur Aufnahme der Stadt in die bäurische Brüderschaft. Er hält dann eine Rede, worin er das Zukunftprogramm entwickelt: das Evangelium solle lauter und rein gepredigt werden nach Gottes Wort, ohne menschliche Zusätze; der gemeine Mann solle durch keine Obrigkeit bedrängt oder beleidigt werden; nicht eher solle Zins, Gülte, Rente, Handlohn, Zehent u. s. w. gezahlt werden, als bis eine Reformation auf das heilige Evangelium eingeführt sei, die umstoße, was umgestoßen werden müsse, und aufrichte, was aufgerichtet werden müsse. Florian Geyer war nicht der Meinung, daß solche Bürden ganz abgelegt werden sollten, aber die Obrigkeit solle sich mit den Untertanen deshalb vergleichen nach Erkenntnis hochgelehrter und Gott lieb habender Leute. Er forderte ferner, daß Ausschuß und Gemeinde der Stadt die nötigen Steuern selbst auferlegen sollten. Auch sollte sich die Stadt ihr Regiment selbst einsetzen, damit Aufruhr, daraus Unrat und Zertrennung entstehe, verhütet würde. Wer dawider täte, sollte seine Strafe nach Erkenntnis der Hauptleute und Räte empfangen. Geistliche Güter sollten in Verwahrung genommen werden; dem armen Mann sollte ein Ziemliches von diesen Gütern abgegeben werden. Um aber die Getstlichen vor schnöden Worten und unbilliger Belästigung zu schützen, sollten sie nicht ganz an den Bettelstab gewiesen werden, sondern, damit sie ihre Leibesnahrung hätten, als Christenleute ziemlich versehen werden.

Diese revolutionären Artikel sollten nach einer Mitteilung des Chronisten Michael Eisenhart auf hundertundein Jahr angenommen werden. Die Stadtväter von Rotenburg setzten ihre Bedenken zunächst beim Geldpunkt ein und kamen über die provisorische Anarchie, die in diesen Forderungen lag, nicht hinweg. Der Schultheiß Bezold erklärte zugleich im Namen Florian Geyers, sie könnten ohne Befragen des gesamten Kriegsrats nichts von ihren Vorschlägen ablassen. Um die Bürgerschaft gefügiger zu machen, rückten sie auch mit ihren Absichten gegen den Adel heraus: der Adel solle seine Schlösser abbrechen lassen, sein Gut aber behalten; sein Geschütz solle er den Haufen abtreten, und bis zur Erledigung dieser Schwierigkeiten solle ihm das „Ausreiten" verboten sein. Die Rotenburger Aeltesten ließen sich bestimmen, und städtischerseits sollten einige Deputirte in den Kriegsrat verordnet werden. Es zeigte sich aber wenig Neigung, ein solches Amt anzunehmen. Ein angesehner Mann in Rotenburg, Stephan von Menzingen, der aus dem Ritterstand in die Bürgerschaft übergetreten war, entschuldigte sich mit seinen Lehnsbeziehungen zum Markgrafen Casimir von Brandenburg-Anspach, den er lieber für die bäurische Sache günstig stimmen wollte. Ein andrer ehrsamer Bürger zog sich zurück, weil seine Frau „kyndsschwanger groß uf der zeyt" sei, und ein dritter gar, weil er ein „jung Gesell" sei. Endlich fanden sich

Ehrenfried Kumpf und Jörg Spelt der Junge bereit, den Handel zu unternehmen.

Sodann eröffnete sich Florian Geyer der Rotenburger Bauernschaft. Auf dem Rathause vor der großen Ratsstube stand er neben Betzold auf einem „Schrannen" und hielt wieder eine längere Rede, deren kurzer Sinn der war, daß die Bauern, fünf- bis sechshundert Mann stark, geharnischt und bewehrt gegen Würzburg ziehn und unterwegs nähern Bescheid erwarten sollten. Am folgenden Tage, den 15. Mai, stand Florian Geyer mit denselben Forderungen in der Pfarrkirche vor der Rotenburger Gemeinde: fest und menschenfreundlich sprechend, aber nicht ohne stille Seitenwinke auf den neuen Galgen am Marktplatz. Von diesem 15. Mai schreibt der bauernfeindliche Chronist: „Also auf diesen Tag ist Rotenburg vom Reich zu den Bauern gefallen".

Allzu freudigen Herzens freilich geschah das nicht. Auf einen Teil der Bürgerschaft war Zwang ausgeübt worden. Die Person Karlstadts, der immer mit dabei war, erschien vielen, die noch mit einiger Pietät an alten Kirchenbräuchen hingen, gotteslästerlich und gefährlich. Einen Söldner, den sogenannten Schäferhans, der mit den Geschützen reiten sollte, überkam eine solche Wut gegen diesen Bilderstürmer, daß er ihn erstochen hätte, wenn der junge Jörg Spelt nicht dazwischen getreten wäre.

Die Haltung des Markgrafen Casimir wurde immer verdächtiger. Man befürchtete, er werde das Geschütz, das von Rotenburg nach Würzburg gehn sollte, unterwegs abfangen, und Stephan von Menzingen erbot sich, mit Geyer den Markgrafen heimzusuchen, um ihn für die Sache zu gewinnen. Die andern aber widersetzten sich dem.

Geyer und Menzingen waren Freunde geworden. In Rotenburg, wo die Bilderstürmerei Karlstadts ganz besonders gewütet hatte, war Menzingen es gewesen, der so manches wertvolle Werk der Kunst und des Kunstgewerbes vor der Zerstörung rettete. Von diesem Schatz soll er dem Florian Geyer und dem Schultheißen von Ochsenfurt je ein kostbares Meßgewand zum Geschenk gemacht haben, eine Gabe, die später für ihn verhängnisvoll wurde.

Bis zum 19. Mai verblieb Florian Geyer in Rotenburg. Diese sechs Rotenburger Maitage sind es, da uns seine Gestalt am sichtbarsten entgegentritt. Allerdings steht er hier nicht als Held in der Schlacht, sondern als gewandter und eindrucksvoller Redner vor uns. Ein modern-parlamentarischer Zug bleibt an ihm haften, untermischt mit der rauhen Tatkraft seiner Zeit.

Während aber Florian Geyer in Rotenburg die revolutionärsten Ansprüche erhob, während feste Zuversicht sein Herz zu füllen schien, wurde anderwärts die Sache der Bauern nicht in seinem Sinn entschieden. Schon am 12. Mai hatte der Truchseß von Waldburg bei Böblingen eine fürchterliche Schlacht gewonnen. Viertausend Bauern lagen erschlagen. Und am 19. Mai ward Florian Geyer durch einen Brief der Hauptleute des hellen Haufens nach Würzburg zurückberufen. Der Sturm auf die bischöfliche Burg war misglückt. Der unzuverlässige Götz von Berlichingen hatte zur Uebereilung gedrängt, die Rotenburger waren mit Florian Geyer noch nicht zur Stelle, und als am 21. Mai endlich die Rotenburger Schlangen zum Schlosse hinaufzüngelten, war es schon zu spät gewesen. Das Schloß blieb fest, die Haufen erlitten Verlust über Verlust, und das Heranrücken des schwäbischen Bundesheeres unter dem Truchsessen zwang zu einem veränderten Feldzugsplan. Die Rotenburger machten trübe Erfahrungen bei ihren neuen Brüdern. Einzelne wurden wegen Unbotmäßigkeit von den Hauptleuten auf Tage in die Eisen gelegt.

Mehr und mehr trat das Bedürfnis nach einer allgemeinen Aussprache hervor. So wurde vom Würzburger Kriegsrat aus auf den 1. Juni ein Landtag nach Schweinfurt berufen. Man hoffte dort den Markgrafen Casimir von Brandenburg-Anspach zu treffen, der soeben in Kitzingen ein gräßliches Blutbad (zahllosen Bürgern wurden die Augen geblendet) angerichtet hatte. Man hoffte unter andern Fürsten sogar den Bischof von Würzburg auf dem Landtage vertreten zu finden. Aber man täuschte sich. Die Hauptpersonen fehlten. Es war zur Einigung zu spät. Unverrichteter Sache kehrte am 3. Juni, dem Pfingstsamstag, mit dem Rotenburger Abgeordneten Stephan von Menzingen auch Florian Geyer nach Rotenburg zurück. Tags zuvor hatte der Truchseß seinen Sieg bei Königshofen erfochten, der die Sache der Bauern endgiltig entschied. Wie überall herschte eine tief gedrückte Stimmung in Rotenburg, und wenn man dem bauernfeindlichen Chronisten Thomas Zweifel glauben darf, so wird der kurz zuvor noch so gefeierte Florian Geyer ersucht, „sich hinwegk zu thun". Florian Geyer hielt zu seiner Sache bis zum letzten Hauch. Das unterschied ihn von Götz von Berlichingen, der bei Königshofen die Brüder im Stiche gelassen hatte. Das Gefecht bei Ingolstatt, an dem Florian Geyer noch teilnahm, konnte die Sache nicht mehr wenden, sondern ihr nur noch den Rest geben. Der Chronist Eisenhart vermeldet: „Am Freitag, 9. Juni, ist Florian Geyer erstochen worden auf dem Feld bei Rimper". Früher las man an dieser Stelle: „auf dem Spelt bey Limper" und verlegte das Ende Florian Geyers ins Gebiet der Schenken von Limburg. Doch hat man sich der Ueberzeugung zugewandt, daß Florian Geyer in der nächsten Nähe jenes Schlosses Rimpar gefallen ist, dem sein Weib entstammte, und auf dem jetzt eine geborne Hutten die Burgfrau, die Gattin Wilhelms von Grumbach, war.

Der Held ist einen braven Soldatentod gestorben. Keinem seiner Kampfgenossen geschah es so gut. Dem Jacob Kohl schlugen die Würzburger Bürger auf ihrem Marktplatz den Kopf ab. Den Wühler Link erreichte später zu Nürnberg dasselbe Schicksal. Neun Tage nach Florians Ende ging Stephan von Menzingen über den Marktplatz von Rotenburg und wollte gerade bei einem Goldschmiede vorsprechen, als ihn Stadtknechte fingen und in den Turm führten. Als er auf diesem Leidenswege seine frühern „evangelischen Brüder" um Hilfe ansprach, antworteten ihm diese: „Lieber, die Bruderschaft hat ein Ende". Am

1. Juli wurde er zusammen mit dem Gastwirt Hans Kretzer, dem „blinden Mönch“ u. a. da, wo der „aufrurig galg“ gestanden hatte und nun schon wieder abgebrochen war, in Gegenwart des Markgrafen Casimir von Brandenburg-Anspach, seines einstigen Gönners, hingerichtet. Schon Tags zuvor hatte den alten Schulmeister Wilhelm Besenmayr, den Leinenweber Goppolt, den Maurer Hans Beheim und den Wirt Hans Cunrat mit noch sechs andern „Uffwidlern und Ursachern des Aufruhrs“ das gleiche Schicksal getroffen. Sie musten vor dem Markgrafen in den Ring treten, wurden ausgehemelt (d. h. ausgehammelt), und mit dem Schwerte gerichtet. Die Leichen blieben tagüber „in terrorem et formidinem“ liegen, und nachts wurden sie auf dem Judenkirchhofe verscharrt. O deus! fügt der fromme Chronist hinzu. Es war die Zeit, da auch Martin Luther mit seinem derben Machtwort gegen die revolutionären Auswüchse seines eignen Reformwerks nach Schwert und Schaffot rief und durch seine Autorität eine Sache niederwerfen half, der ein Gesinnungsgenosse Huttens und Sickingens, ein ritterlicher Mann wie Florian Geyer von Geyersberg, bis in den Tod getreu war. Dieser frühe Tod nach einem Leben, von dem auch bauernfeindliche Chroniken und Volkslieder nichts Ehrloses zu melden wusten, läßt seine Gestalt in einem reinern Licht erscheinen, als jenen Götz von Berlichingen, dessen treuloses, räuberisches Verhalten weder die ahnenstolze Pietät später Enkel, noch die herliche dichterische Verklärung durch Goethe vor dem Richterspruch historischer Forschung retten dürfte.

Nicht so erkenntlich den Augen des Historikers steht mit seiner dunklen Schar Florian Geyer. Desto mehr aber muß es dichterische Phantasie reizen, ein deutlicheres Bild von ihm aus dem Grunde des Zeitalters aufsteigen zu lassen.

Nachdem sich in Roman und Drama schon mehrere andre Autoren um den Stoff bemüht hatten, trat unabhängig von diesen Versuchen Gerhart Hauptmann an die große Aufgabe heran. Sein Drama teilt sich in ein Vorspiel und fünf Akte. Die Zeit der Handlung liegt zwischen Ostern und Pfingsten jenes Schicksalsjahres 1525. Würzburg, Rotenburg, Schweinfurt sind die drei Hauptorte der Handlung.

Das Vorspiel beginnt nach der Weinsberger Affaire und trägt sich auf dem Schlosse des Würzburger Bischofs zu. Wir sehn die bedrängten Umstände, in denen sich damals die bauernfeindliche Ritterschaft befand. Der fränkische Adel ist versammelt und erwartet den Bescheid seines bischöflichen Herzogs. Das Vorspiel scheidet sich in zwei Teile. Im ersten Teil werden durch ein Schreiberseelchen den Rittern in der abgeschwächten Amorbacher Fassung jene „Zwölf Artikel" vorgelesen, die hier eine ähnliche teils empörende, teils beängstigende Wirkung ausüben, wie in „den Webern" das Lied vom Blutgericht. Dreht sichs hier um eine Verlesung, so dreht sichs im zweiten nur um eine Ansprache. Wird im ersten Teil die Verlesung durch zahlreiche kritische Randglossen des Adels, in denen ohne rechte Action das tatsächliche Zeitbild parlamentarisch ausgebreitet wird, stetig unterbrochen, so wird im Gegensatz dazu der Ansprache des Bischofs und Herzogs von denselben Rittern folgsam gelauscht.

Dem Bischof-Herzog ist es auf seinem Schlosse nicht mehr geheuer; er will sich vor den heranziehenden Bauern nach Heidelberg zum rheinpfälzischen Kurfürsten verkriechen, vorgeblich um dessen Beistand anzurufen; der ebenso kluge wie feige Kirchenfürst trägt, wie sein Zeitgenosse Eck sich ausdrücken würde, „einen Hasen im Busen“, aber er weiß dieses Hasenpanier so diplomatisch und wohlrednerisch zu drapiren, daß die große Mehrheit der Ritter nichts merkt, und die Zurückbleibenden dem entweichenden Herrn Hab und Haus hüten werden. Unter den Rittern, den „festen Junkern“, die in den aufgestandnen Bauern nur Gesindel, in der Bauernbewegung nur den Umsturz von Recht, Sitte, Ordnung sehn, heben sich mit kleinen, feinen Zügen, anfangs nicht leicht zu sondern, dann sehr unterschiedlich, Typen ab, wie sie auch in den politischen Kämpfen unsrer Gegenwart wiederkehren: der stockconservative, vierschrötige, im bösen wie im bessern Sinn einfältige, unerschrockne Haudegen (Graf Wolf von Kastell); der kleine, großmäulige, schneidigtuerische Emporkömmling, der durch überheizte Gesinnungstüchtigkeit seine Bauernherkunft verdecken will (Kunz von der Mühlen); der geistliche Fanatiker (Domherr Hans von Lichtenstein); der geschmeidige, redegewandte, wetterwendisch-staatsmännische Höfling (Sebastian von Rotenhan); daneben ein renegater Sohn Ulrichs von Hutten und etliche Cavaliere, die ohne besondre Merkmale mithalten und allerlei über feindliche Vorgänge der letzten Zeit zu melden wissen. Aber dieser Schar fehlt auch der Opponent nicht: der freigesinnte Edelmann, der offen und kühn die gerechten Beschwerden des Bauernstandes anerkennt und aus seiner Abneigung gegen Junker und Pfaffen kein Hehl macht (Wolf von Hanstein); er ist der geistige Nachfahr Ulrichs von Hutten und Franzens von Sickingen. Er ist in dieser Ritterrunde der Stellvertreter und Sachwalter Florian Geyers. Um seine Uebereinstimmung mit diesem ritterlichen Bauernhelden noch klarer zu machen, steht neben dem Geistesfreunde Florians, in verdeckterer Haltung, ein leiblicher Bruder Florian Geyers, der an Florians Person und Ehre brüderlich hängt, aber der Sache Florians ehrlich feind ist. Man könnte fragen, warum der Dichter nicht gleich Florian selbst zur Führung seiner Sache in diesen Kreis gegnerischer Standesgenossen eingelassen hat. Ein Dramatiker der alten Schule hätte hier auf den persönlichen Contrast des Helden zu seinen Widersachern nicht verzichtet. Der moderne Dichter wollte das auf Kosten der geschichtlichen Realität nicht tun. Als der Bischof Würzburg verließ, hatte sich Florian Geyer schon zu tief in die Sache der Bauern eingemischt, um noch bei Hofe möglich zu sein. Er hatte bereits Weinsberg erobert und Kitzingen für sich gewonnen und war schon auf dem Wege gen Würzburg. Er gilt diesem Junker- und Pfaffenkreis als die Seele aller Feindlichkeit. Sein Geist geht schreckhaft und gehaßt durch die Versammlung. Körperlich muß ihn daher ein Andrer vertreten. Dieser Andre leitet unser Interesse am

Helden aus dem parlamentarisch gehaltenen Vorspiel ins Drama selbst über. Hier aber werden wir diesen Wolf von Hanstein, der nach des Dichters Meinung seine Schuldigkeit getan zu haben scheint, nicht wiederfinden, sondern statt seiner den echten und den rechten Florian Geyer.

Bei der ersten Aufführung hinterließ dieses Vorspiel, von mäßigen Schauspielern dargestellt, nur den betäubenden Eindruck eines wüsten Durcheinander schreiender Lungen und rasselnder Rüstungen und schwächte von vornherein die Gesamtwirkung des Dramas so empfindlich ab, daß man es an den nächsten Abenden einfach weg ließ und die Aufführung gleich mit dem ersten Akte begann.

Der erste Akt hält uns noch in Würzburg auf. Aber nicht mehr jenseits des Maines auf der Bischofsburg, sondern unten in der Stadt selbst. Wir sind in der Capitelstube der Neumünsterkirche. Nebenan ist Dankgottesdienst. Die Kirche ist dicht voll. Die Capitelstube schmückt sich mit grünen Reisern. Unter Führung Florian Geyers haben die Bäurischen Würzburg in Besitz genommen. Der Siegestaumel ist gewaltig. „Das Glück schneiet mit großen Flocken“, jubelt im Uebermut Florian Geyers Feldschreiber Lorenz Löffelholz. Aber bald darauf muß derselbe Lorenz Löffelholz klagen: „Bös Ahnen nestelt sich an mich“. Die Bauernpartei erlebt einen großartigen Triumph. Die stolzen Ritter vom Bischofssitz müssen unten in der Capitelstube antreten, um mit der bäurischen Uebermacht zu unterhandeln. Die kecken

Spötter und Schimpfer aus dem Vorspiel finden sich murrend bereit, jene „Zwölf Artikel“, die sie so feindlich glossirten, für Recht und Gesetz anzuerkennen. Die Bäurischen lassen es dabei ihrerseits an hochfahrender Schadenfreude nicht fehlen; ihre Begehrlichkeit steigt. Die manigfaltigen Interessen der Einzelnen geraten in Wirrwarr. Den Siegern gebricht es an Eintracht. Quot capita, tot sententiae! könnte der humane und humanistische, gegen die Scholastik aufgebrachte Rector Besenmeyer, der freudig zu Florian Geyer steht, in seinem Heidenlatein sagen. Die Bauernpartei, wie sie hier in der Capitelstube zum Ratschlag über zwei wichtige Dinge, über die Angebote der Bischöflichen und über die Wahl eines Führers, versammelt ist, bildet sich aus den verschiedensten Ständen. Das bäurische Element selbst tritt fast zurück hinter all den Rittern und Bürgern, Geistlichen und Gelehrten, Schreibern und Kriegsknechten, die irgend ein wirklicher oder eingebildeter Vorteil der eignen Person auf diese Seite geschlagen hat. Es hallt wider von Worten wie Freiheit, Gleichheit, Brüderlichkeit, aber jeder legt in diese Worte seinen besondern Sinn. Aeußerlich entwickelt sich ein farbiges bewegtes Bild. Noch ehe die Einzelnen in das ehrwürdige Kirchengemach eintreten, sehn wir mit den begierigen Augen derer, die zum Bogenfenster auf die Straße hinabschaun, das Getriebe draußen vor dem Dome. Da hebt sich schwer von seinem Rößlein der volle Wanst des Odenwälder Bauernhäuptlings Jacob Kohl. Dann reitet auf seiner Schindmähre Götz von Berlichingen heran; er hat mit Goethes biederm Helden kaum mehr als den Namen, die eiserne Hand und etliche Schicksale gemein; sonst ist er ein kurzes „Nußknackerlein“, voller Unfried und Tücke. Wir sehn Florian Geyers Schwager in die Tür treten, den äußerlich glänzenden, innerlich rohen Ritter Wilhelm von Grumbach, der im Trüben dieser Händel nach bischöflichem Gut fischen möchte. Endlich tönt Jubel die Gassen herauf. Sie begrüßen draußen den Helden des Tages, den Einzug Florian Geyers in Würzburg. Nun sitzt er ab, nun tritt er ins Gotteshaus, nun erscheint trunken von Wonne und Wein sein treuer verwilderter und verwelschter Kriegsgesell, Tellermann, und endlich, nach Predigt, Gebet und Segen, ist er selbst im Zimmer, der schwarzgeharnischte Sieger.

Gleich seinen ersten Worten merkt mans an, daß zuvor Rector Besenmeyer ihn richtig beurteilt hat: „Ein brennendes Recht fließt durch sein Herz“. Rector Besenmeyer ist nicht der Einzige, der sich als begeisterten Geyerfreund offenbart hatte. Auch der bürgerlich gewordne Ritter von Menzingen, der Schultheiß Bezold, der junge Diakonus im Dom und vor allen Tellermann und Löffelholz, sie hangen an ihrem Helden. Aber schon muste Löffelholz sorgend bekennen: „Sie denken nit alle so wie wir“; und je dichter sich die Stube füllt, desto bedenklicher zeigt sichs, daß Florian Geyer über diese buntscheckige Siegerschar „in keinem Weg“ die unbestrittene Hegemonie hat. Der eifersüchtige, von altersher grollende Raubritter Berlichingen fühlt sich in seinen eignen Strauchdiebzwecken durch ihn beeinträchtigt. Der hetzende Bauernpriester Bubenleben aus Mergentheim will so wenig einen Junker zum Feldherrn haben, wie der Soldat Tellermann einen Pfaffen leiden kann, und schlägt den feisten, faulen, weinschwelgenden Bürger Jacob Kohl zum Führer vor. Der radicale Anarchist Flammenbecker, einer von den „Weinsberger Blutbuben", für die Götz und Geyer nur den Galgen haben, will gar keinen Hauptmann. Der glatte Schreiber Sartorius, in Schwager Grumbachs Dienst, schlängelt sich zwischen diesen widerharigen Köpfen hin und her. Leis abwartend, auf welche Seite der günstigere Vorteil fallen werde, hält sich im Hintergrunde sein Herr. Es beginnt unter Florian Geyers Vorsitz die Beratung. Damit treten wir endlich aus der breiten Darlegung des historischen Standes der Dinge in die eigentliche Action ein, von der wir nun wünschten, daß sie rascher fortschreite. Die gemeinschaftliche Sitzung um die Tafel herum gab auf der Bühne des Deutschen Theaters kein übersichtliches Bild, und so ward auch der Eindruck dieser Scene beeinträchtigt.

Konnte sich diese Ratsversammlung schon mit den bischöflichen Unterhändlern über das Maß von Geben und Nehmen nicht einigen, nahm sie schließlich nach alter deutscher Sitte gar nichts, weil ihr nicht alles geboten ward, so entsteht bei der Wahl des Führers noch wirrfäligere Zwietracht. Aller Dank und alle Freude sind hin. In diesem Durcheinander von Wünschen und Meinungen hebt am ruhmvollsten Tage seines Lebens der Held schon den Fuß auf zum Schritt ins tragische Verhängnis. Ein feiner Diplomat, ein weiser Staatsmann, ein gewalttätiger Tyrann hätte dieser zügellosen Schar den Herrn gezeigt, mit dem überwundenen Feind pactirt und sich die Führerschaft erzwungen. Denn je verrannter der Hause, desto günstigere Zeit für die Despoten. Von alledem aber lag in Florian Geyers Natur zu wenig, und alles Tragische ist entweder ein Zuviel oder ein Zuwenig; meist ist es Beides. Er ist, modern gesprochen, kein Realpolitiker, sondern ein Idealist. Florian Geyer, ein ganzer Mann, ist doch nur einen halben Weg gegangen. Den verbündeten Rittern galt er als Bauer, den Bauern blieb er trotz der Lockenschur ein Ritter, und die Geistlichkeit sah in ihm den Ketzer. Er hat nach eignem Rechtsgefühl gehandelt, aber schon wuchs aus seiner Tat etwas hervor, was seinen Willen überwucherte. Draußen in der Stadt tobt noch der Siegesjubel. Das Volk schlägt aus. Man will an den Ueberwundenen sein Mütchen kühlen. Weinsbergs böses Beispiel wirkt nach. Die Unterhändler des Bischofs finden nicht das freie Geleite durch die Stadt, das Geyer ihnen zugesichert hat. Weiber möchten zu Hyänen werden, und alle diese Rechtswidrigkeiten geschehn unter dem Feldgeschrei: „Vivat Florian Geyer“! Es fallen Schüsse. Der Knall der Schüsse wirkt auf die Ratsversammlung ungefähr so, wie 1848 die Schüsse vor dem Schloß Friedrich Wilhelms des Vierten auf die Berliner Bevölkerung. Die Empörung bricht los. Geyer aber handelt nun nicht, sondern er redet. Er wirft sich nicht zum alleinigen Herrn der Situation auf, sondern er plaidirt für einen vielköpfigen Kriegsrat. In ehrlichem Pathos leitet er die Wut in eine symbolische Handlung ab, zu der sich nun die Getrennten vereinigen. Ein Stoß des Messers in die Kirchentür bedeutet für sie einen Stoß „mitten ins Herz" des Feindes. So findet Jeder, der Soldat wie der Pfaff, der Anarchist wie der Bürger, der Bauer wie der Gelehrte, der Feste wie der Schwankende irgend ein Herz, in das er ohne Blutvergießen mitten hinein stechen kann. Und die meisten Stiche ins Holz gelten dem Truchsessen von Waldburg. Diese körperliche Uebung, die einen theatralischen Aktschlußeffect macht, lenkt das Blut aus den Gemütern ab. Zwei aber haben ihr Messer nicht gestoßen: die beiden Mitbewerber ums Hauptmannsamt, Jacob Kohl und Götz von Berlichingen. Und doch ist Geyer ihren Wünschen nicht mehr gefährlich. Er, der Mann des Rechts und der Rechtsdoctrin, hat freiwillig auf die Wahl verzichtet. Statt des festen Einen Herrenwillens waltet ein Vielerlei.

Zwischen dem ersten und zweiten Akt liegt die strategische Situation so. Das Würzburger Bischofsschloß soll von der Stadt aus beschossen werden. Das kann ohne den Beistand der Rotenburger Stadtgeschütze nicht geschehn. Diese zu heischen und zu holen, wird kein Andrer als Florian Geyer von Würzburg nach Rotenburg verschickt. Die Zurückbleibenden geloben, etwas Feindliches gegen das Schloß nicht früher zu unternehmen, als bis Geyer mit den Geschützen wieder da ist. Dieses feierliche Versprechen wird aber nicht gehalten. Während Geyer in Rotenburg ist, beschießen seine wortbrüchigen Brüder in Würzburg das Schloß, und da sie mit Geschützen nicht genügend versorgt sind, so erleiden sie eine schmachvolle Niederlage, die zusammen mit dem gleichzeitigen Böblinger Siege des Truchsessen die bäurische Sache an den Rand des Abgrunds bringt.

Der zweite Akt spielt in Rotenburg. Geyer ist in der Stadt. Wenn im Vorspiel die äußere Handlung in zwei Teile, Verlesung der Artikel und Ansprache des Bischofs, zerfällt, wenn im ersten Akt die Stimmung von der Siegesfreude zu heißer Zwietracht umschlägt, so sind auch im zweiten Akt zwei Teile zu unterscheiden. Der erste ist wieder einmal zuständlicher Art. Der zweite bringt die tragische Wendung. Der zweite Akt erinnert, nicht nur durch anschauliche, breite, den Fortgang der Action stillstellende Schilderung von Zuständen, sondern auch durch die Scenerie zunächst an den dritten Akt „der Weber". Auch hier sind wir in einer Schenkstube; am Marktplatz von Rotenburg beim Gastwirt Kratzer, der zur Bauernpartei gehört und ihr stiller Vertrauensmann ist. Wie heute in socialdemokratischen Kneipen die „Genossen", so finden sich auch bei Kratzer von auswärts und aus der Stadt die „Brüder" ein, um unter dem Vorwand eines guten Trunks, einer Erholung hinter dem Krug, über die Lage zu schwätzen und Neuigkeiten zu hören. Die erste Hälfte des Akts ist der Besprechung der Lage gewidmet, die zweite den neusten traurigen Nachrichten vom Kriegsschauplatz. Der Verkehr in diesem Wirtshause schafft wieder ein lebendiges Bild. Weinselige Bürger plärren die großen Schlagworte der Zeit her wie Bundschuh und Evangelium. Es wird weidlich auf Pfaffen und Klöster geschimpft, und an einigen verlaufenen Mönchen wird die

Verwahrlosung des damaligen Klosterlebens offenbar. Die Reformationsstimmung ist so stark, daß sie sich schon zu Spott und Hohn entschließt. Der schmucke Bürgermeistersohn, der mit den Geschützen gen Würzburg ziehn soll, wird in seiner kecken Großjungenhaftigkeit (Rotenburger jeunesse dorée du siècle de Charles-Quint) von den zechenden Philistern als Hoffnung künftiger Zeiten beliebäugelt. Ein antipapistischer Hausirer ruft die neusten Flugschriften aus, und in dieser Marktschreierei vergegenwärtigen sich alle Gewalten des Zeitlaufs: Ablaßkram und päpstliche Weltherschaft, der Opfertod von Hus und Savonarola, Huttens letzte Tage und Thomas Münzers Streit mit Luther. Wie in heutigen Wirtshäusern an den Wänden die Potentaten im Bilde prangen, so steigern sich hier im Reklameruf des Hausirers die Bilder zum dramatischen Vorgang. Unter diesen bunten Gestalten, die nur als episodische Merkmale der Zeit erscheinen, begegnet uns so mancher Bekannte aus der Würzburger Capitelstube. So der eingebürgerte Ritter von Menzingen und der Schultheiß Bezold von Ochsenfurt, der den Geyer nach Rotenburg begleitet hatte; beide sind gut bäurisch, aber hegen im Nachhall der Würzburger Zänkereien über die zweifelhafte Haltung des Markgrafen Casimir von Anspach sehr verschiedne Meinung und gerieten hart an einander, wenn nicht dem Schultheißen, der ein fester Zecher ist, noch rechtzeitig die friedenstiftende Kraft des Tauberweins einfiele.

Auch sonst ist unter den bäurischen Brüdern viel Uneinigkeit. Weder Karlstatts Bilderstürmerei noch sein

Lutherhaß werden von Andern gebilligt, und wo sich zwei in einer Sache einig sind, geschiehts aus verschiednen Gründen; auf Karlstadts Bildersturm erwidert Geyer das feine Culturwort: „Gott grüß die Kunst!“, während Geyers Todfeind, der Schäferhans, dieselbe Bilderstürmerei um ihres alten katholischen Volksglaubens willen haßt.

Auch Rector Besenmeyer der Humanist ist dabei. Wir sehn ihn gleich bei Beginn des Akts in Kratzers Wirtsstube wieder und sind Zeugen seiner Humanität; er hat unterwegs eine totmüde, zigeunerhafte Dirne aufgegriffen und schafft ihr barmherzig bei Kratzer Unterschlupf. In diesem schwarzen jungen Weibsbild steckt ein historischer Kern. Der Dichter wurde offenbar auf diese unheimliche heimatlose Gestalt durch die schwarze Hofmännin aus Böckingen bei Heilbronn geführt. Diese Petroleuse des Bauernkriegs war mannhafter als alle Männer. Ihre Zaubersprüche hatten fortreißende Macht. Ihr Segen, der ein Fluch war, tat das Seinige, um die Bauern durch jene Weinsberger Greueltaten ins sittliche Unrecht zu setzen. Gerhart Hauptmanns schwarze Marei ist freilich nur ein Schatten dieser Gestalt. Sie ist zahmer und scheuer. Der Dichter hat die Böckingerin dem Käthchen von Heilbronn angenähert. Wie das Käthchen in hündischer Treue ihrem Ritter folgt, so die schwarze Marei dem Florian Geyer. Wie sich das Käthchen mit dringlicher Kunde den Atem ausläuft, so kommt über Nacht die schwarze Marei mit Hiobsposten von Würzburg nach Rotenburg gerannt. Am Ziel sinkt sie übermüdet in todesähnlichen Schlaf, und während beim Kratzer an den verschiednen Wirtstischen die „Läufte“ beredet werden, während durch wimmelnde Gestalten die damalige Welt im Kleinen erscheint, liegt hinten, unbemerkt und ungestört, wie sein schlafendes schwarzes Verhängnis, Florian Geyers schlafende schwarze Marei.

Aber die schwarze treue Marei ist nur das äußere Scheinbild seines Schicksals. Leibhaftig verkörpert sich dieses Schicksal in einer Männergestalt, und gleichfalls in Kratzers Wirtshaus zu Rotenburg tritt es zur selben Stunde ihm entgegen. Wie den Wallenstein sein Buttler umkreist, so umkreist den Florian Geyer sein Schäferhans. Der Schäferhans, ein einfältig frumber Landsknecht, der sich gegen seine bäurischen Brüder nicht will brauchen lassen, aber ein in der Soldateska verrüdeter Rauf- und Saufbold, wollte in der Glut des Branntweins dem verhaßten Bilderstürmer Karlstadt, der auch bei Kratzer untergekrochen ist, ans Leben, wird von dessen Mut der Demut abergläubisch gebannt, aber dann durch Lärm und Spottlied gegen den eingetretenen Florian Geyer, mit dem er schon vor Pavia Händel hatte, so aus der Maßen frech, daß dieser ihn mit einem Faustschlag ins Gesicht niederwirft.

Florian Geyer trifft mit diesem sinnbildlichen Faustschlag die ganze Wildnis und Wüstheit des Zeitalters und beweist, daß sein Herz zwar dem niedern Volk, aber nicht dem verrotteten Pöbel gehört. Zwar liegt der Schäferhans jetzt bewustlos am Boden. Aber es kommt ein Tag, wo er den Florian Geyer zum zweiten Mal treffen wird. Jetzt hat Florian nur seinen verräterischen Schwager Wilhelm von Grumbach zur Seite, und hinten im

Dunkeln auf der Bank schläft noch immer, durch keinen Schäferhans zu erwecken, und auch nicht zu erwecken, als das Volk seinen Helden umjauchzt, und der Held zu seinem Volke spricht, die schwarze Marei. Man hatte ihrer und ihrer Hiobsposten lang vergessen. Nun aber wird sie doch geweckt, und sie bringt stockend, unbeholfen, maulfaul vor Müdigkeit, mürrisch aus Ohnmacht, mühsam hervor, was sie weiß, und was ihr mitgegeben ist. Auf einen Ruck sind wir damit in die seit Würzburg fortgeschrittene Action hineingerissen. Wir erfahren mit Florian Geyer und den Andern, wie sich seit jenem Siegestag alles gewendet hat, wie verzweifelt es um die bäuerische Sache steht. In der Böblinger Schlacht fielen gegen den Truchseß von Waldburg zwanzigtausend Bauern. Aber auch in Würzburg selbst steht es schlimm. Während Florian Geyer unheilvoller Weise sich hierher nach Rotenburg „verschicken" ließ, wurde dort gegen seinen Willen und wider Versprechen beschlossen, die bischöfliche Burg anzugreifen. Nur Tellermann hatte sich widersetzt. Er wurde für diese Treue zum Herrn ins Eisen gelegt. Die Andern samt Geyers schwarzem Haufen wagten den Angriff und wurden schmählich niedergemetzelt. Als Geyer diese Nachrichten der schwarzen Marei empfängt, verläßt ihn sein Vertraun zur Sache. So lang er nur von der Uebermacht des Feindes bei Böblingen hörte, erscholl immer wieder sein ermunternder Ruf: „Gen Würzburg". Als er aber vom Wortbruch der Freunde hört, verstummt sein Ruf; anstatt die Rotenburger Geschütze zu fordern, legt er selbst Stück für Stück seine eignen Waffen ab. Er denkt ans Kloster. Dieser Akt, in allen Tonarten spielend, endigt mit einem elegischen Accord. In der entscheidenden Stunde vom Orte der Entscheidung weit entfernt, hält sich Geyer damit auf, einem einzelnen Mann die Faust ins Gesicht zu schlagen und zum Fenster hinaus eine schöne Volksrede zu halten. Ist das sein Charakter oder nur sein Schicksal? Statt frischer Tat Symbol und Worte!

Der dritte Akt führt nach Schweinfurt. Die tiefe Niedergeschlagenheit, in der wir Florian Geyer verließen, hat inzwischen alle Beteiligten ergriffen. Die Lage ist für die Bauern schlimmer geworden. Markgraf Casimir von Anspach, über dessen unsichere Haltung in Rotenburg zwischen Menzingen und dem Schultheißen noch Streit entstehn konnte, der die letzte Hoffnung blieb, hat sich zu Ungunsten der Bäurischen entschieden und die Stadt Kitzingen, mit furchtbarer Grausamkeit gegen die wehrhaften Bewohner, genommen. Scheinliberale Edelleute sind eilends abgefallen. Der Truchseß von Waldburg, den sie jetzt den Bauernjörg nennen, ist nach der Böblinger Metzelei weitergezogen und hat die Stadt Weinsberg, diese Wahlstatt der schlimmsten Greueltaten empörter Bauern, niedergesengt. Ein Bauernausschuß, der in Heilbronn kommunistisch-reichseinheitlich-liberale Verfassungsentwürfe beraten wollte, stob vor dem unbarmherzigen Truchsessen aus einander. Jetzt, da es zu spät ist, geschieht, was Geyer schon in der Würzburger Capitelstube gewollt hatte, jetzt, da der rechte Augenblick bereits verpaßt ist, hat der bäurische Kriegsrat einen Landtag aller Genossen nach Schweinfurt berufen. Aber alle Schwachen und Schwanken sagen ab, und der Festen bleiben nur wenige. Wir sehn unsre alten Bekannten aus der bäurischen Gruppe nach einander in die Schweinfurter Ratsstube treten. Ein umherziehender, reicher alter Handelsjude, Jöslein, dient, ähnlich wie zuvor in Rotenburg der Hausirer, als Verkünder der neusten Begebenheiten. Zunächst sitzen die beiden von der Capitelstube her bekannten Feldschreiber da, der Geyerische Biedermann Löffelholz und der Grumbachische Gleißner Sartorius; jener sterbenskrank an Leib und Seele, wie die Sache, der er und sein Herr dienen, dieser ängstlich fragend, mit wem es sein Herr nun hält, wo ihm selbst der Ausschlupf sein wird. Dann kommt der Würzburger Demagog Link, der Mordbrenner Flammenbecker, der finstere sociale Pastor Bubenleben, der gute alte Rector Besenmeyer, der eingebürgerte Ritter von Menzingen, der Hauptblamirte vom Würzburger Schloßberg Jacob Kohl. Jeder weiß was Neues, Keiner was Tröstliches. Einer gibt dem Andern die Schuld am Unglück. Aus allen diesen Vorwürfen, dieser eigensinnigen Bornirtheit, diesem Schimpf und Groll und Zank entrollt sich eins der betrübtesten Gemälde deutscher Vergangenheit, deutscher Zerklüftung und Zerfahrenheit: im Dienst für eine Sache das vielspältigste Wesen. So verläuft vom dritten Akt der erste Teil.

Den zweiten Teil beherscht Geyer selbst. Er tritt in derselben Stimmung auf, in der wir ihn beim Rotenburger Weinschenken gesehn hatten: stillgefaßt und ohne

Vertraun, ein Besiegter in der Größe des Siegers. Er ist gütig gegen seine Getreuen, nimmt für seine Gleichheitsbestrebungen gelassen den naiven Dank des Juden hin, zerschneidet mit einem kurzen, messerscharfen Wort das Tischtuch zwischen sich und seinem Schwager Grumbach und ignorirt verächtlich jenen Jacob Kohl, der bei Würzburg den Hauptkarren verfahren hatte. In dieses wartende Rumpfparlament bricht eine gräßliche Scene ein, die auch Geyers Blut wild aufrührt. Ein altes Weib führt ihren zu Kitzingen beim Einzug der Markgräflichen mit zahllosen andern Bürgern geblendeten Sohn herein. Im Irrsinn ist sie bekehrt zum ältesten Glauben; alle Menschen, besonders aber den Luther und den Geyer verflucht sie; Gott und allen Heiligen singt sie Lob. Der Wut und dem Wahn ihres Wehs begegnet Geyer sanft, ergeben und mildtätig. Dann aber feuert es, wie aus einem langverhaltnen Krater, flammenspeiend in ihm hervor, und sehr verschieden von den kleinlichen Hadereien, Nörgeleien und Aergereien der Andern, hält er ein gewaltiges Strafgericht über alle die Halben, Ungetreuen, Unverträglichen, Habgierigen, Eigenmächtigen, Eitlen, die ihm seine Sache verdorben haben, „eine Sache, die Gott einmal in eure Hand gegeben hat und vielleicht nimmer“. Es ist wieder blos in Worten ein Strafgericht, aber die ganze derbe Ausdruckskraft des lutherischen Zeitgeistes steht diesem edlen ritterlichen Helden zu Gebot, und auch das welterschütternde Hohngelächter, in das Goethe seinen Götz vor den Heilbronner Ratsperrücken ausbrechen läßt.

Es ist erhaben und zugleich kläglich, wie Geyer, der

Held der unerschrockensten Tat, der mannsmutigste von Allen, wieder in Scheltreden seine Brust erleichtern muß und, wenn er das Schwert zieht, nur seine Verbündeten herausfordern kann. Die Macht seiner Persönlichkeit wirkt durch diesen emphatisch ausgeschrienen Seelenschmerz stärker als bisher. Er imponirt allen. Er beugt sie alle nieder. Am erschütterndsten wirkt er auf den armen dicken Jacob Kohl, der nun ganz zerknirscht ist. Und doch! So hoch Geyer über den Andern steht, so bestätigt und bestärkt sich wieder unser erster, schon aus der Würzburger Capitelstube geholter Eindruck: Geyer ist nicht der Mann, diese tobenden Zeiten zu führen.

Ziele, wie Karl der Große, wie Luther, wie Bismarck, kann er sich setzen, aber er wird sie nicht erreichen. Der idealistische Doctrinär ist in ihm um eine Handbreit größer als der durchgreifende Realpolitiker. Weil er für Recht und Freiheit ist, gibt er in der Stunde seines höchsten Triumphes seinen eignen Willen auf und läßt einer unsichern, uneinigen Vielheit die Macht. Und in entscheidender Stunde der Gefahr läßt er sich zu minderwertigem Geschäft bei Seite schaffen, damit die Andern, die compacte Majorität, gegen seinen Willen ihr Stück durchsetzen. Hätte ein Geyer vor dreißig Jahren mit dem preußischen Abgeordnetenhause im Militärconflict gelegen, so hätte der treue und gewissenhafte Rechtsfreund die Verfassung nicht gebrochen. Er hätte keiner Indemnität bedurft, aber auch kein Königgrätz, Sedan und Versailles erreicht. Bei Geyer denkt man wehmütig wieder an einen andern Mitbegründer des neuen Deutschen Reichs, der, um Napoleons gehässiges Wort auf die Deutschen hier liebevoll anzuwenden, ein Ideolog war und doch ein Held des Krieges. Wie wenig eins das andre ausschließt, hat der moderne Dichter an Geyer mit psychologischer Schärfe dargestellt. Denn auch die lange derbdeutsche Strafpredigt auf dem gescheiterten Landtag in Schweinfurt endigt mit einem heldenmütigen, tatkräftigen, nur schon zu späten Entschluß. In Rotenburg hatte Geyer die Waffen abgelegt, weil nichts mehr zu hoffen schien. Jetzt ist noch weniger zu hoffen, und doch ergreift er mit seinem alten Feldruf „Gen Würzburg“ wieder das Schwert zum letzten Verzweiflungskampf um Leben und Tod. Noch eh er, begleitet von den Treugebliebnen und einem wieder Treugewordnen, dem reuigen, rührend lächerlichen Jacob Kohl, davon schreitet, umsaucht ihn sichtbar schon ein Hauch des Todes. Er läßt seinen Löffelholz im Sterben zurück. Er rückt in ein Feld, wo er eines Feldschreibers nicht mehr bedürfen wird.

Während des vierten Aktes sind wir wieder in Kratzers Herberge am Markt zu Rotenburg. Der Ort ist derselbe, aber wie anders die Stimmung! Ringsher brennen die Dörfer. Der Glutschein steigt über die nächtlichen Dächer der Stadt. Es ist schwül und verzagt. Unter den Bürgern Rotenburgs herscht eine reactionäre Strömung. Die kleinen selbstischen Interessen kommen zum Vorschein. Man will Fried im Land und sich ducken. Der Harnischweber Kilian, der zuvor hübsch bäurisch war, überlegt jetzt, wem er denn noch Harnische weben soll, wenn es keine Ritter mehr gäbe. Man petitionirt um Wiedereinführung der alten Kirchenbräuche. Das heimliche Treiben in Kratzers Wirtshaus wird von der Gegenpartei argwöhnisch beobachtet. Kratzer selbst ist überaus ängstlich geworden. Er verteidigt sich mit dem echten Geldverdienerwort: „Ein Wirt ist allweg ein Freund seiner Gäste. So bin ich des Karlstadts Freund gewest“. Kunden, denen er nicht recht traut, gönnt er lieber seinem Concurrenten. Ein klägliches, feiges Pfahlbürgertum macht sich breit. Nur eine Minderheit vertraut noch auf den Götz und den Geyer und läßt sich von herumziehenden Spielleuten die neuen Volkslieder auf diese Helden vorbänkeln. Die Gegenpartei antwortet mit Spottliedern auf Thomas Münzer und Martin Luther.

Der Standhaftgebliebnen Hoffen richtet sich auf den Schweinfurter Landtag. Als Geyer von Rotenburg nach Schweinfurt geritten war, scheint die schwarze Marei in der Herberg zurückgeblieben zu sein. Während Gevatter Schuster und Schneider sich „kleines Lauts“ zur Ruhe trollen, liegt sie wieder hinten auf ihrer alten Bank und schläft. Aber ihre Träume stehn in der Feldschlacht bei Geyer und seinem Tellermann. Sie ist nicht das einzig Unheimliche in der jetzt so unwirtlichen Herberge. Wie aus der Nachtluft gebildet, steht plötzlich vor dem erschreckten Wirt sein gefährlichster Gast, Andreas Karlstadt, der Bilderstürmer, da. Eine ganz gescheiterte Existenz! Mutlos und unwillkommen kehrt er von Würzburg zurück, das sichtbare Gespenst einer verlornen Sache. Er spricht jetzt das Wort aus, in dem sich die ganze

Tragödie spiegelt: „Hat ein Aussehn gehabt, als sollte der Frühling hervorkeimen allenthalben, ist aber alles wiederum verfaulet in Finsternis!“ Karlstadt ist nicht der Einzige, der in dieser düstern Nacht die Herberg des armen Kratzer heimsucht. Von Marei sofort aus dem Schlafe heraus von weitem erkannt, kommt Geyer mit andern Abgeordneten, darunter Menzingen und Rector Besenmeyer, vom Schweinfurter Landtag zurück. Unverrichteter Sache! Gegen Würzburg, wo nach Karlstadts Aeußerung die Hölle ist, Leute anzuwerben, um seinen schwarzen Haufen wieder herzustellen, ist auch vergebliche Mühe gewesen.

Still in sich gekehrt, resignirt, sitzt er wieder an Kratzers Tisch, auf den seine verlorne Hand Kreidefiguren hinmalt, während seine Gedanken um das deutsche Schicksal kreisen. Wir kennen diese Situation schon, aber wir sehn jetzt tiefer in sein Innres. Sein Lebenszweck schwindet, Sein Traum verschäumt: „Der heimliche Kaiser muß weiterschlafen, die Raben sammeln sich wieder zu Haufen“. Und doch ist noch ein Strohhalm, nach dem dieser Bestmeinende greift. Einer steht noch im Feld wider den Truchsessen, freilich der Unberechenbarste von Allen. Der Götz von Berlichingen. Aber doch lebt an diesem Gedanken aus seiner stillen Schwermut etwas auf wie Galgenhumor und Ironie. Tändelnd scherzt er mit seiner hundstreuen Dirne, deren lange Strähnen dem Ketzer lieber sind als das Har der allerseligsten Jungfrau. Er lächelt über die Verdächtigungen seiner Feinde, die ihn für einen Anhänger der Franzosen ausschrein. Sein weit und frei gebliebner Blick, der nur manchmal das Nächste nicht sah, sucht über den großen Wassern das neu entdeckte Land, und während sich die Propheten um ihn her, der Humanist und der Bilderstürmer, durch gelehrte Disputationen über das Seinsollende die ängstliche Zeit vertreiben, erwacht in ihm das Weltkind. Er begehrt Musik und Tanz. Da plötzlich unterbricht ein andrer Ton dieses ganze müßige Brüten über ein gesuchtes und nicht gefundnes Glück. Der schwerverwundete, sterbende Tellermann, den Stumpf einer schwarzen Fahne in der Hand, stürzt taumelnd im irren Fieberwahn herein. Bei Königshofen ging wieder eine Schlacht verloren. Götz hat Verrat geübt. Dieser Todeskampf Tellermanns inmitten derer, mit denen er zusammenhielt, ist die mächtigste Scene im Drama Es ist als müsse nun jeder Einzelne in sein Grab steigen. Der Herbergswirt verbrennt alle compromittirenden Schriftstücke. Karlstadt betet inbrünstig zum Gott seiner Auslegung. Der Rector Besenmeyer fühlt sich einen alten Mann geworden. Menzingen sieht den langen Todeszug der Brüder. Wir werden keinem von ihnen mehr begegnen. Nur Geyer nimmt noch einmal den stummen Dienst seiner Dirne in Anspruch. Er läßt sich noch einmal den schwarzen Harnisch umlegen und trägt sein Letztes in den letzten Kampf. Jetzt, wo er einer göttlichen Sache gedient hat, will er keinem König mehr dienen. Er ist schon dem Grab vertrauter als dem Diesseits. „Wo ist man die erste Nacht nach dem Tode“, fragt er. „Bei Sanct Gertrauden“, antwortet Marei. „Wo ist man die zweite

Nacht nach dem Tode“, fragt er wieder. „Bei Sanct Michel“, antwortet Marei. „So will ich übermorgen Sanct Gertrauden und über drei Tagen Sanct Michel von euch grüßen“.

Vom alten Bänkelsänger läßt er sich eins der Volkslieder, die über ihn durchs Land zogen, als Nänie singen. Er weint. „Ihr Herren, ich schäme mich nit vor euch. Ich habe nit um mich geweint!“ Er lächelt bitter seines Ruhms, seines Segens für Deutschland: „Ich hab gedacht, ich wollt Wandel schaffen. Wer bin ich, daß ichs gewagt“. Er selbst fällt in den Ton der Lieder, die das Volk von ihm singt. Er denkt huldigend der Großen, die ihm vorangegangen sind, des Sickingen und des Hutten. Sein Feuer flackert noch einmal auf. „Lustig Brüder! Warum sollen wir nit lustig sein? Die heilige Agathe ging zum Märtyrertod als wie zum Tanz. Das heilige Mädchen Anastasia verachtete den Tod, und wir sind Mannskerle.“ Mit so herbem Humor nimmt er Abschied von den Brüdern. Er nimmt Abschied vom toten Tellermann, der noch immer den Fahnenstumpf fest umklammert hält: „Willst sie nit hergeben? Ei, Bruder, gib dich zufrieden. Auf Bauernehr, Bruder! Ich will ihr so treu sein, wie du“. Wie zu Schweinfurt, mit seinem Löffelholz, so ist jetzt mit seinem Tellermann ein Stück des eignen Selbst von ihm abgestorben. Löffelholz war freilich nur sein Federkiel. Tellermann ist der Griff seines Schwertes gewesen. Von Geyers schwarzem Haufen, seinen „Dunkelknaben“ bleibt nur noch Geyer selbst übrig.

Im fünften Akt sind wir im Schloß zu Rimpar, unweit Würzburg, auf dem Herrnsitz Wilhelms von Grumbach. Die Grumbachischen sind in großer Aengstlichkeit. Mit den Bauern und Florian Geyer ist es aus, und der Schloßherr hat sich in seiner Gier, vom besiegten Bischof Land und Leute zu erschnappen, so weit blosgestellt, daß nun vom Zorn der Sieger Uebles zu befürchten steht, und die Annäherung an den schwäbischen Bund, die Versöhnung mit dem gegen Würzburg ziehenden Truchsessen Schwierigkeiten macht. Frau Anna von Grumbach, die harte und doch feige Huttentochter, ein Kind ihrer wilden Zeit, leidet an bösen Träumen, und ein altes Weib vermag ihr mit seinem Aberglauben nur wenig Trost zu schaffen. Der Schreiber Sartorius wird höchst übel aufgenommen, und wie bedenklich jetzt die Schwägerschaft mit dem berüchtigten Geyer ist, tritt der Schloßfrau in unheimlicher Körperlichkeit vor Augen.

Die schwarze Marei sollte der uns unbekannt gebliebenen Gemahlin Geyers eine letzte Botschaft bringen. Sie sucht diese ängstliche Dame, eine Schwester Grumbachs, vergeblich im Schloß ihres Bruders und steht nun trotzig, doppelt trotzig, weil sie von ihr mishandelt wurde, vor Anna von Grumbach. Wieder ist Marei der schwarze Schatten, der dem Schicksal ihres Helden voranzieht. Denn hier auf Grumbachs Schloß wird sich das Schicksal Geyers erfüllen. In nächster Nähe, beim Dörfchen Ingolstatt, haben die Bäurischen nun noch ihre letzte Schlacht verloren. Geyer war dabei gewesen. Ist er gefallen oder lebt er noch? Ein hoher Preis steht auf seinen Kopf. Ins Schloß des Schwagers stürmt ein Rudel Ritter, ihn zu suchen. Es sind jene Ritter, die wir in ganz andrer Stimmung zu Würzburg beim Bischof und dann in der Capitelstube kennen gelernt haben. Sie mistraun ihrem Freunde Grumbach und kehren bei ihm zu einer regelrechten Haussuchung ein. Unter ihnen befindet sich der Schloßherrin Bruder, Lorenz von Hutten, der verwandtschaftlich warnt und doch auch sucht. Aber stärker als jener criminalpolizeiliche Trieb ist die Gier der Ritter, ihren Siegesrausch schwelgen zu lassen. Durch Speis und Trank setzt sich Grumbach bei seinen Standesgenossen wieder in bessern Credit.

Rasch, für so geübte Frühstücker viel zu rasch, herscht allgemeine Bezechtheit und sie treiben mit dem armen, gefangnen, aufs ärgste mishandelten Bauernvolk ein so schnödes grausames Spiel, daß die Zuschauer im Deutschen Theater diese jammervolle Scene nicht ertrugen. Während nebenan bis zur Bewustlosigkeit gebechert wird, schleicht auf heimlichen Wegen, zu Tod ermattet, allein, Geyer herauf. Wie er gerade hierherkommt, wo ihn am allereheſten das Verderben treffen kann, weiß er selbst nicht. Er ist nun auch so weit, wie vor ihm sein Löffelholz und dann sein Tellermann. Er hält sich schon für tot. Auf der Stelle, die ihm zum Sterben bestimmt ist, trifft ihn sein Schatten, die schwarze Marei. Derselbe Wein, der nebenan seine Todfeinde aus den Siegesbechern berauscht, erlabt ihm noch einmal die entatmende Seele. Vom entsetzten Schwager, der nun doch den Vogelfreien herbergt, erbittet er nichts anders als „ein Stündlein Schlafes". Es ist der letzte Lebenswunsch dessen, der sich selbst schon für tot gehalten hat. Grumbach kann diese Bitte nicht weigern: er versteckt ihn, aber er duldet, daß sein Weib, die entartete Huttentochter, ihn den Rittern verrät. Und nun erhebt sich ein tragisches Possenspiel, eine unvergleichliche Scene von weltgeschichtlicher Diabolik. Nur schwer ernüchtert die betrunknen Ritter der Anblick des Einen, dem sie den Tod geschworen haben. Und der sterbende Mann schreckt sie noch ebenso wie ehedem. Seinen Schatten, die Marei, in ihre gezückten Schwerter fallen zu lassen, war im Nu getan. Aber gegen des Einen eignes Schwert die Klingen zu heben, wagt keiner dieser Cavaliere. Statt gegen ihn loszuschlagen, redet man ihm gut zu, sich zu ergeben. Man erweist ihm unfreiwillig mit dieser Schen die gröste Ehre, die er je erfahren hat. Nun fühlt er noch einmal die Lebenskraft in sich: Einer gegen Viele, die ihn fürchten. Kein Ritter kann ihn mehr verraten, kein Bauer kann ihn mehr verlassen. Sein Tellermann, seine Marei sind tot. Er steht allein, und sie fürchten ihn. Noch einmal reicht sein Atem aus zu jenem Goethe-Götzischen Hohngelächter. Noch einmal stößt ihm aus der Brust das donnernde Feldgeschrei seines verwehten schwarzen Haufens, der Heerruf, den auch die Ritter verstehn, der Heerruf „Her"! Die Ritter, die sich kurz zuvor über ein zusammengelesenes, schlotterndes Häuflein eingefangnen Bauerngesindels so mutig, so tierquälerisch belustigt hatten, denen das Niederstechen eines wehrlosen Weibsbildes gar nichts gewesen war, stecken die Köpfe zusammen, und

Florian Geyer müßte wol am eignen Kummer sterben, wäre nicht der Schäferhans da, jener krumbe Landsknecht, der jetzt im Solde Grumbachs steht. Er hat der Stunde von Rotenburg nicht vergessen und läßt sich das verhaßte Haupt seines Züchtigers gern bezahlen. So fliegt über die ratlosen Schädel der Ritter hinweg, geräuschlos, unverhofft, in die Brust des Gefürchteten der Mordpfeil eines gemeinen Söldlings, der sich diesen Meisterschuß mit Gold bezahlen läßt. Und während die Ritter noch der erlegte Löwe ängstigt, macht sich Schäferhans wie ein Schlächtergesell, der sein Handwerk versteht, über den Toten her. Den opferwilligsten Freund des Volks hat ein Pöbelknecht umgebracht. Und nun geht ein Aufschrei der Befriedigung durch die ritterliche Runde. Nun schachert man um das Schwert des Ermordeten. Und der die frohe Botschaft: Florian Geyer (der Bauer gewordene Ritter) ist tot, am frühesten und lautesten in die Weite schrie, ist jener lächerliche Kunz von der Mühlen, der Ritter gewordene Bauer.

So endet mit seinem großen Helden der große Bauernkrieg. Wie groß dieser Held war, das sagen am deutlichsten seine Todfeinde: „Wo aber der Geyer sich aus dem Handel schleift, so haben wir den Bundschuh zum andern Mal, bevor ein Jahr ins Land gehet". Der Krieg aber war doch größer als sein Held. Es ist nicht so unrichtig, wenn ihm sein Schwager Grumbach zuletzt sagt: er habe sich vermessen, den Fürsten und Pfaffen aufzuspielen, daß sie sollten das Tanzen lernen; „aber er kunnt nit recht spielen und so schlug man ihm die Laute am Kopfe entzwei". Darin liegt in Geyers Leben die Tragik. Aber woran es ihm fehlte, auch das führt ihn uns menschlich nah. Gewis ist der Dichter nicht von Tendenzen seiner eignen Gegenwart ausgegangen, aber vielleicht ist es doch nicht so unrichtig zu sagen: die Zeit bedurfte eines Bismarck, und Geyer war eine Kaiser Friedrich-Natur, etwa so, wie sie in unsrer liberalen Legende fortlebt. Die Zeit hat sich ohne Florian Geyer weiter entwickelt. Es konnten über das erste Viertel des 16. Jahrhunderts gründliche, gediegne und gerechte Geschichtswerke verfaßt werden, ohne daß Geyers Name darin auch nur genannt wurde. Das Drama Gerhart Hauptmanns straft diesen historischen Standpunkt nicht Lügen. Denn wohin Florian Geyer seine Hand auch strecken mag, überall findet er einen Stärkern gegen sich. Als Kaiser Max, das romantische Vorbild seiner Schwärmerei, gestorben war und ein neuer Kaiser über die Welt kommen sollte, stand Geyers Herz bei einem landesflüchtigen Schwabenherzog, aber die Krone erhielt der spanische Karl. Im Felde steht gegen ihn kein Edlerer, aber ein Rücksichtsloserer, kein Kühnerer, aber ein Mächtigerer, der blutige Truchseß an der Spitze des Schwäbischen Bundes. Geyers Ehrlichkeit führt ihn zu falschen Entschlüssen, und gegen ihn stehn Verräter auf, wie der Markgraf Casimir, der Berlichingen, der Grumbach, die Recht behalten. Aus seinem Adelsstande treibt ihn die Roheit des Raubrittertums, und als er sein Herz dem unterdrückten Volke preisgibt, befleckt sein reines Edelmannskleid der Pöbelschmutz der Bauern. Im Kampfe für die religiöse Freiheit steht ihm zur Seite der kunst- und culturfeindliche Eifererwahn eines Karlstadt, während Martin Luther seine eigne derbe Bauernfaust gegen die Sache hebt, der sich Florian Geyer zugeschworen hat. Luther wollte überwucherndes Unkraut ausrotten, und unter das Unkraut fiel, von seiner groben Hand gebrochen, ein Edelgewächs. Das Drama deutet auf einen jener dämonischen Helden hin, an denen die Menschheitsgeschichte reich ist. Jeder Sieg gegen die Bäurischen gewinnt in den Städten dem Katholicismus neue Renegaten. Aber auf den Ritterburgen, die Geyer aus Gleichheitsprincip alle zerstören wollte, berufen sich seine Feinde, die Herren von Hutten und von der Mühlen, auf den Reformator Martin Luther und seinen Bauernbrief. Luthers Wort ist schließlich das Mächtigste, das aufsteht gegen den Freund des Evangeliums, gegen den Freund der leidenden Menschheit, der in seinem Gerechtigkeitsgefühl nicht stark genug durchgriff und doch auch weiter ging, als die gerechte Sache es vertrug. Was er wollte, die Vollstreckung der „Zwölf Artikel", hat sich später erfüllt. Die Zeit des Faustrechts war diesem Ideale noch nicht reif. Und in die Zeit der eigenmächtigen Ritterfaust fiel das Wünschen Geyers, der doch auch andrerseits ein Kind jener Zeit war, wo die Köpfe so locker auf den Schultern saßen, und Englands Herscher eine Schöne nach der anderen zuerst in sein Ehebett und dann aufs Schaffot steigen ließ. Geyers Blut floß dahin, aber es half den Boden der Zukunft tränken.

So steht die Gestalt im Drama vor uns. Aber wie

der historische Florian Geyer im Dunkeln bleibt, so tritt auch im Drama seine Gestalt nie ganz in den Vordergrund. Wir sind nie ganz allein mit ihm; Gerhart Hauptmann haßt im realistischen Drama die Monologe und hat ein andres Ausdrucksmittel für das, was im „einsamen“ Menschen vorgeht, noch nicht gefunden. Aber er zeigt seinen Helden auch nicht einmal im vertraulichen Zwiegespräch. Der Held steht immer vereinzelt unter Vielen; er soll immer im Umrisse seiner Zeit erblickt werden, und es ist kaum zu bezweifeln, daß seinen Dichter die Zeit mehr interessirte, als der Held selber. Auf sein Weberdrama ließ er sein Bauerndrama folgen. Wie dort, so geht auch hier, von souveräner Künstlerhand geführt, durch das ganze Stück der große Zug des socialen Mitleids. Sociales Mitleid erweckt man nur durch Wahrhaftigkeit in der Darstellung der mitleidwürdigen Zustände. Auch im historischen Drama ist Gerhart Hauptmann seinem consequenten Realismus treu geblieben, und hier mehr als je hat er bewiesen, wie unendlich reich der consequente Realismus sein kann, und daß er auch ein so romantisches Wesen wie die schwarze Marei in sich begreift. Im historischen Drama ist der consequente Realismus nichts andres als historische Treue, und wenn man gegenüber modernen Naturalisten einen Unterschied zu machen beliebte zwischen niederer Wirklichkeit und höherer Wahrheit, so hat Hauptmann hier bewiesen, daß dieser Unterschied nicht stofflich, sondern formell zu verstehn ist. Die niedere Wirklichkeit beschränkt sich auf das, was wirklich geschehn ist, auf die zufällige Tatsächlichkeit. Die höhere Wahrheit aber greift in die weite Fülle von Möglichkeiten hinein und stellt sich nur selbst die prüfende Frage, ob dieses und das so und so hätte geschehn können. Die exacte pragmatische Geschichtsforschung muß sich in diesem Sinne mit der niedrigen Wirklichkeit begnügen. Den Dichter hindert sein consequenter Realismus nicht, in jenem Sinne die höhere Wahrheit zu suchen. Neben historischen Wirklichkeiten, wie den Bischof von Würzburg, Grumbach, Götz, Karlstadt stellt er andre, deren Namen er zwar in Chroniken fand, denen er aber das Fleisch und Blut selber geben muß, wie Tellermann, Kratzer, Anna von Grumbach Jacob Kohl und zum großen Teil auch Florian Geyer. Was sich seiner Beobachtung entzieht, gestaltet er frei im Sinne dieser Beobachtung. Was er findet, verwendet er, und wo er nichts findet, erfindet er im Sinne des Gefundenen.

Ueber den historischen Götz gibt es einen Gelehrtenstreit: Zoepfl verteidigte ihn, Wegele griff ihn an. Durch eignes Studium ist Hauptmann zu der Ueberzeugung gelangt, daß Götz nicht die Gestalt war, die Goethe aus seinen Memoiren herausempfunden hat. Der moderne Dichter hält sich daher für verpflichtet, Götz so zu zeichnen, wie ihn sein historischer Blick erkannt hat. So darf der Dichter über Historiker, die ihm nachweisen, daß sich die Situationen nie begeben haben, daß die und die Worte nie gefallen sind, die und die Leute nie existirt haben, lächeln und an ihrer Unpoesie vorbeigehn. Aber er wird ernsthaft aufhorchen, wenn ein tieferer Kenner jener Zeit ihm sagen sollte, die und die Situationen hätten sich damals nie begeben, die und die Worte nie fallen, die und die Leute nie existiren können. Liegt für diesen Vorwurf kein Grund da, so hat er auch künstlerisch gewonnenes Spiel. Denn was er wollte, hat er dann erreicht, und wir hätten wieder ein Beispiel dafür, wie reich und frei die dichterische Phantasie auch innerhalb der realen Möglichkeiten walten und wirken kann.

Bauern, Bürger, Ritter, Mönche, Landsknechte, fahrende Leute — es gibt ein Getümmel und ein Gewimmel, und zunächst geht, wie bei einem richtigen Volksauflauf, alles wirr durch einander. Wer aber näher hinsieht, unterscheidet immer deutlicher die einzelnen Gesichter. Aus jedem Gesicht schaut ein Wesen heraus. Der anfangs so mühsame Gang durch diese sechs Räume des Dramas belohnt mit der Bekanntschaft von einem halben Hundert lebendiger Menschen. Darin liegt eine großartige Schöpferkraft; es soll unter unsern neuern Dichtern mal ein zweiter kommen, der etwas Aehnliches vermöchte.

Mit der Menschengestaltung aber begnügte sich der Dichter nicht. Er hat auch den unsichtbaren Geist der Zeit, in die sich sein Interesse versenkte, getroffen, die Luft der Zeit. Dazu braucht er allerdings eine sehr breite Ausmalung, ein liebevolles Arbeiten ins Einzelne, die ganze Buntheit einer nicht nur äußerlich, sondern auch im tiefsten Wesen bewegten Welt, welche Schicksale und Menschenleben durch einander wirft, ohne viel zu fragen, was ihnen der nächste Augenblick bringen wird. So scharf der Dichter den Einzelnen ins Auge faßt, so leicht läßt er ihn laufen, weil ihm das Ganze mehr gilt als der Einzelne. Das Individualisirungsbedürfnis Gerhart

Hauptmanns ist hier zu einer typischen Kunst zurückgekehrt, die schon in „Den Webern“ vorhanden war. Aber dadurch, daß wir an die Webertypen näher herangeführt wurden, mehrten sich dort die individuellen Züge, und wir hatten mit den Personen ein intimeres Mitgefühl. Die Mehrzahl der Vierundsechzig um oder gegen Florian Geyer wird uns nur durch das Ganze, zu dem sie gehören, interessant. Schauspieler, auch gute Schauspieler, können nicht allzu viel damit beginnen, und auf der Höhe steht unsre Schauspielkunst noch nicht, daß sie aus sechzig bis siebzig Atmungsorganen die Temperatur und den Dunst einer bestimmten Welt sichtlich, hörbar, greifbar darstellte. Aus den Zeilen des gelesenen Buchs strömt das alles zu; mit einer wahren Entdeckerfreude begrüßen wir immer neue Eindrücke. Die außerordentlich mühevolle, mit gröstem Apparat arbeitende Bühnenvorstellung hat zwar einzelne lebendige Vorgänge gewiesen, aber von dem Hauch über den Dingen, von einer Uebersinnlichkeit aus Sinnlichem konnte man wenig spüren.

Die wechselnde Stimmung des Dramas läßt sich in die Worte fassen, die im Stück Rector Besenmeyer, eine Gestalt, die auch vor den Augen des strengen Kritikers Max Lenz Gnade findet, vor sich hin seufzet: „Wie fing sich der Handel so glücklich an und wie fast gewaltig, und wie gehet es gar so kläglich aus“. Der langsame Niedergang der bäurischen Sache von einem Scheintriumph ins tiefste Elend stellt sich stückweise dar. Wir erleben nicht die entscheidenden Ereignisse, sondern wir belauschen den Eindruck, den die Meldung dieser Ereignisse auf Beteiligte macht. Wir sehn nicht handeln, sondern wir sehn leiden, Freud und Schmerz erleiden. Wir haben Entschlüsse vor der Tat und Stimmungen nach der Tat. Im Buch wirkt das alles wie das Leben selbst. Denn große Ereignisse tragen sich nicht blos zu, sondern sie haben auch ihre Voraussetzungen und Folgen. Die Bühne aber verhält sich gegen diese Art der Darstellung spröd, und es ist dem Dichter hier nicht gelungen, die Spröde zu gewinnen. Er wollte sie nicht durch einen festen Griff um die Hüfte, sondern gleichsam durch Ueberredung zwingen. Es ist ein parlamentarischer Grundzug in diesem „Florian Geyer", der auf der Bühne ermüdet. Eine Debatte löst die andre ab. Wirtshausgespräche, Disputationen, Landtagsverhandlungen erörtern immer dasselbe Thema: die schwere Not der Zeit. Botenberichte melden, was geschehn ist oder was geschehn wird. Das Wichtigste und Entscheidenste erfahren wir nicht durchs Auge, sondern durchs Ohr. Diese Tragödie ist ein Drama des Hörensagens, und darin liegt künstlerischer Widerspruch, denn fürs Ohr ist das Epos, das Drama im Schauspielhaus ist fürs Auge. Es ist fein zu lesen, aber schwer auf der Bühne herauszumerken, wie jeder seine Sondermeinung hegt und bald mit diesem, bald mit jenem „Bruder" in Zwist gerät. In jedem der sechs Akte wird gewissermaßen von neuem eine Sitzung eröffnet: bald zu Würzburg, bald zu Rotenburg, bald zu Schweinfurt und zuletzt, im handlungsreichsten Schlußakt, wo so viel Entsetzliches geschieht, und der doch auch mit Hin- und Herreden beginnt und im Momente höchster dramatischer Spannung noch lange Erzählungen vollzogner Geschehnisse einflicht, auf Schloß Rimpar, der Schädelstätte Florian Geyers. Vorwürfe, Klagen und Fragen, Schmähworte sind der Grundton dieser Discussionen. Aber was im Buch durch die Ueberfülle der abwechslungsreichsten Details frisch und lebendig wirkt, wirkt auf der Bühne durch die Entfernung der bühnenwidrigen Details monoton. Dort ein reich blühender Baum, dessen Schmuck auf Theaterdistanz schwer erkennbar ist, hier ein Baum, von dem die Blüten abgeschüttelt sind.

Ein andrer Uebelstand ist, daß wir gerade den Hauptacteurs am fernsten bleiben. Wie Geyer selbst im Vorspiel durch einen gleichgiltigern Gesinnungsgenossen vertreten wird, wie er in allen fünf Akten mit auffallender Regelmäßigkeit immer erst in der zweiten Akthälfte erscheint und dann immer entweder vor oder nach der fälligen Tat steht, so treten seine mächtigsten Widersacher, der Truchseß von Waldburg, der Bundeskanzler Eck und später Martin Luther überhaupt nicht auf. Von ihnen hört man immer nur sagen. Auch Götz bleibt blos in einer einzigen Scene auf der Bühne und spricht hier als einer unter vielen nur wenige Worte; dann hört man auch von ihm und seinen Sünden immer nur sagen. Auch um die episodische Figur Karlstatts, um Lorenz Huttens Haß gegen den ebenfalls unsichtbar bleibenden Herzog Ulrich von Württemberg, den Geyer zum deutschen Volkskaiser machen wollte, ganz zu verstehn, genügt das Drama nicht allein, sondern man muß, ein schwerer künstlerischer Einwand, seine eignen Geschichtskenntnisse dafür zu Hilfe nehmen.

Wie in „Den Webern“, so treten auch hier in jedem Akt neue Leute auf. Andre, die Interesse erregt haben, wie der Würzburger Bischof und sein Hofmeister Herr v. Rotenhan, verschwinden auf Nimmerwiedersehn. Alles das sind Dinge, die gerade der unmittelbaren Wirkung auf dem Theater widerstreben.

Zweimal werden wichtige Vorgänge dem Publicum erst durchs Fenster vermittelt. In der Würzburger Capitelstube sieht man durchs Fenster den Eintritt Geyers in die Stadt, und in Rotenburg redet Geyer durchs Fenster der Wirtsstube zum Volk, das unsichtbar auf der Straße steht. Das ist charakteristisch auch für das Verhältnis des Publicums zu diesem Drama. Die dramatischen Vorgänge selbst tragen sich auf der Straße zu, das Publicum aber sieht nur in eine Stube hinein und soll den Leuten, die durchs Fenster gucken, alles aufs Wort glauben. Dieses dramatische Grundgebrechen zu heilen, wird die Fülle lebensvoller, tief menschlicher Details erst fähig sein, wenn dem Werk die Autorität eines Dichters zur Seite stehn wird, dessen Name und Wesen litterarhistorisch gebucht sein wird. Zu den zahlreichen künstlerischen Problemen der deutschen Bühnenpoesie gehört nun auch das Florian Geyer-Problem.

X.

Der Märchendichter.

Zwischen „Florian Geyer“ und „Der versunkenen Glocke“ liegt ein knappes Jahr. Wider alles Hoffen des Dichters versagte beim „Florian Geyer“ die Bühnenwirkung. Der Art und Kunst dieses cyklopischen Dramas gegenüber werden Theater und Publicum wol nicht immer so spröd bleiben, wie beim ersten Schlag. Aber dieser erste Schlag ging fehl. Das wuchtige Werk versank. Tief erschüttert sah der Dichter ihm nach in den Abgrund. Wie düster diese Stunden der Enttäuschung waren, ist kein Geheimnis geblieben. Mit der Aufrichtigkeit, die dem Manne ziemt und den Künstler ziert, hat der Dichter sein Weh offen eingestanden, als ihm bald nach „Florian Geyers“ Sturz für „Hannele“ der Grillparzerpreis zuerkannt wurde. Vom fernen Wien her kam diese Huldigung seines dichterischen Genius ebenso unerwartet, wie kurz zuvor der Berliner Miserfolg. Aber diese Huldigung warf in des Dichters bewölkte Brust einen Sonnenstrahl. Erst dadurch mag er genug Freiheit über sich selbst gewonnen haben, um den seelischen

Stimmungen jener Zeit künstlerische Gestalt zu geben. Wenn das der Fall ist (man hat es bestritten), so haben die Wiener Preisrichter ruhmvolleres erwirkt, als sie ahnen durften. Dieser Preis war dann mehr als Goldes wert. Er hat dann nicht nur ein Meisterwerk belohnt, er hat auch geholfen, ein andres Meisterwerk entbinden. Er gab dem Dichter den freien Mut, zu sagen was er litt. Dieser Mut hob die alte Kraft empor, und so erstand, während eines langen Aufenthaltes am Luganersee, kaum nach eines Jahres Frist „Die versunkene Glocke".

Das Symbol der Glocke war dem Dichter, der so tief in christlichen Vorstellungen steckt, seit langem ein vertrautes poetisches Motiv. Schon im Hohenhauser Liebeshain hörte er den Klang der Glocke, der ihm Glück bedeutete. Es war die Geliebte, die mit ihrer bräutlichen Hand damals des Glöckleins Klöppel rührte, so daß es leis hinunter dem Liebsten ans Herz schlug. Neben diesem kleinen Gelegenheitsgedicht steht schon im „Bunten Buch" ein andres, mit der Ueberschrift: „Gestorbenes Erz" Die Glocke ist hier das Sinnbild jener einst so frohen Botschaft, die Niemand auf der Welt mehr hören wolle:

Es geht, ein verlassener Armer,
Ihr Ton durchs öde Land;
Er predigt vom großen Erbarmer,
Den Gott aus dem Himmel gesandt.

Auch diese Glocke schon versinkt:

Wol hast du zu Grabe geleitet
Manch müdes Menschenherz,
Nun ist auch dein Hügel bereitet,
Du armes, gestorbenes Erz.

Diese begrabene, ins Erdreich versunkene Glocke fällt dem Dichter zehn Jahre später wieder ein. Sie tönt ihm wieder. Sie soll der Welt wieder tönen. Florian Geyers Freund, den Rector Besenmeyer, läßt der Dichter sprechen:

Es ist Sag: von wo unser Herr Jesus aufgefahren gen Himmel, im Mittelpunkt der Erden, da, heißt es, hangt eine große Glocke, die soll einst laut und fürchterlich anschlagen, so laut und so fürchterlich soll sie anschlagen, daß selbst die Tauben sie hören werden. Wolan! knöpfet die Ohren auf, ihr Tyrannen und Peiniger Leibes und der Seele und merket, daß euer jüngster Tag nahet.

Als Rector Besenmeyer und Florian Geyer sich nach Jahren (eine der schönsten Scenen, die Hauptmann gedichtet hat) wiedersehn, drückt Geyer seine frohe Hoffnung also aus:

Die Glocke ist gar gegossen und der Pfeifer mag aufpfeifen; das wollen wir Gott im Himmel danken.

Begeistert rufen darauf seine Anhänger:

Das danken wir Gott und dem Florian Geyer.

So tönt eine Glocke auch in Geyers Glück hinein. Aber ihr Ton war falsch. Florian Geyer unterlag. Er unterlag als Held. Und er unterlag als „Bühnenspiel“.

Und nun kommt „Die versunkene Glocke“, die den Namen ihres Dichters in fast beängstigender Weise populär gemacht hat, obwol sich die meisten Hörer und Leser über Gebühr abquälen, hinter dem Märchen allerlei verborgnen Sinn zu suchen. Vielleicht findet sich dieser Sinn von selbst, wenn wir ohne viel Grübelei und Tüftelei einfach das tun, was einem Märchen immer am zuträglichsten ist, wenn wir das Märchen erzählen.

Wie Meister Gerhart am „Florian Geyer“, so hat auch Meister Heinrich an seiner Kirchenglocke lang gegossen. Nun ward die Glocke, die heller klingen soll, als alle frühern Glocken desselben Meisters. Aber wie ein Drama noch nicht vollendet ist, wenn es schwarz auf weiß in den Druckbogen steht, so ist auch eine Glocke noch nicht vollendet, so lange sie in der Werkstatt bleibt. Erst wenn der Theatervorhang drüberfällt, ist ein Drama fertig. Erst wenn sie unter dem Turmkreuz weit hinaus in die Lande läutet, ist eine Glocke fertig. Wie Hauptmanns Geyerdrama auf dem Weg über die Bühne versank, so geschieht es der neuen Glocke Meister Heinrichs auf dem Weg von der Werkstatt hinauf zur neuen Kirche hoch oben im Waldgebirg. Am achtspännigen Wagen, der die schwere, eiserne Masse auf schmalen, steilen Bergpfaden hart neben dem Abgrund hinaufschleppen soll, bricht ein Rad. Die Glocke schießt kopfüber viele Klafter tief in ein unergründliches Wasserloch. Der Meister aber, der sein Werk versinken und ertrinken sieht, stürzt

wars willig? widerwillig?

nach. Freunde aus dem Dorf, die die Glockenfahrt begleiteten, finden ihn in der Bergeinsamkeit auf, vor der Hütte eines verrufnen alten Weibes.

Am frühen Morgen desselben festlichen Tags, an dem die Glocke zum ersten Mal hoch droben läuten sollte, bringen sie auf einer Tragbahre den verunglückten Glockengießer seiner Frau ins Haus zurück. Meister Heinrich liegt auf den Tod. Im Fieber sucht er nach Ursachen seines Unglücks. Er sucht sie in seinem verlornen Werke selbst. In eignen Zweifeln an der Bühnenkraft des vielgeliebten „Florian Geyer“ mag es gewesen sein, daß Meister Gerhart den Meister Heinrich klagen ließ:

Ja, mein Werk war schlecht: die Glocke, Magda, die hinunterfiel, sie war nicht für die Höhen — nicht gemacht, den Widerschall der Gipfel aufzuwecken Im Tale klingt sie, in den Bergen nicht! Noch einmal denn: mein jüngstes Werk mislang. Beklommnen Herzens stieg ich hinterdrein. Sie fiel hinab wol hundert Klaftern tief und ruht im Bergsee. Dort im Bergsee ruht die letzte Frucht von meiner Kraft und Kunst. Mein ganzes Leben, wie ich es gelebt, trieb keine bessre, konnte sie nicht treiben: So warf ichs denn dem schlechten Werke nach. . . So Glock, als Leben, keines kehrt mir wieder der Dienst der Täler lockt mich nicht mehr.

Wie der Dichter der „Einsamen Menschen“, „der Weber“, des „Hannele“ im „Florian Geyer“ zum ersten Mal den gewaltigen Anstieg aus räumlichen und zeitlichen Engen des eignen Daseins auf die weltgeschichtliche Höhe der Jahrhunderte gewagt hatte und scheinbar dabei gestrauchelt war, so wollt auch Meister Heinrich fortan „im Klaren überm Nebelmeere wandeln und Werke wirken aus der Kraft der Höhen“. Weil er das nicht vermochte, will er trotz Weib und Kindern sterben. Aber er stirbt nicht. Auf wunderbare Weise wird er gesund. Er wird „noch einmal seinen Schritt ins Leben wenden, noch einmal wünschen, streben, hoffen, wagen — und schaffen, schaffen“. Dies Wunder hat freilich kein tröstender Preisrichter vollbracht. Dies Wunder, das Frau Magda zunächst ach so jubelnd begrüßt, dies Wunder, an dem sie dann selber sterben soll, vollführt der junge Zauber eines fremden weiblichen Wesens. Ein Mädchen küßt ihn gesund.

Kaum erstanden, verläßt Meister Heinrich sein Dorf im Tal, seine Frau und seine Knaben. Er steigt hinauf zu jenen wilden Waldeshöhen, wo im Turm des Kirchleins, das, kaum erbaut, ein Blitz vernichtete, seine versunkene Glocke klingen sollte. Dort läßt er sich in einem verlassenen Hüttenwerk nieder und schmiedet angeblich Schmuck für sein Liebchen. Das Heimatdorf ist entsetzt über solchen unerhörten Frevel. Der Seelenhirte des Dorfes macht sich auf, „das verstiegne Lamm zurückzuretten". Zunächst kanzelt dieser Pastor die liebliche Verführerin ab:

Du freches Ding!
Nicht mir, dem Weib allein, noch seinen Kindern —:
Du nahmst der ganzen Menschheit diesen Mann!

Alsbald tritt ihm dieser Mann selbst entgegen, so frei und leicht und stark und frühlingsfroh und königlich, wie ihn der gute Pfarrer nie zuvor gesehn, und auch so schaffensfreudig und so voller Zuversicht, wie er ihn noch nie gesehn hatte:

Was in mir wächst, ist wert, daß es gedeihe,
Wert, daß es reife. Wahrlich, sag ich euch! —
Es ist ein Werk, wie ich noch keines dachte:
Ein Glockenspiel aus edelstem Metall,
Das aus sich selber klingend sich bewegt.
Wenn ich die Hand, wie eine Muschel, lege
So mir ans Ohr und lausche, hör ichs tönen —
Schließ ich die Augen, quillt mir Form um Form
Der reinen Bildung greifbar deutlich auf.

Keiner bestehenden Christenkirche gilt dies Glockenspiel der Einbildung. Es gilt einem Tempel der Einbildung. Aus seinem Kunsthandwerk ist, wie den Freimaurern aus ihrer Kelle, dem Meister das Sinnbild für Höhres, für Unbestimmtes geworden. Der Realist schwebt zum Ideal empor. Der Arbeiter wird Künstler, der Schaffende wird Schöpfer.

Nennt immerhin mein Werk, wenn ich es nannte:
Ein Glockenspiel! Dann aber ist es eines,
Wie keines Münsters Glockenstube je
Es noch umschloß, von einer Kraft des Schalles,
An Urgewalt, dem Frühlingsdonner gleich,
Der brünstig brüllend ob den Triften schüttert;
Und so: mit wetternder Posaunen Laut
Mach es verstummen aller Kirchen Glocken
Und künde, sich in Jauchzen überschlagend,
Die Neugeburt des Lichtes in die Welt.

Selber menschlich-übermenschlich beglückt, erfüllt ihn ganz ein Menschheitsbeglückungstraum. Wie aber seine Worte und in ihnen seine Gefühle immer höher aufsteigen, kehrt unser leiser Gedanke von diesem verzückten Meister Glockengießer heim zu einem stillen Dichter unsrer Tage, der durch die unbeschönigte Darstellung irdischen, zeitlichen Jammers Menschenfurcht und Menschenmitleid im tiefsten erregt hatte und nun in hellen Jubeltönen das neue Lied von der Glocke, das Lied einer versöhnten, schönen Zukunft singen läßt. Die Sehnsucht, die den aufgereizten Webern aus dem Eulengebirge nie gestillt wurde, die Hoffnung, die sich dem sterbenden Bettelkind nur im Todestraum erfüllt, hier springt und singt all das aus dem festen Glauben einer starken, wachen, reifen Manneskünstlerbrust hervor und jauchzet dem zu, was vorhin der Pfarrer in so viel engerm Sinne „die ganze Menschheit" genann hatte.

Und nun erklingt mein Wunderglockenspiel.

Und wie es anhebt, heimlich, zehrend-bang,
Bald Nachtigallenschmerz, bald Taubenlachen —
Da bricht das Eis in jeder Menschenbrust,
Und Haß und Groll und Wut und Qual und Pein
Zerschmilzt in heißen, heißen, heißen Tränen.

Das Buhldirnchen an seiner Hand versteht ihn ganz, denn sie ist in der Freiheit, in Luft und Licht auf den Höhen geboren. Der Seelsorger vom Tal unten, obwol kein starrer Eiferer, sondern nur ein milder Mahner, ein geistlicher Onkel Schubert auf Lederose, kann ihm nicht folgen. Väterlich warnend tritt er vor ihn hin, wie einst der alte Vockerat vor seinen Johannes. Der Geistliche, der seiner Gemeinde über das Jenseits predigt, will in diesem Falle von „überstiegnen Dingen" nichts wissen und hält sich an das, was diesseits von Gut und Böse liegt. Er hält dem „Ueberstiegnen" seine Christenpflicht vor, seine Bürgerpflicht, seine Gatten- und Vaterpflicht und muß ihm dann auch sagen:

Bis an den Hals steckt ihr im Bösen
Und eure Hölle himmlisch ausgeschmückt:
Sie hält euch fest.

Er sagt dem Ungläubigen noch Eins. Von jener Glocke, die unten im Bergsee liegt und nun beiden ein Symbol des vergangnen Meisterlebens unten im Tale wird, weissagt der Priester:

Sie klingt euch wieder, Meister! Denkt an mich!

Aber mit dem häuslichen Herd, wo sie entstand, soll für den Meister auch die versunkene Glocke abgetan sein. Mit übermenschlichen Kräften arbeitet er, vom Glockengießer unversehns zum Baumeister geworden an seinem neuen Werk (halb Kirche und halb Königsschloß), dessen „hochgetürmter Bau in einsam freier Luft zur Sonnennähe seinen Knauf soll heben". Aber dieselben geheimen Kräfte, die ihm halfen, versagen sich dem Vollbringen. Dieser Mann der Tat, der nicht wie Johannes Vockerat die feiernde Dämmerstunde liebt, der nur entweder wach schaffen oder schlafend zu neuem Schaffen sich stärken will, fällt in einen qualvollen Halbschlummer. Was er träumt ist — der Pfarrer hatte recht — die alte versunkene Glocke. Tief niedergeschlagen, ungestärkt zu neuem Schaffen wacht er auf und sucht bei der Liebsten vergebens müßige Labung.

Gib meiner Seele den erhabnen Rausch,
Des sie bedarf zum Werk! Denn: wie die Hand
Mit Zang und Hammer mühsam werken muß,
Den Marmor spalten und den Meißel führen,
Wie dies mißrät und jenes nicht gedeiht,
Und sich der Fleiß ins kleinste muß verkriechen —
Verliert auch oft sich Rausch und Zuversicht,
Verengt sich oft die Brust, der Blick ermattet,
Der Seele klares Vorbild schwindet hin.
In all dem Tagelöhnerwerkelkram
Dies himmlische Geschenk nicht einzubüßen,
Das — sonnenduftig — keine Klammer hält,
Ist schwer. Und fliehts, entflieht der Glaube mit.

Sie will ihn durch die gewohnten Genüsse trösten. Er aber klebt an seiner unverrichteten Sache. Sie fühlt schmerzlich, daß sein eingebildetes Werk ihm mehr gilt als ihre spielenden Reize. Aber als ihm die Nöte des Lebens, die Rache seiner Schuld scharf auf den Leib rücken, schüttelt er noch einmal das alles ab, im Hoffnungsblick auf die Geliebte:

Du bist die Schwinge meiner Seele, Kind, zerbrich mir nicht!

Und nun, da Körper und Geist im Sieg über die Mächte der Vergangenheit gestärkt sind, ist er auch wieder zum Spiel der Liebe bereit. Aber alles hat er doch nicht abgeschüttelt von den Mächten der Vergangenheit. Zu den Küssen der Geliebten drängt kältende Reflexion, die sich wiederum erhitzt bis zur Gespensterfurcht. Sein böses Gewissen — der Pfarrer hatte recht geweissagt — hört den Klageton seiner versunkenen Glocke, sieht, von den eignen Kindern im Krüglein dargebracht, die Tränen seiner ertrunkenen Frau, die er verließ.

Aus nassen Grüften steigt seine Vergangenheit wider ihn auf; geängstigt stößt er mit wildem Fluch die sündhaft-holde Gegenwart des schon schwangern Liebchens von sich weg. Was er besitzt, verläßt er. Was er verloren hat, findet er nicht wieder. Den ungetreuen Hausvater, den schlimmen Christen empfangen die Nachbarn unten im Dorf mit Steinwürfen und hetzen ihn wieder hinauf in die Wildnis des Waldes, wo er seine Bergschmiede und den Bau seiner Zukunft in Flammen aufgehn sieht. Ein ganz Gebrochner schleppt er sich bis vor die Hütte jenes verrufnen alten Weibes, wo er schon einmal zu Tod erschöpft niedergesunken war. Die Alte ist eine kluge Frau. In ihrer Weltweisheit blitzt noch einmal sein ganzes Leben an ihm vorüber. Dann gibt sie ihm den Erlösungstrank. Und dann ist es vorbei.

Dieses Künstlers Erdenwallen, wie es hier in seinen natürlichen Vorgängen dem Dichter nacherzählt wurde, könnte sich überall und immer begeben. Es hängt nicht ab von Raum und Zeit. Der Dichter hat Zeit und Raum auch nur flüchtig angedeutet. Als Schauplatz sind wieder dieselben schlesischen Heimatberge gedacht, wo auch das Hannele her ist; die alte Waldfrau spricht (ein großer dichterischer Gedanke) im Dialekt der Weber aus dem Eulengebirg. Aber in die Bergbezirke Rübezahls zog fremde Cultur ein. Was Heinrich der Glockengießer in seinen guten Bürgerjahren schafft, deutet auf die Blütenzeit und den Blütenort des deutschen Kunstgewerbes. Als Gerhart Hauptmann zum Frommen Florian Geyers jene fränkische Forschungsreise unternahm, bannte seine entzückten Sinne fast noch mehr als Rotenburg und Würzburg die alte Stadt Nürnberg mit ihren Kunstschätzen und Künstlererinnerungen. Schon sein Florian Geyer sprach das Wort: „Gott grüß die Kunst“ aus der vollen, von Adam Kraft und Veit Stoß und Peter Vischer erfüllten Seele des Dichters, auf den Größe wirkt. Nun schmücken Werke Peter Vischers und Adam Krafts auch die gute Stube des schlesischen Glockengießers, der in seinen Lehr- und Wanderjahren gewis einmal die Glocken von Sanct Sebaldus und Sanct Lorenz hat läuten hören. Seine ehrbare Hausfrau Magda darf gekleidet gehn, wie die Frau des Hans Sachs oder des Dürer, obgleich ihre Kinder den Vater Papa nennen, obgleich Tabakspfeife und Schwefelhölzchen sogar für Waldteufel schon in Gebrauch sind. Aber auch die finstern Seiten jenes glänzenden Zeitalters der deutschen Kunst treten hervor: ein qualmiger Abglanz der Florian Geyer-Läufte. Für Ketzer und Sünder brennen Scheiterhaufen im Land. Die Alte im Walde gilt den Leuten als Hexe, die man schmoren sollte, und nur ein humanistisch angewehter Schulmeister, ein schwächerer College jenes prächtigen alten Rectors Besenmeyer, wagt sich zu der nüchternen These vor: „Hexen gibt es nicht"! Wer so weit wie Heinrich der Glockengießer vom rechten Wege bürgerlicher Pflichten abweicht, gilt seinen Zeitgenossen als besessen von bösen Geistern.

Dieser Volksaberglaube und jene beabsichtigten Anachronismen schlugen dem Dichter die Brücke, um aus seiner Künstlertragödie in ein Märchendrama zu gelangen. „Die versunkene Glocke" ist das erste Märchendrama, das Gerhart Hauptmann für die Bühne vollendete. „Hannele" wurde fälschlich so genannt. Bei „Hannele" liegt alles Ereignis in den Grenzen irdischer Wirklichkeit. Was dort überirdisch scheint, vollzieht sich nur im Fiebertraum des Kindes, der an sich auch eine irdische Wirklichkeit ist. Die bösen Geister „der versunkenen Glocke" hingegen führen in ihrer übermenschlichen Existenz ein ganz reales Leben.

Die Bühnendarstellung, die den Traumgestalten Hanneles etwas Subsistenzloses, Schemenhaftes geben muß, darf hier bei diesem Wald- und Bergspuk fest ins Fleisch und Blut gehn. Von der Illusion des Zuschauers wird der sichere Glaube an diese Zauberwesen gefordert, denen der Dichter Böcklins Farbenfülle und Lebenswärme, denen er auch etwas von Böcklins Humor gegeben hat.

Ueberall greifen diese Geister leibhaftig ein, wo sich Heinrichs des Glockengießers Schicksal wendet. Jenes Wagenrad, das er am liebsten, wie das feurige Sonnenrad der Sage, zündend durch die Welt triebe, zerbricht der bocksfüßige, ziegenbärtige Waldschrat, ein urgesunder, munterer Bursch von strotzender Naturkraft, lustig, genußfroh, unanständig und stark, in seinem menschenfeindlichen Schabernack von naiver Grausamkeit, wie ein Knabe, der Fliegen quält; zerstörend wie ein Orkan, der durch die Baumkronen tobend bricht, doch ohne Größe. Seinen heidnisch-weltlichen Sinn ärgert das Glockengebimmel. Die Glocke stürzt daher in den Bergsee und gelangt so auf das Gebiet eines froschartigen Wassermanns, des aristophanischen Nickelmann, der an die Schwerkraft des Erdmittelpunkts so verhaftet ist, daß er aus seinen Brunnenbecken und Wassertrögen immer nur auf Nabelhöhe emporsteigen kann. Er hütet die versunkene Glocke, und er sieht auch, ihm selbst ein schauriges Wunder, wie Heinrichs Frau, die vor Gram ins Wasser ging, mit ihren Totenfingern dort unten der Glocke Klöppel rührt, so daß sie laut herauf dem Meister ans Gewissen schlägt. Der Wassernix ist culturbeleckter, tiefsinniger, schwermütiger, als der Waldneck. Er ist schon ein philosophischer Frosch. Er kennt die Sehnsucht. Ihn plagen die Grillen seiner Eifersucht. Bedachtsam und betrachtsam, wol auch verachtsam blickt er von seinen Brunnenrändern ins Menschliche hinein. Wenn den Waldschrat die Menschen stören, so stellt er ihnen ein Bein: er wirkt körperlich gegen ihre Körper. Nickelmann hingegen macht sich seelisch bemerkbar. Er quält den Menschen, der ihn ärgert, mit bösen Träumen. Wie jedes feuchte Element, so sind ihm auch die Menschentränen dienstbar. In seiner Welterfahrung ist er mit christlichen Anschauungen so vertraut, daß er, wie ein Pfarrer, den strafenden Gott, das Schreckgespenst von Schuld und Sühne, vor ein beladnes Gewissen zu zaubern vermag. Mit derselben Glocke, die der Waldschrat ins Wasser stieß, läßt Nickelmann dem Glockengießer ins Gemüt läuten; denn er misgönnt diesem das Liebchen. Nickelmann streckt seine feuchten, tausendjährigen Arme nach dem reizenden Kind aus, das er an eines Menschen Brust glühend erwarmen sieht, das bald auch ein Menschenkind unter dem Herzen trägt. Und wirklich, als auch sie von Heinrich dem Glockengießer verstoßen wird, zieht der Wassermann mit sanfter Gewalt auch sie herab in seinen Brunnen und in seinen Schlamm. Berührt von Menschlichkeit, sinkt das luftige leichte Waldvöglein schwer in „der Erde moderigen Schlund" zu Kröten und Fröschen. So fällt eine wundervolle Blüte ins Erdreich zurück, und aus ihrem Samen wächst dann neues Grün und Blühn.

Auch dieses liebliche Kind, Rautendelein (hochdeutsch: Rot-Aennchen), ein Elfchen unter den Elfen, ist in seinen Einwirkungen auf menschliche Schicksale kein guter Geist. Sie kennt sich und erzählt wie Puck in Shakespeares „Sommernachtstraum" selbst von ihren kleinen Schandtaten. Sie gehört nicht zu denen ihres

Geschlechts, von denen Ariel vor dem Lager des schlummernden Faust sagt:

Kleiner Elfen Geistergröße
Eilet wo sie helfen kann,
Ob er heilig, ob er böse,
Jammert sie der Unglücksmann.

Als Rautendelein helfen möchte, kann sie nicht mehr helfen. Denn sie selbst ist es, durch die ihr Unglücksmann, Heinrich der Glockengießer, entheiligt wird. Ihn verwandelnd, verwandelt sie sich selbst. Der Waldschrat, mit dem sie auf dem Neckfuße steht, war naiv und bleibt naiv. Nickelmann, der mit ihr äugelt, ist längst sentimentalisch geworden. In Rautendelein geht eine Entwicklung vor. Sie war naiv und wird nun sentimentalisch. Anlage zu dieser Wandlung war immer da. Schon früh beschäftigt sie der Wunsch, ihre dunkle Herkunft zu erfahren. Aber sie ist rasch getrost:

Kann es nicht sein, füg ich mich drein.

Doch als dem Kindersinn dieses unbekannten Wesens ein Menschenherz nahe tritt, lernt sie, die bisher nur lachen konnte, auch weinen. Sehnsucht überkommt sie zu den Menschen. Sie möcht es ihren Bergbächen nachtun:

Da ist kein Wässerlein so dünn und klein,
Es will und muß ins Menschenland hinein.

Nickelmann warnt:

Laß du die Knechtlein ihrer Wege gehn,
Den Menschen Wäsche waschen, Mühlen drehn,
In ihren Gärten wässern Kohl und Kraut,
Ich weiß nicht was verschlucken, brrr, mir graut,

Aber Nickelmann warnt und fleht umsonst.

Rautendelein eilet nun wirklich zu helfen. Als heilende Fee tritt sie an das Sterbelager Heinrichs des Glockengießers. Sein Leib wird gesund, aber seine Seele bleibt im Banne Der, die seinen Leib genesen ließ. Rautendelein zieht den Sterblichen in ihren Zauberkreis. Unter ihrem Kusse scheinen sich ihm „alle Himmelsweiten" zu öffnen und „ahnungsweis ergreift er ihre Welt". Er folgt ihr nicht am Gängelband. Gerade an ihr entfaltet sich seine Persönlichkeit freier. Zwischen Elfchen und Menschensohn entsteht ein Verhältnis von gegenseitigem Geben und Empfangen. Er wird Uebermensch, wenn auch nur in seinem Willen; sie wird menschlich, wenn auch nur in ihren Wünschen. Kaum ist sie ihm nah, so tritt an sie die Auffassung heran, die von ihr und ihresgleichen unter Menschen gilt:

Aber wir dienen froh und bereit,
Weil uns beherschet, der uns befreit.

Sie ahnt etwas von einem Bann, von dem Geister ihrer Art zu erlösen wären, von einem Fluch, unter dem sie alle, wissend oder nicht wissend, stehn. Sie nähert sich der christlichen Anschauung, daß in verderblichen Geistern ihrer Art das Heidentum der alten Gottheiten weiterspukt, und sie muß sich den Spott des Waldschrat gefallen lassen: „Den Heiland wirst du nicht gebären". Indem sie aber den Menschen durch ihre natürliche Wildheit entheiligt, wird sie selbst durch ihn heiliger. Wie sein Fleisch und Blut in ihrem Körper zu quillen beginnt, so geht auch das Stück Christentum, das er verliert, in sie ein.

Er dagegen ist schon ein halber Heide. Wie die alten indogermanischen Sonnenanbeter schwört er schon „bei Hahn und Schwan und Pferdekopf", den Symbolen des Sonnencultes. Die christliche Legende vom verlornen Sohne muß sich in seiner Anschauung mit Gott Freyr vertragen. Aus seinem überspannten, von ihr gesteigerten Selbstbewußtsein heraus sieht er in sich eine Einheit von Christus und dem heidnisch-germanischen Licht- und Frühlingsgotte Balder. Der tote Heiland soll „strahlend, lachend, ew'ger Jugend voll, ein Jüngling, in den Maien niedersteigen". Wie dem Fiebergesicht Hanneles der Geist Gottes in geliebter Menschengestalt erscheint, so bildet sich in Heinrich dem Glockengießer eine heidnisch-christliche Zweieinigkeit von Geist und Natur aus.

Seines Mädchens Zauberkünste, mit denen sie die äußere sinnliche Natur beherscht, wollen ihm auch die Wege zur höchsten innern geistigen Vollkommenheit ebnen. Heinrich aber kann diese Wege so wenig wandeln, wie Rautendelein ihm diese Wege ebnen kann. Er hat Augenblicke, da seinem pflichtgewohnten Menschensinn ihr ganzes Wesen wie eine Kinderei vorkommt, die bunte Schmetterlinge zärtlich liebt und lachend tötet. Er erwehrt sich: „Ich aber bin was mehr als solch ein Falter"! Sie jedoch ist kein Waldschrätlein und darf mit tiefem Ernste fragen: „Und ich? bin ich nicht mehr als solch ein Kind"? Dieser menschliche Ernst, der aufs Innere dringt, lähmt ihre übermenschliche Kraft, die bisher nur im Genießen lebte. Als menschlicher Eifer, sittliche Entrüstung gegen ihren Geliebten einschreiten, kann sie nicht mehr helfen, und bei allen Geistern ihrer Art sucht sie vergeblich Hilfe. Im Kampfe gegen menschlich-sittliche Mächte ist sogar seine Menschenkraft stärker als ihr Hocuspocus. Diese Beiden, die mit einander ihr Bestes getauscht haben, fragen sich selbst, wer den andern zerbrechen wird; beiden wird derselbe Zwiespalt ihres Innern klar: „fremd und daheim dort unten — so hier oben fremd und daheim"! Aber in dieser Halbheit ist keine Dauer. Der Ruf der Urheimat zieht jedes von Beiden wieder dorthin, woher es kam. Mit den dumpfen Schlägen seiner versunkenen Glocke treibt den Menschen das Gewissen weg, und Rautendelein sinkt über den Brunnenrand in Nickelmanns trübes Gebiet. Die Elfenwelt trauert über Balders Tod. Aber den sterbenden Balder umschwebt mit der ganzen Unbestimmtheit des Traumes, bald fern, bald nah, bald unbekannt, bald innig vertraut sein blasses, mattes, schon schmerzlich und schwer an seiner Liebe tragendes Verhängnis. Noch einmal umweht ihn ihr lichter Geist, noch einmal fühlt er die alte Kraft seiner Hände, aber beides flackert zum letzten Mal auf, und dann stirbt Heinrich der Glockengießer in den Armen seiner Elfe: die Wirklichkeit stirbt am Märchen und im Märchen.

Dieses Märchen, aus Leben und Phantasie zusammengewoben, hat einen Schluß, in dem sich das Gewebe zu verwirren droht. Beide Welten fluten schließlich durcheinander, wie im Traume, wo dieses Gewebe allein Realität hat, wo diese Realität gerade in ihrer Verworrenheit besteht. So geht der Dichter des „Hannele" zuletzt auch hier auf einen Todestraum aus, und zuletzt steht auch hier wieder die Bühne vor der schweren Frage, wie sie das Unbegreifliche begreifen, wie sie die Symbole realisiren soll.

Zwischen Geisterwelt und Menschenwelt ließ der Dichter eine vermittelnde Gestalt treten. Es ist jene alte Frau, vor deren Hütte Heinrich der Glockengießer zweimal im Sterben liegt. Sie hat in beiden Welten ihren Platz. Für die Menschen im Dorf ist sie „die alte Wittichen", ein Weib wie andre mehr, die im Hexenrufe stehn; für die Geister ist sie „die Buschgroßmutter", von der Rautendelein ihre Zauberkünste gelernt hat. Diese Alte tritt nur zweimal in den Vordergrund: ganz zu Anfang und ganz gegen Schluß. Dort gehört sie mehr zur Geisterwelt, denn sie füttert mit brummiger Güte die kleinen Kobolde des Waldes, die Holzmännerchen und die Holzweiberchen, und auch Waldschrat nennt sie seine Großmutter; die Menschen aber, die gegen sie zetern oder zagen, läßt sie ihre geistige Ueberlegenheit fühlen, eine unerschütterliche Ruhe der Verachtung: sie ist unter den Geistern die Einzige, die in dieser Ruhe und Ueberlegenheit Größe hat. Was Heinrich dem Glockengießer nicht glückt, Mensch zugleich und Uebermensch zu sein, ist dieser uralten Frau gelungen. Sie weiß all seine Schmerzen und steht über solchen Schmerzen. Christ wie Heide gelten ihr gleich. Ihr klangen Heinrichs Glocken so wenig gut, wie ihm selbst; denn sie wohnt nicht mehr im Tale; sie hat in den Bergen festen Fuß gefaßt. Wie sie ihren kleinen Erdmännchen wohl getan hat, so erweist sie zuletzt, wo sie Mensch beim Menschen steht, auch ihm eine Wohltat. Sie braut ihm Tränke, die ihn von den Qualen des Lebens nun endlich doch erlösen. Und in ihre Weine mischt sie ihre Wahrheiten und ihre Weisheit. Sie ist einsilbig und regt doch mit ihren kargen Worten die Erkenntnis seiner selbst breit in ihm auf. Die verrufne Hexe setzt ihm ein christliches Wort wider die Brust: er ward berufen, aber nicht auserwählt! Sie weiß es, daß seine Toten ihm zu mächtig sind. Und sie, die das Leben ihm nicht gibt, sondern von ihm nimmt, wird ihm wie eine Mutter.

Die alte Wittichen steht skeptisch über allen religiösen Dingen. Sie kümmert sich weder um Balder noch um Christus. Von Freya und Freyr, von Loki und dem Meister Thor, die in den Vorstellungen der andern Geister noch leben und herschen, will sie so wenig wissen, wie von dem Gott, mit dessen Kreuz ihr der Priester entgegen tritt. Sie hält es vielmehr mit der sichtbaren Sonne, die, wie sie selbst, weltlich ist und überweltlich scheint. Aus der unmittelbarsten Naturanschauung, der vornehmsten Bedingung alles Lebens nimmt sie ihr Gleichnis der Größe her. Von dem Menschensohne, der zertreten vor ihr liegt, dem sie raten und helfen soll, sagt sie das stolz-mitleidige Wort: „Der dort hat die Sonne nie gesehn". Sie selbst aber sieht die Sonne. Sie begrüßt sie schon früh Morgens nach altheidnischer Vorstellung als das güldne Ei, das dem — Sonnenaufgang verkündenden — Hahn seine Henne gelegt hat.

Auch Nickelmann, der Wassergreis, fühlt sich der Sonne näher, als das arme Menschenvolk, von dem er verächtlich spricht:

> Mit Schmachterarmen langt es nach dem Licht,
> Die Sonne, seine Mutter, kennt es nicht.

Balder ist ihm ein „Sonnenbote", der den Köcher mit den „Sonnenpfeilen" trägt. Auch in Rautendelein, dessen goldnes Har aus Sonnenstrahlen gesponnen ist, lebt dieselbe Vorstellung. In ihrem Geliebten erscheint ihr Balder, der Sonnenheld. Aber Meister Heinrich, der Mensch, sucht in sich selbst vergeblich den Sonnenhelden. Das mächtige Gottesauge, um das alle diese Geister schwärmen, wird auch ihm zum Sinnbild seines höchsten Strebens. Im Fieber schreckt ihn der Gedanke, daß die Sonne flieht. Als er sterben soll, beglückt ihn der Glaube, daß die Sonne kommt, daß ihm seine Glocken aus der Sonne klingen. Zeitlebens sucht er die Sonne. Ihren Untergang begleitet seine Klage:

> Die Sonne allen Purpur um sich hüllend,
> Steigt in die Tiefen   läßt uns hier allein,
> Die wir, des Lichts gewohnt, nun hilflos schauen,
> Uns ganz verarmt der Nacht ergeben müssen.

Die Sonne ist ihm Urmutter. Sie wird ihren verirrten Kindern das Erlösungsfest geben, das nach alter heidnisch-christlicher Uebergangsvorstellung Balder und Christus, Beiden in Einem, gelten soll. Für dieses Fest war Heinrichs Tempel bestimmt. Das war in guten Stunden seine Zuversicht.

Auch in bösen Stunden folgt seine Pein demselben Sonnenziel:

> Ich bin der Sonne ausgesetztes Kind,
> Das heim verlangt; und hilflos ganz und gar

Ein Häuflein Jammers, grein ich nach der Mutter,
Die ihren goldnen Arm sehnsüchtig streckt
Und nie mich doch erlangt.

Da der Dichter für sein Märchen aus den Sonnenculten aller Völker die manigfaltigsten Vorstellungen zusammenträgt, da er mit Bewustsein nicht nur heidnisches und christliches Germanentum durch einander wirkt, sondern auch alttestamentarische und antike Elemente einfügt, so darf im Zusammenhang dieses „deutschen Märchens“ an Ikarus erinnert werden.

Auch Heinrich der Glockengießer fliegt auf zur Sonne. Er hebt sich von der Niederung, wo ihm Herd und Werkstatt maßvoll gediehn. Sein Denken sucht eine überirdische Kunst, sein Fühlen sucht eine übermenschliche Liebe. Am Uebermaße dieses Doppelwollens stürzt er.

Meister Heinrich sinkt mit allen seinen guten und bösen Geistern der versunkenen Glocke nach. Der Dichter des „Florian Geyer“ aber ist sicher aufwärts gestiegen und steht nun lichtumflossen da, im wundersamen Scheine einer höhern Poesie. Dennoch möchte ich dieses fast zur Mode gewordne Werk, das so feine Geister wie Ludwig Speidel in Wien zum Glauben an unsern Dichter endlich bekehrt hat, nicht höher einschätzen als den armen „Florian Geyer“ und die meisten der frühern Dramen Gerhart Hauptmanns. Was bei dieser Vergleichung zu Gunsten der stoffverwandten „Einsamen Menschen“ spricht, wurde schon gesagt. Gerade das, was den Zauber „der versunkenen Glocke“ ausmacht, das Uebersinnliche, Uebermenschliche, märchenhaft Sinnbildliche ist nicht ganz schlackenfrei. So köstlich, dem gewaltigen Arnold Böcklin congenial, Nickelmann und auch der Waldschrat getroffen sind, so berückend Rautendelein von der Bühne her, zumal aus Agnes Sormas großen Dämonsaugen, in unhold holde Zauberkreise zieht, so fein gerade in ihrer schattenhaften Entferntheit die alte Großmutter über das Leben gestellt ist, so spukt doch daneben allerhand Fabelkram umher, der nicht ganz lebendig geworden ist, wie die Zwerge in Meister Heinrichs Höhenwerkstatt, die Ausweitung des Glockenmotivs zum Tempelmotiv, die undurchsichtige Symbolik der drei Becher, aus denen Heinrich Licht, Kraft und dann doch den Tod trinkt. Aus all diesem Halblebendigen erklären sich bei dem starken Interesse, das die Dichtung überall erregt, die zahllosen Deutungsversuche kluger und überkluger Leute, deren Zahl schon zu einer wahren Broschürenlitteratur angewachsen ist. Ich will solche Commentare hier nicht bereichern. Auch von diesem Märchen gilt das Goethische „Märchen noch so wunderbar, Dichterkünste machens wahr". Aber wo die Dichterkunst nicht wahr genug geworden ist, wollen wir diese Schwäche, anstatt uns drüber den Kopf zu zerbrechen, einfach zugestehn.

Weniger gerechtfertigt ist der Einwand, der gegen die menschlichen Charaktere im Stück erhoben zu werden pflegt. Mit seiner naturalistischen Kunst des Individualisirens hat der Dichter allerdings gründlich gebrochen. Die Natur liegt hier vielmehr in den Märchengestalten. Aus der Welt des Menschengeistes treten in diese Natur typische Erscheinungen ein. Meister Heinrich ist keine

Person für sich, sondern der hochstrebende, von Schönheit verlockte, verirrte Künstlergeist, wie er im Buche steht. Ebenso ist seine Frau Magda kein Wesen für sich, sondern der Inbegriff eines verlassenen und betrogenen Frauenschicksals. Die Knaben tragen das allgemeine Zeichen der Waisenschaft. Pfarrer, Schulmeister, Barbier, deren Namen wir gar nicht einmal erfahren, sind nichts andres als eben Pfarrer, Schulmeister und Barbier. Sie alle sind weniger Menschen, als daß sie Menschliches repräsentiren. Dadurch erst erhalten sie jene Allgemeingiltigkeit, durch die sie sich einer andern Welt gegen über behaupten können. Das historische Drama konnte noch naturalistisch sein. Dem transscendenten Drama gelingt es nicht mehr.

Der Dichter ist von seiner eigensten Domäne auf fremdes Gebiet getreten. Er hat jenseits der Grenze eigensten Besitzes sofort auch das Wahrzeichen eines Dichters, seine Sprache, verwandelt. Von allen neuern Deutschen war er der unerreichte Meister des realistischen und charakteristischen Prosadialogs. Er hat auf diesem Gebiet schöpferisch gewirkt. Auch die wundervollen Verse, die er den Heiland des Hannele sprechen ließ, sind keinem andern Redekünstler abgelauscht. Wofür ein symbolistischer Maler seiner Zeit, wie der geniale Ludwig v. Hofmann, Bilder fand, dafür hat ganz originell der Dichter den Ausdruck der Rede gefunden. Im „Florian Geyer" wagt er dann das Kühnste. Er will eine längst verstummte Zeit auch in ihren Lauten naturalistisch lebendig machen; und ein genauer philologischer Kenner der Sprache des Bauernkriegs, der Berliner Docent Max Herrmann hat ihm bei allen Einwendungen im Einzelnen das Zeugnis ausgestellt, daß ihm dieses dreiste Erkühnen nicht misglückt ist.

Solch starken Eigenwillens hat sich der Dichter „der versunkenen Glocke“ begeben. Er ruft sich den Goethe des zweiten Faustteils und den schlegelisirten Shakespeare des Sommernachtstraums zu Hilfe, und diese Muster helfen ihm nun, eine Verssprache schmieden. „Die versunkene Glocke“ ist das erste und einzige dramatische Werk Gerhart Hauptmanns, worin er nicht mehr künstlerisch revoltirt. Er lenkt in schöne alte Traditionen ein. Seine Dichterkraft begleitet ihn auch hierhin. Noch freundlicher begleiiet ihn hierhin die Gunst des Volkes. Er ist jetzt mit seinen 35 Jahren ein berühmter Mann. Er steht auf des Lebens Höhe. Die Hälfte des biblischen Alters liegt hinter ihm. Die besten Jahre der Manneskraft und Mannesreife liegen dicht vor ihm. Wir sind des Kommenden gewärtig.

Namen.